"双高"建设校企合作双元开发新形态信息化教材
高等职业教育交通运输类技能型人才培养活页式教材

信号工技能鉴定培训

主　编　胡　靖
副主编　生庆月　王凤姣　何杨杨
主　审　周　运

西南交通大学出版社
·成　都·

图书在版编目（CIP）数据

信号工技能鉴定培训 / 胡靖主编. -- 成都：西南交通大学出版社，2025. 6. --ISBN 978-7-5774-0322-9

Ⅰ. U239.5

中国国家版本馆 CIP 数据核字第 2025B8T806 号

Xinhaogong Jineng Jianding Peixun

信号工技能鉴定培训

主　编 / 胡　靖

策划编辑 / 罗在伟　吴　迪
责任编辑 / 穆　丰
责任校对 / 左凌涛
封面设计 / 吴　兵

西南交通大学出版社出版发行
（四川省成都市金牛区二环路北一段 111 号西南交通大学创新大厦 21 楼　610031）
营销部电话：028-87600564　　028-87600533
网址：https://www.xnjdcbs.com
印刷：四川玖艺呈现印刷有限公司

成品尺寸　185 mm × 260 mm
印张　14.25　　字数　328 千
版次　2025 年 6 月第 1 版　　印次　2025 年 6 月第 1 次

书号　ISBN 978-7-5774-0322-9
定价　42.00 元

课件咨询电话：028-81435775

前言

PREFACE

信号设备特性测试、日常巡检、故障处理是信号设备维护工作的重要内容。通过对信号设备特性的测试、巡检，我们能掌握和分析设备的运用状态，对于设备可能存在的安全隐患进行提前排除并修复，保证设备正常运行；当信号设备出现突发故障，信号检修人员应迅速响应，及时修复故障，保证信号设备工作正常，从而保障轨道交通行业运营安全与效率。

本书以《轨道交通信号工（城市轨道交通信号工）国家职业技能标准》为依据设定内容，包含安全知识、常用仪表基础知识、信号基础设备电气特性测试、信号基础设备检修作业、信号基础设备断线故障处理、现场施工及配线、联锁系统操作与维护、区间与列控系统实训八个项目。因现场信号设备种类、型号较多，这里选取中国铁路成都局集团有限公司（简称成都局）新员工培训要求型号进行编写。

对于信号工岗位安全需求与常用仪表，本书介绍了中国国家铁路集团有限公司安全规章制度与信号工岗位中具有代表性的仪表；对标信号工技能鉴定中技能要求部分，着重介绍了仪表常规使用方法，至于仪表的具体电路原理，不做详细介绍。

对于信号基础设备测量与维护，引入成都局现场各型号基础设备Ⅰ、Ⅱ级测试表格与新入职员工实操培训考核标准，针对学校教学环境进行适当修改，突出技能操作训练与考核，让教材内容更贴近岗位要求。

对于车站联锁系统操作与维护、区间与列控系统实训，前者依托 DS6-60 型号计算机联锁设备，重点培养联锁系统操作、联锁表编制与识读、联锁试验与 DS6-60 系统维护能力；后者利用 ZPW-2000 与列控系统，针对维护与故障处理内容进行讲解。

本书既可作为职业教育信号类专业的实训类教学用书，也可用于信号工技能鉴定培训教材。书中内容凸显技能培训，需配套对应实训设备，组织教学时，学校应根据各地区信号设备的具体情况，确定相应教学内容。

本书由重庆公共运输职业学院胡靖任主编，重庆公共运输职业学院生庆月、王凤姣、何杨杨任副主编，中国铁路成都局集团有限公司成都电务段周运担任主审，对全书进行审阅。其中，胡靖编写项目三、四、五，生庆月编写项目一、二、八，王凤姣编写项目七，何杨杨编写项目六，教材内部分插图由中国铁路成都局集团有限公司贵阳电务段佘旭绘制。

由于编者水平有限，时间仓促，教材中不免有疏漏与不足之处，敬请读者批评指正。

编　者

2025 年 4 月

数字资源索引

序号	二维码名称	资源类型	页码
1	微课：继电器插座	微课	P33
2	微课：信号机的显示意义及显示距离	微课	P34
3	微课：JXW25 型电子接收器	微课	P37
4	动画：工作电压测试	动画	P46
5	动画：工作电流测试	动画	P46
6	动画：定子线圈电阻测试	动画	P47
7	动画：转子线圈电阻测试	动画	P47
8	动画：表示继电器交、直流电压测试	动画	P50
9	微课：机构选择和灯光配列原则	微课	P54
10	微课：铁路信号继电器工作原理	微课	P89
11	微课：继电器断电防护措施——混线防护电路	微课	P89
12	微课：继电器接通径路法	微课	P92
13	微课：微电子相敏轨道电路工作原理	微课	P96
14	微课：偏极继电器动作原理	微课	P104
15	微课：有极继电器工作原理	微课	P104
16	微课：继电器自闭电路	微课	P105
17	微课：调车信号机的设置	微课	P114
18	微课：通过信号机显示模块	微课	P156
19	微课：道岔操纵模拟	微课	P157
20	微课：调车进路	微课	P159
21	微课：车站信号平面布置图	微课	P162
22	微课：进站、出站信号机的设置	微课	P162
23	微课：出站信号机的灯光配列	微课	P162
24	微课：调车及其他信号机的灯光配列	微课	P162
25	微课：排列进路按下按钮	微课	P165
26	动画：闭塞系统模拟	动画	P184
27	扫码获取附图	文档	P220

目录

CONTENTS

01 项目一 安全知识

项目描述

安全是轨道交通运输生产的永恒主题，信号从业人员应牢固树立安全发展理念，坚持“安全第一、预防为主、综合治理”的方针，确保信号设备稳定可靠、人员安全可控，以运输安全稳定为主要目标。

本项目从电务安全、作业安全、施工安全及人身安全等方面，介绍信号安全生产的基础知识。通过本项目学习，学生应了解信号专业安全管理基本要求，熟悉信号安全有关规章制度，从而更好地落实各项信号施工安全管理制度。

学习目标

◎技能目标

（1）深刻理解信号安全的重要性。
（2）作业中能够遵循信号作业安全规章制度要求。
（3）作业中能够遵循信号施工安全规章制度要求。
（4）作业中能够遵循作业过程中人身安全规章制度要求。

◎知识目标

（1）掌握信号安全预防机制的内容。
（2）掌握信号作业安全规章制度的基本内容。
（3）掌握信号施工安全规章制度的基本内容。
（4）掌握作业过程中人身安全规章制度的基本内容。

任务一　电务安全概述

任务导入

现在的铁路交通日益繁忙，铁路信号安全成为保障列车运行安全与确保旅客生命财产安全的重中之重。因此，通过系统的学习和实践，深入了解铁路电务安全操作规范及应急处置措施，为铁路交通的安全运行贡献自己的力量。

相关知识

一、信号及其安全性

信号是行车组织、列车运行控制与安全控制等多种电气自动化装备和系统的总称。它在指挥列车运行安全，提高运输效率，改善行车组织方式，实现行车指挥现代化方面发挥着至关重要的作用。

铁路信号可分为正常和故障两种状态，需满足“故障导向安全”原则，以保证列车运行安全。“故障导向安全”原则，即“故障-安全”原则，是指在信号设备或系统发生设备故障、系统错误或失效的情况下，设备或系统状态导向减轻以至于避免损失的重要措施。例如轨道电路发生故障时，轨道继电器（GJ）依靠自身重力失磁落下，即给出区段占用状态，关闭信号以防止列车进入发生行车事故。

信号包括信号系统和信号设备两个层次。信号系统如列车运行控制系统、行车调度指挥系统、道口系统、车站联锁系统、区间闭塞系统、驼峰自动化及编组站综合自动化、信号集中监测系统等；信号设备包括信号机、转辙机、轨道电路、控制台、电源屏、继电器、应答器等。

二、信号安全预防机制

信号安全预防机制为双重预防机制，是指安全风险的分级管控和安全隐患的排查治理，旨在将风险把控在可接受范围内，把隐患消灭在事故发生前。

（一）安全风险管控

安全风险是指有可能导致安全事故发生的不安全因素。对信号安全风险进行全面辨识研判，即围绕管理、设备、人员、环境四大要素，以行车安全为重点，以日常安全管理信息、安全问题库、行车事故和典型案例、相关规则及办法为基础信息，对安全问题和隐患继续全面排查，以识别信号安全风险。

1. 安全风险的等级和类别

信号安全风险等级可分为重大安全风险、较大安全风险、一般安全风险、低安全风险，分别用红、橙、黄、绿四种颜色表示。

重大安全风险是指可能导致人员群死群伤，或旅客列车冲突、脱轨、火灾、爆炸，或重大经济损失，或引起媒体和公众强烈关注的安全风险。

较大安全风险是指可能导致人员伤亡，或其他列车冲突、脱轨、火灾、爆炸，或较大经济损失，或引起媒体和公众普遍关注的安全风险。

一般安全风险是指可能导致人员伤害，或发生安全险情，或设备设施损坏的安全风险。

低安全风险是指可能危及人员安全，或导致中止行车，或设备设施故障的安全风险。高速铁路无低安全风险。

2. 信号安全风险管控措施

信号安全风险划分为行车、劳动、作业、施工、网络与数据、设备、外部环境、建设、保卫、消防、规章制度、综合保障、结合部等风险项目。应针对各种信号安全风险，制定相应的风险控制措施，防范风险事件发生，具体措施包括防范风险事件出现的预防控制措施和风险事件出现后的处置措施。

3. 信号安全风险库

高速铁路信号安全风险库通常分为三级：重大、较大、一般；普速铁路信号安全风险库通常分为四级：重大、较大、一般、低安全风险。风险库应明确风险类别、风险名称、风险等级、风险描述及危害程度、管控措施、管控部门、管控岗位等内容。每年年初，各级安全风险库根据管理分工和层级经审核后公布，并适时修订。

4. 安全风险预警

安全风险变化转移或安全风险管控效果不好、安全问题凸显，有可能导致安全事故，应及时进行安全风险预警，明示存在的安全风险类别、等级和可能导致的安全危害，提出加强安全风险管控的要求和时限。

5. 安全风险明示

采取公告栏、办公网络等各种有效手段，明示作业岗位存在的主要安全风险、风险描述及危害程度、管控措施、应急处置等内容，使每名职工都掌握安全风险的基本情况及防范、应急措施。

（二）安全隐患治理

信号安全隐患是指可能导致信号事故发生的从业人员不安全行为、信号设备和外部环境危险状态，以及管理制度缺失或落实上的缺陷。

信号安全隐患可分为重大安全隐患和一般安全隐患两类。

1. 重大安全隐患

重大安全隐患是指危害程度较大，可能引发严重后果的安全隐患。

危及高速铁路和旅客列车安全，以及可能造成人员群死群伤和重大经济损失的隐患列为重大安全隐患管理。

2. 一般安全隐患

一般安全隐患是指危害程度较小，发现后能够及时整改排除的安全隐患。

除重大安全隐患之外的隐患问题纳入一般安全隐患管理，但对于因外界环境等变化可能引发突变的一般安全隐患，应及时调整管理等级。

电务部门生产过程中排查出的安全隐患，应纳入安全隐患库。安全隐患库由排查出的安全隐患、日常安全信息追踪分析和常态化检查发现的安全隐患构成。安全隐患库应动态更新，全过程跟踪排查治理情况，对于重大安全隐患应定期通报治理情况，逐级上报备案，长期保存资料。

针对排查出的安全隐患问题应制定计划、明确责任、限时整改、及时消除。

三、电务安全基本要求

坚持安全风险管理，突出管理问题是主要风险源，强化风险意识，实时动态研判和风险预警，强化过程控制，做好应急处置，防范安全风险。

必须将安全生产放在首位，牢固树立“安全第一”的思想，严格遵守作业纪律和劳动纪律，认真执行规章制度，保证行车、人身及设备安全。

加强维修、施工、故障处理等关键环节的控制，落实安全卡控措施，加强安全警示教育，增强法律意识、安全意识和责任意识，杜绝违章作业。

发挥电务调度职能，掌握安全生产情况和设备运用状态，做到信息畅通，反应迅速，有效地监督生产任务完成和设备隐患处置，指挥设备故障处理和应急处理。

信号作业人员应接受安全生产教育和培训，掌握必要的安全生产知识，熟悉有关安全生产规章制度和安全操作规程，具备安全操作技能。培训考核不合格，不得上岗作业。

任务实施

某站 7DG 显示红光带，防护该区段的 D5 信号机亮蓝灯，作业人员通过观察发现区段无车占用。结合本任务内容，请分析：

（1）此现象是否满足信号系统安全性要求？

（2）如何对此事件进行安全风险管控和安全隐患治理？

任务评价

故障案例分析任务评分表见表 1.1。

表 1.1　故障案例分析任务评分表

序号	评价内容与要求	配分	扣分点	得分
1	正确理解“故障导向安全”原则	20	未能理解“故障”与“安全”的因果逻辑，扣 20 分	

续表

序号	评价内容与要求	配分	扣分点	得分
2	能根据案例中现象分析出安全隐患	40	1. 未能分析出故障现象，扣 20 分； 2. 未能分析出安全隐患，扣 20 分	
3	掌握安全隐患治理的基本方法	40	1. 未能根据故障现象确定安全隐患类型，扣 10 分； 2. 未能根据安全隐患治理要求实施治理方法，扣 30 分	

任务二 作业安全规章制度

任务导入

铁路信号系统作为指挥列车运行的中枢，其作业安全直接关乎铁路运输的秩序与广大乘客的安全福祉。因此，铁路信号作业安全规章制度的建立与执行是确保信号系统稳定可靠、预防运营事故的基石。该制度详细规定了从作业人员资质、作业环境要求、设备检查维护标准到应急处置流程等各个环节的操作规范，旨在培养员工的安全意识，规范作业行为，通过层层防控机制，筑起铁路交通安全的坚固防线，保障每一趟列车都能在精准无误的信号指引下安全行驶。

相关知识

一、基本安全制度和作业纪律

（一）“三不动”

（1）未登记联系好不动。
（2）对设备性能、状态不清楚不动。
（3）正在使用中的设备（指已办理好进路或闭塞的设备）不动。

（二）“三不离”

（1）工作完了，不彻底试验良好不离。
（2）影响正常使用的设备缺点未修好前不离。
（3）发现设备有异状时，未查清原因不离。

（三）“四不放过”

（1）事故原因未查清不放过。

（2）事故责任人未受到处理不放过。

（3）事故责任者和群众没有受到教育不放过。

（4）制定的切实可行的整改措施未落实不放过。

（四）必须严格执行作业纪律“七严禁”

（1）严禁甩开联锁条件，借用电源动作设备。

（2）严禁采用封连线或其他手段封连各种信号设备电气接点。

（3）严禁在轨道电路上拉临时线沟通电路造成死区段，或盲目用提高轨道电路送电端电压的方法处理故障。

（4）严禁色灯信号机灯光灭灯时，用其他光源代替。

（5）严禁甩开联锁条件，人为沟通道岔假表示。

（6）严禁未登记要点使用手摇把转换道岔。

（7）严禁代替行车人员按压按钮、转换道岔、检查进路、办理闭塞和开放信号。

（五）基本规章“红线”

（1）在施工、检修、故障处理等各项作业中，违章使用封连线。

（2）未按照规定程序，违章拆、改、配线。

（3）未按信号联锁管理规定，简化联锁试验程序，联锁试验不彻底。

（4）违反 LKJ（铁路列车运行监控装置）数据管理规定，错装、漏装 LKJ 数据。

（5）未按照规定，违章上道作业。

二、联系、要点和登（销）记

联系、要点、登记按下列规定执行：

（1）上道作业和影响行车设备（行车通信业务）正常使用的作业必须在车站（调度所）《行车设备检查登记簿》或《行车设备施工登记簿》内登记，经车站值班员（列车调度员）签认或由扳道员、信号员取得车站值班员同意后签认，方可开始。必须按规定设置驻站（驻调度所）联络员、现场防护员，联系中断时必须停止作业。

（2）电务设备发生故障时，应首先在《行车设备检查登记簿》内登记停用相关设备，经车站值班员（列车调度员）签认同意后，方可进行处理。

（3）发现危及行车安全的设备隐患时，应立即通知车站值班员（列车调度员）及电务（通信）段调度，并在《行车设备检查登记簿》内登记停用设备。经车站值班员（列车调度员）签认同意后，方准进行处理。

（4）故障处理完毕，应进行检查试验，其结果应记入《行车设备检查登记簿》，履行销记手续；施工、检修作业完毕，应进行检查试验，其结果应记入《行车设备施工登记簿》，履行销记手续。

（5）联系应使用标准用语，语意应简明、确切，做到相互复诵。联系、登（销）记办法及标准用语，由铁路局制定。

任务实施

某站组织加装道岔融雪装置作业，现场共 10 名作业人员。9 时 41 分，某次列车运行至该站 166#道岔时，撞轧现场作业人员，造成 6 人死亡，线路中断行车近 1 小时。结合本任务相关知识内容，请探讨分析以下问题：

（1）可能导致事故的原因有哪些?

（2）在作业中是否有违反作业安全规章制度?

（3）在事故发生后，如何避免类似事故发生，以最大限度保障作业安全。

任务评价

事故案例分析任务评分表见表 1.2。

表 1.2　事故案例分析任务评分表

序号	评价内容与要求	配分	扣分点	得分
1	掌握基本安全规章制度和作业纪律	50	未能根据事故案例分析违反作业纪律，扣 50 分	
2	掌握电务安全基本要求	50	未能掌握电务安全基本要求，扣 50 分	

任务三　施工安全规章制度

任务导入

在铁路运输系统中，信号设备是确保列车安全运行的核心组成部分，其施工与维护作业的严谨性与安全性直接关系到整个铁路网络的顺畅与乘客的生命财产安全。因此，遵循严格的铁路信号施工安全规章制度显得尤为重要。这些规章制度涵盖了从施工前的准备、施工过程中的操作规范到竣工验收的每一个细节，旨在通过标准化管理和精细化操作，预防事故的发生，保障施工作业人员的安全与信号设备的可靠安装，从而维护铁路系统的高效与安全运转。

相关知识

一、基本要求

在进行施工作业时，应遵守以下基本要求：

（1）电务施工必须坚持“安全第一、预防为主”的方针，严格执行营业线施工安全有关规定，强化对影响行车、设备、人身安全各环节的管理，确保安全生产。

（2）铁路局、电务（通信）段应建立健全施工安全防护制度和监督管理制度，加强对施工的监督检查，预防和纠正影响行车安全、设备安全、人身安全的各类问题。

（3）铁路局、电务（通信）段的施工管理办法和实施细则应包括：组织领导、质量控制、安全卡控、配合与监督、验收交接及检查考核等内容。

（4）施工安全基本规定。

① 没有施工计划、没有安全措施、没有调度命令（或在调度所/车站登记并经调度员/值班员签字同意）不准施工。

② 不准随意取消或变更施工（天窗）计划。

③ 严禁降低施工等级、擅自扩大施工范围或调整施工作业内容。施工负责人未到现场不准施工，未签订安全协议不准施工，监控人员未到现场不准施工。

④ 所有施工必须指派专人防护，防护联系中断必须停止施工。

⑤ 发现设备不良和安全隐患必须果断采取措施，并向列车调度员（车站值班员）报告。

（5）铁路局集团及所属电务（通信）段应根据施工等级组织制定安全措施。安全措施的基本内容应包括：施工前的准备措施，施工中的单项作业措施、安全卡控措施及安全防护措施，施工后检查试验措施以及发生故障时的应急措施等。

二、施工组织

电务施工等级按规模、对运输的影响和难易程度分为Ⅰ、Ⅱ、Ⅲ级。

（一）Ⅰ级施工

1. 高速铁路

（1）超出图定天窗时间且需要调整图定跨局旅客列车开行（含确认列车）的大型站场改造、新线引入、全站信联闭改造、CTC 中心系统设备及列控系统设备改造等施工。

（2）中断跨局行车通信业务且影响范围内有图定列车运行的 GSM-R 核心网络设备施工。

2. 普速铁路

（1）繁忙干线封锁 5 h 及以上、干线封锁 6 h 及以上或繁忙干线和干线影响信联闭 8 h 及以上的大型站场改造、新线引入、信联闭改造、电气化改造、CTC 中心系统（列车调度集中系统）设备改造施工。

（2）中断繁忙干线 6 小时及以上或干线 7 小时及以上且同时中断两站以上行车通信

业务的通信网络设备施工。

（二）Ⅱ级施工

1. 高速铁路

（1）不需要调整图定跨局旅客列车开行（含确认列车）的站场改造、新线引入、全站信联闭改造、CTC 中心系统设备及列控系统设备改造等施工。

（2）中断跨局行车通信业务且影响范围内没有图定列车运行以及中断本铁路局行车通信业务且影响范围内有图定列车运行的通信网络设备施工。

2. 普速铁路

（1）繁忙干线封锁正线 3 h 及以上或影响全站（全场）信联闭 4 h 及以上的施工。

（2）干线封锁正线 4 h 及以上或影响全站（全场）信联闭 6 h 及以上的施工。

（3）中断繁忙干线 4 h 以上或干线 5 h 以上且同时中断两站以上行车通信业务的通信网络设备施工。

（三）Ⅲ级施工

Ⅲ级施工指除Ⅰ级、Ⅱ级施工以外的各类施工。

施工组织注意事项如下：

（1）施工负责人由施工单位按照施工等级安排相应人员担当。

① 建设项目Ⅰ级施工由标段项目负责人担当；Ⅱ级施工由标段副职担当；Ⅲ级施工由分项目负责人（副）担当。

② 技术改造、大中修项目Ⅰ级施工由施工单位负责人担当；Ⅱ级施工由施工单位分管副职担当；Ⅲ级施工由施工单位段领导或车间主任（副）担当，对于影响范围大、作业组织复杂的电务重点Ⅲ级施工（包括电务主体施工和电务配合施工），施工负责人由主管副段长担任。

③ 配合人员资格由铁路局集团规定。

（2）电务施工应科学制定施工方案，落实施工安全措施，做到分工明确、措施具体、管理到位。施工方案应包括施工项目及负责人、作业内容、地点和时间、影响及限速范围、设备变化、施工方式及流程、施工过渡方案、施工组织、施工安全和质量的保障措施、施工防护办法、列车运行条件、验收安排等基本内容，经电务（通信）段审核后报铁路局审查。

（3）路局应严格审查施工安全措施、施工方案，包括施工过渡方案。电务（通信）段应严格按批准的计划组织施工，施工前应做好各项准备工作；施工中要严格执行作业标准，落实安全措施，严禁超范围施工，杜绝违章作业。

（4）电务（通信）段应配备专人对每处施工地点进行监控，加强对施工安全和质量的监督检查，发现问题及时纠正，危及行车安全时有权责令施工单位恢复设备、停止施工，并负责与施工单位负责人共同确认开通条件，严把施工开通关。

（5）设备开通后，应认真组织设备拆旧工作。施工单位应在施工开始前对拆除设备做出明确标识，并经设备管理单位确认后，方可拆除。

（6）中断跨局行车通信业务及需要其他铁路局配合的跨局通信施工，施工总体方案由施工申请铁路局编制、审核；施工等级由施工申请铁路局、施工配合铁路局和受施工影响铁路局按照施工等级划分规定分别确定；施工计划由申请铁路局编制并报总公司运输局审批；施工申请铁路局、施工配合铁路局进行施工登销记；施工开始、结束、延点、停止施工等情况，由施工申请铁路局通信部门与相关铁路局通信部门联系、协调后按规定办理。

（7）各电务（通信）段应及时掌握施工作业动态，电务调度要对当天施工计划、作业进度、安全防护措施、盯控干部到岗情况及时掌握并记录。

三、监督配合

（1）其他施工单位在营业线上进行涉及电务设备的施工，按国家铁路局《铁路营业线施工安全管理办法》及各铁路局制定的实施细则执行。

（2）电务（通信）段应加强对其他施工单位施工的监督和配合，制定防护措施，加强施工全过程监督。

（3）施工安全协议书由施工单位与电务（通信）段签订，未签订施工安全协议及施工安全协议未经审查的严禁施工。中断跨局行车通信业务及需要其他铁路局配合的跨局通信施工，施工申请铁路局以书面形式，向受施工影响的铁路局函告施工方案。

施工安全协议书应包含以下基本内容：

① 工程概况（施工项目、作业内容、地点和时间、影响范围）。

② 施工责任地段和期限。

③ 双方所遵循的技术标准、规程和规范。

④ 安全防护内容、措施及专业结合部安全分工（根据工点、专业实际情况，由双方制定具体条款）。

⑤ 双方安全责任、权利和义务（包括共同安全责任和双方各自安全职责）。

⑥ 违约责任和经济赔偿办法（包括发生行车责任事故时双方所承担的法律责任）。

⑦ 安全监督和配合费用。

⑧ 法律法规规定的其他内容。

（4）电务（通信）段应积极协助设计和施工单位核查既有设备情况，提供地下电缆等隐蔽设施的准确位置，标定防护范围，加强监管力度。

（5）电务处应严格审查施工安全措施、施工方案，包括施工过渡方案。凡不符合有关规定的，不得通过审查。

（6）电务处应加强对施工安全和质量的监督检查，及时协调解决存在的问题，提出改进要求。

（7）电务（通信）段应对施工计划、施工方案及影响范围进行认真核对，并派员进行施工监督。重点对施工单位安全措施落实情况、安全协议履行情况、施工过渡方案执行情况以及施工质量进行监督检查。

（8）安全监督检查人员发现施工质量不合格及安全隐患，应及时发出《施工安全质量整改通知书》，责令施工单位立即纠正，危及行车安全时，有权责令其停止施工。《施工安全质量整改通知书》由铁路局统一制定。

（9）铁路局有关部门应组织对施工安全监督检查人员进行培训，颁发培训合格证。施工安全监督检查人员应持证上岗。

（10）电务（通信）段应根据设计文件、铁路通信、信号工程施工质量验收标准等要求，认真进行验收，并提前做好人员培训等接管准备工作。

任务实施

××年××月××日，某工程公司在某铁路某跨江特大桥 174#墩处组织挂篮拆除施工时，发生了一起起重伤害一般生产安全事故，造成 1 人重伤，后经抢救无效死亡，直接经济损失约 200 万元。结合本任务相关知识内容，分析可能导致事故的原因有哪些？分组讨论如何保障施工安全。

任务评价

事故案例分析任务评分表见表 1.3。

表 1.3　事故案例分析任务评分表

序号	评价内容与要求	配分	扣分点	得分
1	掌握施工安全的基本要求	40	未能掌握施工安全的基本要求，扣 40 分	
2	能根据案例进一步掌握施工组织的基本要求	40	1. 不能确定施工等级，扣 20 分； 2. 未掌握施工组织的基本要求，扣 20 分	
3	掌握施工组织监督配合的基本要求	20	未能掌握施工组织监督配合的基本要求，扣 20 分	

任务四　人身安全规章制度

任务导入

当进行信号检修作业时，我们不得不强调人身安全规章制度的重要性。铁路信号作为保障列车安全运行的关键环节，其操作和管理必须严格遵守相关规定。每一个小小的疏忽都可能引发无法挽回的严重后果。因此，在接下来的课程中，我们将深入探讨铁路信号人身安全规章制度，帮助大家了解并掌握这些规定，共同守护我们的作业安全。

相关知识

一、基本要求

（1）铁路局、电务（通信）段应对职工进行劳动安全教育，组织学习安全规章及有关操作规程，加强人身安全的管理工作。

① 全员必须经过人身安全知识培训，考试合格，方可上岗。

② 特种设备操作人员、特种作业人员按国家要求经过专业培训，考试合格，取得相应资格，持证上岗。

③ 驻站（驻调度所）联络员、现场防护员必须经过岗位培训，考核合格，取得相应资格，持证上岗。

（2）保证人身安全防护装备的投入。

① 积极采用新技术、新装备，提高现场作业防护和安全预警水平。

② 积极采用先进可靠的通信手段，确保作业区域内室内外联系畅通。

（3）检修工具及安全防护用品，应定期检查试验（包括绝缘工具），检修人员使用前，必须进行检查；发现超过安全期限或质量不良的，应及时更换，保持完好。

（4）工区（驻站点）应备有急救药箱，所有职工应掌握作业伤害、触电、中暑、摔伤、蛇毒和外伤处理等知识。

（5）电务设备的拆除、安装、移设、搬运等作业的人身安全防护措施，由铁路局制定。

二、防护作业

（1）上道作业必须设置专人防护，所有上道人员必须按规定佩戴防护标识，使用防护用品。

① 室内设置驻站（驻调度所）联络员，室外设置现场防护员。当作业组较多时，应增设驻站（驻调度所）联络员、现场防护员。

② 驻站（驻调度所）联络员必须认真执行有关规定进行列车接近预告。不得随意离开行车室（调度室），确需离开时必须通知室外作业人员下道避车，并确认作业人员下道完毕后方可离开。

③ 现场防护员不得做与防护无关的事。执行定时通信联系制度，发现联系中断，应立即组织作业人员停止作业并下道避车。

④ 防护联系工作做到全过程记录。

⑤ 作业负责人不得兼任防护员。

⑥ 未按规定设好防护，防护员未到位，作业人员有权拒绝上道。

（2）在长大桥梁上、隧道内等特殊地段，或瞭望距离不足处所作业时，应增设现场防护员。

（3）现场防护员应携带规定的防护用具，根据作业场所地形，应选择瞭望条件较好、位置醒目、不侵限、便于通知的安全处所进行防护。

（4）驻站（驻调度所）联络员应随时掌握并及时预报列车运行情况。现场防护员接到来车通知后，应立即组织现场作业人员停止作业，下道至安全区域避车，严禁工具、材料侵入限界。

三、上道作业

（一）站内、区间上道作业

（1）在站内作业时要时时注意瞭望列车运行，根据站场线路布置，建立作业安全岛。

（2）在区间行走时应走路肩；在道床上行走或工作时，应不断前后瞭望；在复线区间，应逆列车运行方向行走，并不断前后瞭望，禁止在邻线和两线中间躲避列车。

（3）横越线路时，须执行“一站、二看、三通过”的制度；禁止从车辆下部或车钩处通过；在停留列车、车辆前部或尾部通过时，应与其保持 5 m 以上距离。

（4）禁止在钢轨、枕木上和车辆下部休息。

（5）打雷时，禁止修理避雷器、地线。

（6）冬季室外作业时，所戴防寒帽应有耳孔，作业时耳孔必须外露。

（7）检修电动（电空、电液）转撤机时，应打开遮断器。

（8）挖坑、沟时，应了解地下设备情况，土质松软处所应有防护和加固措施，以防坍塌。坑、沟一般不应过夜，不得已时，须采取防护措施。

（9）在线路两侧电缆槽、排水沟盖板上行走时，要注意避开盖板缺损处、桥梁伸缩缝及锯齿孔和接触网支柱及拉线，防止绊倒、坠落伤害。在桥上行走、施工或休息时，身体重心不能依靠桥梁护栏，避免发生高处坠落。

（10）天窗结束后，作业人员、工机具应立即撤离线路至安全地点，沿固定行走路线返回。作业人员往返作业现场时，应由防护员组织按固定路线列队行走，现场防护员随队防护。

（二）电气化区段作业

（1）作业人员身体和携带物件（如长杆、导线、工具等）与接触网设备带电部分，必须保持 2 m 以上的距离，与回流线有 1 m 以上的距离。

（2）在距离接触网带电部分不足 2 m 的处所作业时，接触网必须停电，由接触网工区人员安设可靠的临时接地线并验电确认后，方可开始工作。作业时应有接触网工区人员在场监护。拆除临时接地线后，严禁再进行作业。

（3）禁止攀登接触网支柱，不得在支柱上搭挂物品。

（4）严禁向接触网上搭挂绳索等物，发现接触网上挂有线头等物，不准接触。当发现接触网导线断落时，要远离该处 10 m 以外，将该处加以防护，并立即通知有关部门处理。

（5）电务设备的地线必须连接牢固，接触良好，接地电阻应符合要求。电务人员作业时应确认地线接触良好。

（6）电务人员作业时，应按规定使用耐高压的绝缘防护用品，如高压绝缘手套、绝缘靴、绝缘垫等。

（7）更换扼流变压器、中心连接板、轨道电路送、受电的扼流变压器引接线、站内横向连接线等器件时，应按规定采取相应的安全防护措施，保证牵引回流畅通后，方可进行作业。

（8）更换轨道电路绝缘时，应在确认扼流变压器连接线各部连接良好后，方可开始作业。

（9）整修电缆时，应先确认电缆外皮与电缆屏蔽地线连接牢固，接触良好，同沟内数条电缆外皮焊接良好，方可开始作业。

四、登高作业

（一）在高柱信号机上作业

（1）在 2 m 以上高处作业时，应按规定使用安全带或采取安全防护措施。离开信号机梯子或站在梯子架外侧工作，必须使用安全带。

（2）禁止上、下同时作业，不得将工具、材料放在信号机上，不准上下抛递工具、材料。

（3）列车通过时，禁止在该股道两侧信号机上停留。

（4）不准肩扛、手提笨重物品攀登信号机。

（二）通信专业登高作业

（1）铁塔作业人员必须要经过培训合格，取得高处作业证书后方可上岗。严禁未取得证书人员进行登塔作业。

（2）高处作业人员必须戴好安全帽，按规定使用安全带（绳、网），作业前必须确认机具、设施和用品完好。

（3）高处作业不宜上下重叠，确需上下重叠作业时，应在上下两层中间用密铺棚板隔离或采用其他隔离设施。严禁将工具或材料放在杆顶或线担上，材料、工具不准上下抛递，应用绳索绑牢上下吊送。

（4）登杆作业前应检查电杆的各部位强度和质量，电杆未回填夯实前不得登杆作业。禁止手持工具、零件、携带电线登杆或在角杆内侧利用拉线上下电杆。

（5）杆、塔上有人工作时，在杆、塔下的“可能坠落范围半径”内不得有人逗留，杆、塔下防护人员应戴安全帽并保持安全距离。

（6）在桥梁地段进行临边作业时，应设置防护围栏和安全网。悬空作业应有可靠的安全防护设施。未设置隔离设施的高处作业，人员不得垂直施工。使用移动式梯子时，梯脚应坚实，梯子上端应有固定措施。

（7）移动式梯子在使用中应符合规定，梯脚底应坚实，梯子上端应有固定措施，人字梯铰链必须牢固；在同一梯子上不得两人同时作业。

（8）在雷雨、冰雪、能见度低或六级以上大风等环境恶劣条件下禁止高处作业。冬季在寒冷地区，信号机、杆、塔上的工作时间不宜过长。

五、其他作业

（1）对带有 220 V 及其以上电压的电务设备进行作业时，一般应切断电源或一人监护一人作业。需停电进行检修作业时，应指派专人负责断电，并在电源开关处悬挂警示牌。恢复供电时，应确认全体工作人员作业完毕，脱离带电部件后，方可合闸，摘除警示牌。

对高于 36 V 电压的电务设备进行带电作业时，应遵守以下规定：

① 使用带绝缘的工具，穿绝缘胶鞋（室内应站在绝缘板上）。

② 不得同时接触导电和接地部分。

③ 未脱离导电部分时，不得与站在地面的人员接触或相互传递工具、材料。

（2）检修整流、变流及磁饱和等电源设备时：

① 对应电压高于 220 V 的设备应关闭电源，并通过人工放电，释放电容器电能后，方可开始工作。

② 不准将电流互感器二次线圈开路，以免产生高电压击穿设备和危及人身安全。

（3）搬运、拆装重物时，每人负重一般不得超过 50 kg，做到单一指挥、呼唤应答、同起同落。

任务实施

某月某日 10 时 05 分，某站清扫员兼上水防护员李某担当 Ⅰ 道客车 X 次上水作业防护任务。上水作业时，李某帮助上水员拉水管，因雨天道滑，摔倒在 Ⅰ 、Ⅱ 道间第 3 位上水栓上，被上水栓阀门手柄杆碰伤，造成右股骨粗隆部开放性粉碎型骨折，构成人身责任轻伤事故。

结合本任务相关知识内容，分析可能导致人身伤害的原因有哪些？分组讨论如何保障人身安全。

任务评价

事故案例分析任务评分表见表 1.4。

表 1.4　事故案例分析任务评分表

序号	评价内容与要求	配分	扣分点	得分
1	掌握检修作业人身安全的基本要求	40	未能检修作业人身安全的基本要求，扣 40 分	
2	掌握防护作业的规章制度	20	1. 不能分析出事故案例中的违章情况，扣 10 分； 2. 未掌握防护作业的规章制度，扣 10 分	

续表

序号	评价内容与要求	配分	扣分点	得分
3	掌握上道作业的规章制度	20	1. 不能分析出事故案例中的违章情况，扣 10 分； 2. 掌握上道作业的规章制度，扣 10 分	
4	掌握登高作业的规章制度	20	1. 不能分析出事故案例中的违章情况，扣 10 分； 2. 掌握登高作业的规章制度，扣 10 分	

02 项目二 常用仪表基础知识

项目描述

本项目主要用来掌握信号系统中检修工作所需的各种仪表的基本原理、使用方法及维护保养要点。这些仪表在检测信号设备性能、排查故障隐患、确保信号系统稳定运行等方面发挥着重要作用，是铁路信号检修人员必须掌握的基础知识。

学习目标

◎技能目标

（1）能够规范熟练地使用各类信号常用仪表。

（2）能够进行仪器仪表的维护保养。

◎知识目标

（1）能够掌握各类信号常用仪表的用途和机械构造。

（2）掌握各类信号常用仪表的规范用法。

任务一 万用表

任务导入

万用表作为信号检修中不可或缺的工具，其准确性和便捷性在检测电压、电流、电阻等关键参数时发挥着至关重要的作用。在铁路信号系统的维护和故障排查中，熟练掌握万用表的使用方法，对于确保信号设备的正常运行和保障列车运行安全具有重要意义。接下来，我们将深入探讨万用表的使用技巧及注意事项。

相关知识

万用表是一种多用途的电气测量仪表，一般用于测量交直流电压、交直流电流、直流电阻、音频电平等。使用时要注意选择合适的测试类型和量程，在测试类型和量程选择好后，注意测量表笔的连接。

一、指针式万用表

（一）使用方法

1. 测试类型和量程的选择

在测量之前需根据被测对象，将选择开关旋至合适的挡位。注意要选择合适的量程，量程选择过小可能会烧坏仪表，选择过大将影响测量精度，因此在选择量程时应使指针指示在满刻度的 1/2 或 2/3 以上。检查确认万用表指针对准“0”的位置，否则需要进行机械调零。指针式万用表如图 2.1 所示。

图 2.1 指针式万用表

2. 测量连接

选择好测量的类型和量程后，要注意表笔的连接。测量直流电量时要注意表笔的正确连接，在测量直流电压值时，应将万用表的正极表笔（红色）连接被测电路的正极，万用表负极表笔（黑色）连接被测电路的负极；在测量直流电流值时，应让电流从万用表的正极表笔输入，从万用表负极表笔流出，若指针反偏，说明表笔接反。

3. 欧姆挡的使用

使用万用表欧姆挡测量电阻值时须注意以下几点：

（1）选择合适的倍率，尽量使指针在接近欧姆挡中心的刻度。被测数值越接近中心数值，读数越精确。

（2）测量前应先"调零"，即将表笔短接，旋转"零欧姆调整旋钮"，使指针在零欧姆位置。若无法调零，需更换内部电池。

（3）不能带电测量电阻，若带电测量相当于在测量回路中外加了电源，使测量结果无效甚至烧坏万用表。

（4）被测电阻不能有并联支路，否则测得的电子值将不是被测电阻的实际值，而是一等效电阻值。

（5）测量电阻时，不要双手同时接触表笔的金属部分，否则人体电阻将被并入被测电阻，影响测量的准确度，在测量阻值较高的电阻时，尤其要注意。

4. 正确读数

读数之前要看清各类标尺，再从垂直于表盘中心的位置正确读数，若有反射镜，则应待指针与反射镜中镜像重合时读数。

（二）注意事项

（1）仪表在测量高电压、大电流时，不许旋转选择开关以免烧坏开关触头。

（2）测试电阻时，断开被测电路，如电路中有电容器，应放电后再进行测量，禁止带电测试电阻。

（3）当被测值不能确定大约数值时，应将量程选择开关旋至最大的量程位置上，然后逐挡缩小量程，以便仪表指针得到较大偏转，读取被测值。

（4）仪表应经常保持清洁干燥，并妥善保管，以免降低准确度和损坏机件。

（5）测量时手不要与表笔金属部分接触，特别是测大电流、高电压时更应注意。

（6）测量 500 V 以上的电压时，要站在干燥的模板或绝缘垫上，同时只能单手测量。

（7）测量电流时不能并联在电路上测量，只能串联在回路中测量。

（8）测量电压时应注意电源正、负极。

（9）电表使用完毕，应将开关旋到指定位置，或放在最大交流电压挡。

二、数字万用表

数字万用表采用集成电路，具有轻便、灵活的特点，采用 LCD（液晶显示屏）显示测量的数值，降低了测试者的视觉误差，测量的数值相较指针式万用表更精确。数字万用表内部设置蜂鸣器，具有音响提示功能，其使用方式与指针式万用表基本相同。因此，数字万用表在日常工作中使用越来越广泛。数字式万用表如图 2.2 所示。

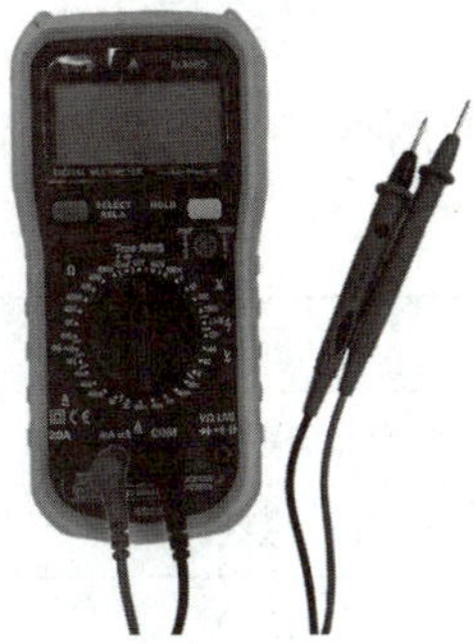

图 2.2　数字式万用表

（一）主要性能指标

（1）显示：LCD 最大显示为 1999 或-1999，有自动调零和自动极性调整功能。

（2）测量类型：直流电压、交流电压、直流电流、交流电流、电阻、二极管及连续检验。

（3）输入超限：显示“1”或“-1”。

（4）测量范围：

① 直流电压：0.1 mV ~ 1 000 V；

② 交流电压：0.1 mV ~ 75 0V；

③ 直流电流：0.1 μA ~ 10 A；

④ 交流电流：0.1 μA ~ 10 A；

⑤ 电阻：0.1 Ω ~ 20 MΩ；

⑥ 二极管检验；

⑦ 通过蜂鸣器进行连续检验。

（二）使用方法

（1）电源开关：置“ON”位置时，万用表接通工作电源。

（2）选择开关：选择测量方式和量限。

测量方式共 8 种：直流电压（DCV）、交流电压（ACV）、直流电流（DCA）、交流电路（ACA）、电阻（Ω）、三极管测试（hFE）、二极管检验、连续检验。

（3）输入插孔共 4 个，需根据所选测量类型、量限而定。

① 黑色测试笔始终插入“COM”插孔。

② 测直流电压、交流电压、电阻、二极管和连续检验蜂鸣器时，红色测试笔插入“V·Ω”孔。

③ 测试直流电流、交流电流在 200 mA 及以下时，红色测试笔插入“mA”孔。

④ 测试直流电流、交流电流量程需选择 10 A 挡时，红色测试笔插入“10A”孔。

（4）hFE 插孔用于连接晶体管管脚。基极、集电极分别插入“B”和“C”孔，发射极接到“E”插孔之一。

数字万用表不能在电磁干扰的场合使用，以免影响读数的准确性。

任务实施

使用指南针万用表测试信号机灯丝继电器的电压值，并完成表 2.1 所示内容填写。

表 2.1　万用表数据测试表

设备名称	DJ 交流电压/V	DJ 直流电压/V
$S_{Ⅰ}DJ$		
$S_{Ⅲ}2DJ$		
D_7DJ		

任务评价

评分标准见表 2.2。

表 2.2 万用表评分标准

序号	评分标准	扣分
1. 测试类型和量程的选择	（1）未检查仪表是否正常，扣 10 分； （2）量程选择不合适，扣 10 分	
2. 测试连接	测试过程中，红黑表笔连接错误，扣 10 分	
3. 仪表读数	读数错误或测试点错误，1 处扣 10 分，最多扣 60 分	
4. 台账资料填写	台账资料填写错误，1 处扣 2 分，最多扣 10 分	
总分（100 分）		

注：考核中损坏仪表或设备，该次考核计 0 分；违反注意事项中相关要求，一处额外扣 10 分。

任务二 钳形电流表

任务导入

钳形电流表，作为一种高效便捷的电流测量工具，在铁路信号检修中扮演着重要角色。它能够在不切断电路的情况下，直接夹入待测导线，迅速准确地读取电流值，极大地提高了检修工作的效率和安全性。接下来，我们将详细介绍钳形电流表的使用方法。

相关知识

钳形电流表，作为一种广泛应用的电力测量工具，主要用于在不切断电路的情况下测量电流。其独特的设计和简单的使用方法，使得它成为电力工作者不可或缺的工具之一。下面将详细介绍钳形电流表的使用方法。

一、了解钳形电流表的基本结构

钳形电流表主要由钳形铁芯、数显屏或指示盘、量程选择开关、功能旋钮等部分组成。其中，钳形铁芯用于夹住待测导线，数显屏或指示盘用于显示测量结果，量程选择开关用于选择适当的测量范围，功能旋钮则用于选择测量功能（如电压、温度、电阻等）。钳形电流表如图 2.3 所示。

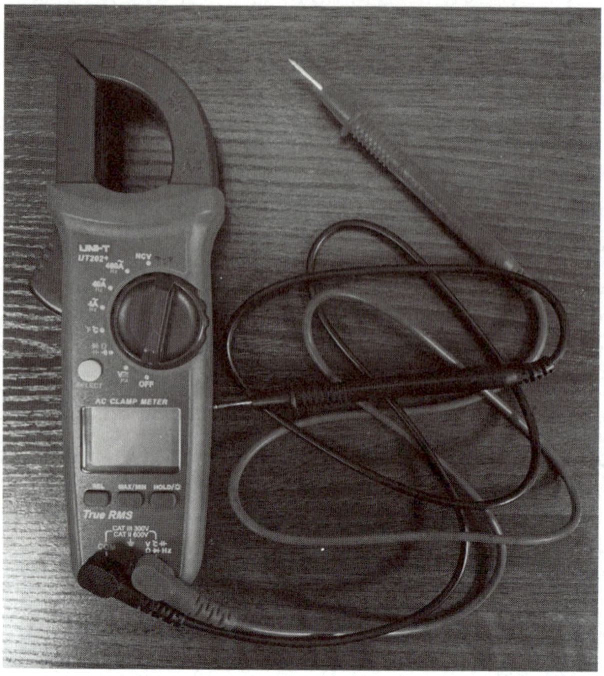

图 2.3　钳形电流表

二、选择合适的量程

在使用钳形电流表之前，首先需要选择合适的量程。如果被测电流的大小已知，可以直接选择相应的量程；如果被测电流的大小未知，则应选择最大量程，然后根据实际情况逐渐减小量程。注意，不可以用小量程挡测量大电流，否则可能导致仪表损坏。如果被测电流较小，可将载流导线多绕几个圈放入钳口进行测量，注意应将读数除以绕线圈数后才是实际的电流值。

三、夹住待测导线

将钳形电流表的钳形铁芯打开，夹住正在运行的待测导线。注意被测导线应置于钳口中央，以确保测量结果的准确性。如果被测导线为裸导线，则必须事先将邻近各相用绝缘板隔离，以免钳口张开时出现相间短路。

四、读取测量结果

夹住待测导线后，钳形电流表将自动进行测量，并将结果显示在数显屏或指示盘上。此时，可以直接读取测量结果。如果测量结果较小或难以观察，可以通过旋钮选择不同的测量功能或量程，以获得更准确的测量结果。

五、注意事项

（1）测量前应检查仪表指针是否在零位，若不在零位，则应调到零位。同时应对被测电流进行粗略估计，选择适当的量程。

（2）注意钳形电流表的电压等级，不得将低压表用于测量高压电路的电流，以免发生事故。

（3）不要在测量过程中切换量程挡，以免造成二次回路瞬间开路，感应出高电压而击穿绝缘。

（4）测量大电流后，如果立即测量小电流，应开合钳口数次，以消除铁心中的剩磁。

（5）在读取电流读数困难的场所测量时，可先用制动器锁住指针，然后到读数方便的地点读值。

（6）若被测导线附近有其他载流导线，所测值会受载流导体的影响产生误差，此时应将钳口置于远离其他导体的一侧。

钳形电流表作为一种方便实用的电力测量工具，在电力工程中发挥着重要作用。通过本文的介绍，相信读者已经对钳形电流表的使用方法有了更深入的了解。在实际应用中，应根据具体情况选择合适的量程和功能，并注意相关事项，以确保测量结果的准确性和安全性。

任务实施

使用钳形电流表测试信号机灯丝继电器的电流值与灯丝电流，并完成表 2.3 所示内容填写。

表 2.3　钳形电流表测试数据表

设备名称	DJ 交流电流/A	设备名称	灯丝电流/A
S_5DJ		$S_{Ⅲ}$信号机 L 灯	
$S_{Ⅲ}$DJ		$S_{Ⅲ}$信号机 U 灯	
S_{13}DJ		$S_{Ⅲ}$信号机 BB 灯	

任务评价

评分标准见表 2.4。

表 2.4　钳形电流表评分标准

序号	评分标准	扣分
1. 测试量程的选择	量程选择不合适，扣 10 分	
2. 测试连接	测试过程中，测试方法错误，扣 20 分	
3. 仪表读数	读数错误或测试点错误，1 处扣 10 分，最多扣 60 分	
4. 台账资料填写	台账资料填写错误，1 处扣 2 分，最多扣 10 分	
总分（100 分）		

注：考核中损坏仪表或设备，该次考核计 0 分；违反注意事项中相关要求，一处额外扣 10 分。

任务三 兆欧表

任务导入

兆欧表，作为铁路信号检修中用于测量绝缘电阻的专用仪表，是确保信号设备电气安全的重要工具。它能够精确测量设备绝缘层的电阻值，帮助检修人员及时发现绝缘老化、破损等问题，从而预防因电气绝缘不良而引发的安全事故。在本项目中，我们将详细探讨兆欧表的使用方法及其重要性。

相关知识

绝缘材料的好坏直接影响着电器设备能否正常工作。而绝缘材料会因发热、受潮、污染、机械损伤、老化等原因使其绝缘性能下降或受破坏，从而引起设备短路、漏电等故障，所以必须定期检查绝缘材料的绝缘性能。衡量绝缘材料绝缘性能优劣的标志是：它在规定电压下的绝缘电阻值。该电阻一般在几十兆欧至几百兆欧之间。这是一般万用表高倍率欧姆挡所达不到的测量值，而且万用表测量电压低，测出的阻值也不能反映材料在高压状态下的绝缘性能。兆欧表则是专门用来测量大电压的指示仪表，测量电阻时它所承受的电压高达 500 V、1 000 V、2 500 V。

兆欧表同万用表一样，也是一种便携式仪表，是最常用而又最简便的高阻值测量仪表，表盘的读数刻度单位为“MΩ”，故取名为“兆欧表”，可用来测量电阻器的电阻，各种电气设备的绝缘电阻，电线（电缆或明线）的绝缘电阻，电动机绕组的绝缘电阻以及变压器、继电器线圈的绝缘电阻等。兆欧表主要由磁电系比率表、电源（手摇发电机）和测量电路组成。

一、使用方法

（1）测量时的两条引线，一条接“L”端子，一条接“E”端子（地线端子）。

（2）手摇发电机至规定转速（120 r/min），指针应指示在“∞”位置，若不在“∞”位置，可用微调器将其调至“∞”位置。

（3）短接地线“E”端子和线路“L”端子，摇动发电机，使指针指向“0”位置，短接时间要短促。

（4）地线端子“E”和线路端子“L”要分别用单根导线与被测物相连，不能用双股线分别做“E”“L”端子的连线。

（5）待手摇发电机转速均匀后，指针也随之稳定下来，此时可进行读数，若指针摇摆不定，可读取其中间值。

（6）测量电路芯线间绝缘电阻时，应先摇转 1 min，使芯线充满电后，再取读数。

二、注意事项

（1）测量前必须切断被测设备电源，并对地放电。

（2）在测绝缘电阻时，应先将防雷元件拆下。

（3）对有可能感应高电压的设备，在可能性未消除前，不可进行测量。

（4）测量工作结束后，对被测物应进行充分放电，以保护设备及人身安全。

（5）在兆欧表没有停止转动和被测物没有放电以前，严禁用手接触被测设备的裸露部分和进行拆除导线工作。

任务实施

使用兆欧表对信号机引入线进行绝缘测试，测试信号机引入线端子与地线间绝缘电阻，并完成表 2.5 所示内容填写。

表 2.5　兆欧表测试数据表　　单位：MΩ

日期	信号机名称	H			L			U			B			测试人
		主	副	共	主	副	共	主	副	共	主	副	共	

任务评价

评分标准见表 2.6。

表 2.6　兆欧表评分标准

序号	评分标准	扣分
1. 仪表检查	使用前未做开路试验或短路试验，1 处扣 10 分	
2. 测试连接	测试过程中，测试方法错误，扣 10 分	
3. 仪表读数	读数错误或测试点错误，1 处扣 5 分，最多扣 60 分	
4. 台账资料填写	台账资料填写错误，1 处扣 2 分，最多扣 10 分	
总分（100 分）		

注：考核中损坏仪表或设备，该次考核计 0 分；违反注意事项中相关要求，一处额外扣 10 分。

任务四　移频表

任务导入

移频表在铁路信号检修和测试中扮演着重要角色，其使用对于确保信号传输的准确性和稳定性至关重要。移频表能够精确测量和分析信号频率，帮助检修人员快速定位故障点，提高检修效率。同时，移频表还可以进行频谱分析，进一步了解信号的频谱特性，为信号系统的优化和调试提供有力支持。接下来，我们将详细介绍移频表的使用方法和应用场景。

相关知识

CD96 系列移频参数测试表（简称 CD96 系列测试表）有 CD96-2 型、CD96-3 型，是用来测试移频设备的一种仪表。

CD96-2 型测试表适用于非电气化或电气化 4 信息、8 信息、12 信息、18 信息移频信号制式站内、区间使用。

CD96-3 型测试表适用于 UM71 或 WG-21A、ZPW-2000 无绝缘移频信号制式站内、区间使用。

一、CD96 系列测试表的特点

（1）窗口显示选用图形点阵液晶屏，具有背光夜间显示功能。

（2）测项选择菜单及操作提示为汉字显示，显示电池容量、测量数据、挡位等内容；测试数据还可以加粗放大显示。

（3）配备了 DLH-07 型电流卡钳，用来卡入传输信号电流的导线或钢缆，可以不影响线路传输，非接触地对信号的频率参数和电流进行感应式测量。

（4）具有测量量程自动识别切换功能，不会由于量程选择不当造成仪表损坏或错误读数。

（5）具有节电自动关机和防止内部电池过放自动关机功能。

二、CD96 系列测试表的通用功能和专项功能

（一）通用测量功能

CD96 系列测试表具有以下两项通用测量功能：

（1）单频测项功能：测量显示被测交流信号的电压/电流及其平均频率值。

（2）直流测项功能：测量显示被测直流信号的直流电压幅值。

通用测量功能是仪表基本测量功能的体现，是仪表电压、电流和频率指标测量精度的计量验证依据。

（二）专项数字处理功能

CD96 系列测试表在通用测量硬件基础的支持下，运用数字运算和数字处理软件技术，配备了专用于铁路移频参数各种方法的解析功能，称之为专项数字处理功能。

CD96-2 型国内移频参数测试表提供两项专项数字处理功能：

（1）移频专项功能。测试数据显示刷新速度小于 1 s，显示的内容如下：国内移频中心频率值、低频频率值及选带内电压/电流真有效值，国内移频上、下边频各自的频率值及选带内电压/电流真有效值。

（2）谱析专项功能。测试数据显示刷新速度 2～4 s，可对国内移频、25 Hz 和 50 Hz 相混叠的信号进行综合运算分析，显示的内容如下：国内移频中心频率值、低频频率值及电压/电流真有效值，国内移频上、下边频各自的频率值及电压/电流真有效值，25 Hz（轨道电路）和 50 Hz（电力牵引）信号各自基波分量电压真有效值。

CD96-3 型 UM71 参数选频测试表提供一项专项数字处理功能，即选频专项功能，可以分别对中心频率为 1 700 Hz、2 000 Hz、2 300 Hz 和 2 600 Hz 的 UM71、WG-21A 和 ZPW-2000 无绝缘移频信号进行选频分析。数据刷新速度小于 1 s，显示内容如下：UM71 移频中心频率值、低频 TBF 值、选频电压/电流真有效值，UM71 移频上、下边频各自的频率值、选频电压/电流真有效值。

三、CD96 系列测试表的使用方法

（一）仪表的菜单屏和测项选择

仪表开机或按动“菜单”键，仪表显示菜单屏。此时按动“个”或“+”键，可移动光标选择屏中众多测项之一。

（二）各测试项的测量操作

在菜单屏中移动光标，选择菜单屏中某测项，然后按动“选中”键，显示屏立即显现汉字提示“请稍候，正在测量中”，片刻后显示屏中显现该测项的全部被测数据和信息。

四、注意事项

（1）电压/电流测量端口要正确切换。在仪表测量过程中按动“V/A”键，则进行电压/电流测量端口切换。按动时，当屏中显示汉字提示“V—请选用表笔”时，表示仪表测量输入端口应插入测试表笔对信号电压测试点进行测量；当屏中显示提示“A—请选用卡钳”时，表示仪表测量输入端口应使用仪表专门配备的电流钳，卡入输送信号的电线电缆进行测量。若错误选用，必然得不到正确的测量结果。

（2）仪表电量不足时，应及时进行充电，否则测试数据不准确，还会因过放电而损坏电池。

任务实施

用移频表完成轨道电路入口电流测试，完成 3 个区段测试，并完成表 2.7 所示内容填写。

表 2.7　移频表测试数据表

日期	区段名称	频率/Hz	入口电流/mA	测试人

任务评价

评分标准见表 2.8。

表 2.8　移频表评分标准

序号	评分标准	扣分
1. 仪表检查	使用前未做仪表检查，扣 10 分	
2. 测试连接	测试过程中，测试方法错误，扣 10 分	
3. 仪表读数	读数错误或测试点错误，1 处扣 10 分，最多扣 60 分	
4. 台账资料填写	台账资料填写错误，1 处扣 5 分，最多扣 20 分	
总分（100 分）		

注：考核中损坏仪表或设备，该次考核计 0 分；违反注意事项中相关要求，一处额外扣 10 分。

03 项目三 信号基础设备电气特性测试

项目描述

本项目主要掌握信号工岗位设备检修作业中的基础设备电气特性Ⅰ、Ⅱ级测试，正确掌握各类仪表使用方法，按照现场标准正确填写《信号基础设备测试卡片》等，能够通过测量的电气参数初步判断设备工作状态。

学习目标

◎技能目标

（1）能够熟练使用钳形电流表、MF14 型机械万用表和摇表。

（2）能够独立完成色灯信号机、转辙机、25 Hz 轨道电路等信号基础设备电气参数测量。

（3）能够正确填写《色灯信号机Ⅰ、Ⅱ级测试卡片》《25 Hz 相敏轨道电路Ⅰ、Ⅱ级测试卡片》《电液转辙机Ⅰ、Ⅱ级测试卡片》《电动转辙机Ⅰ、Ⅱ级测试卡片》。

（4）能够通过测量出的电气参数初步判断设备工作状态。

（5）掌握色灯信号机、转辙机、25 Hz 轨道电路等设备维护方法。

◎知识目标

（1）掌握信号基础设备各项电气参数测量方法。

（2）明确信号基础设备各项电气参数标准值。

（3）作业符合现场安全要求规范。

任务一　色灯信号机Ⅰ、Ⅱ级测试

任务导入

通过对色灯信号机室外电气参数测量方法的学习，让学生独立完成色灯信号机Ⅰ、Ⅱ级测试并且填写《色灯信号机Ⅰ、Ⅱ级测试卡片》，能够达到熟练使用MF14型机械万用表测量点灯变压器Ⅰ、Ⅱ次侧电压、主副灯丝灯端电压的目的，具备色灯信号机灯泡更换和依据电气参数分析设备状态能力。

相关知识

信号是保障行车安全、提高运输效率、改善劳动条件和运营管理水平的重要设备，是轨道交通实现集中统一指挥的重要手段。色灯信号机属于信号基础设备三大件之一，是为列车和调车作业提供信号的装置，同时也是信号检修岗位室外维护的主要设备之一。

一、色灯信号机的测试

（一）色灯信号机测试项目、内容、标准

色灯信号机测试项目、内容与标准参照表3.1执行。

表3.1　色灯信号机测试项目、内容与标准

序号	测试项目和内容	测试标准	备注
1	点灯变压器Ⅰ、Ⅱ次侧电压	无	每年测试1次；更换灯泡时加测
2	普通信号灯泡主灯丝点灯灯端电压	列车信号：10.2～11.4 V； 调车信号：9.0～11.4 V； 容许信号：7.8～10.2 V	每年测试1次；更换灯泡时加测
3	普通信号灯泡副灯丝点灯灯端电压	为主灯丝电压的90%～95%	每年测试1次；更换灯泡时加测
4	LED发光盘端压	XLL型：DC 6±0.2 V； XLG型：AC 14 V； XSZG/A型：AC 14±2 V； XSL型：DC 12±0.5 V； LED：DC 13～14 V	发光盘上LED二极管损坏数量达到总数的30%，更换发光盘
5	灯丝继电器电流	JZXC-H18型：≥100 mA； JZXC-H18F、JZXC-H16/16型：≥140 mA	每年测试1次；更换灯泡时加测

续表

序号	测试项目和内容	测试标准	备注
6	灯丝继电器交流电压	JZXC-H18 型为 3.8～4.4 V	每年测试 1 次； 更换灯泡时加测； 交直流电压比值为 2∶1
7	灯丝继电器直流电压	JZXC-H18 型为 1.9～2.2 V	

（二）测试方法和步骤

（1）在色灯信号机测试前，先测试电源屏信号机点灯输出电压，保证信号机点灯输出电压控制在 220±10 V 范围内。

（2）点灯变压器（点灯单元）Ⅰ、Ⅱ次侧电压测试。

点灯变压器（点灯单元）Ⅰ次侧电压测试：信号机被测灯位在正常点灯工作状态，将 MF14 型机械万用表调整至交流电压 250 V 挡位，用表笔测点灯变压器（点灯单元）Ⅰ次侧电压，如图 3.1 所示。DZD-BT 型点灯单元 1、2 号端子（电源端子）为输入电源 AC 220 V。

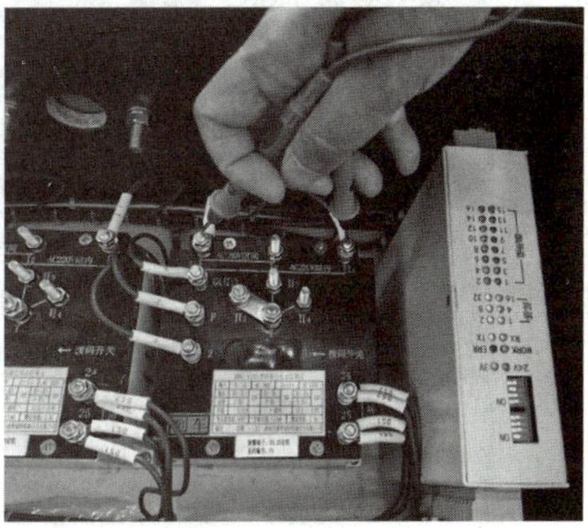

图 3.1　点灯变压器（点灯单元）Ⅰ次侧电压测试

DZD-BT 型点灯单元结构如图 3.2 所示。

点灯变压器（点灯单元）Ⅱ次侧电压测试：信号机被测灯位在正常点灯工作状态，将 MF14 型机械万用表调整至交流电压 25 V 挡位，用表笔测点灯变压器（点灯单元）Ⅱ次侧电压，仅需要记录主灯丝状态下测量的工作值，3、4、5 端子为输出端，分别接灯泡的公共端、主丝和副丝。

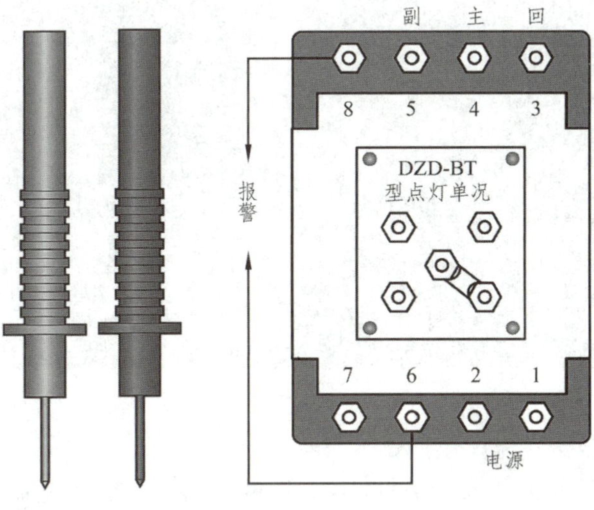

图 3.2　DZD-BT 型点灯单元结构

（3）主、副灯丝灯端电压测试。

被测灯位在主灯丝工作状态，将 MF14 型机械万用表调整至交流电压 25 V 挡位，用表笔测灯座上主、回端子两端电压，即为主灯丝灯端电压，如图 3.3 所示。

按压灯丝转换按钮，断开主灯丝，被测灯位在副灯丝工作状态，将 MF14 型机械万用表保持在交流电压 25 V 挡位，用表笔测灯座上副、回端子两端电压，即为副灯丝灯端电压。

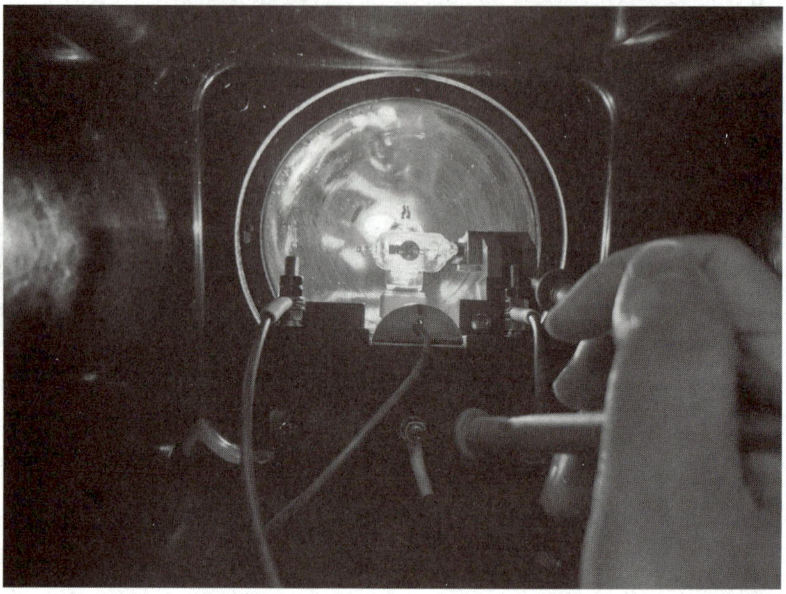

图 3.3　色灯信号机灯端电压测试

（4）灯丝继电器电流测试。

信号机在正常工作状态，用钳形电流表测量 53 或 63 端子，如图 3.4 所示。

图 3.4　灯丝继电器电流测试

（5）灯丝继电器交直流电压测试。

灯丝继电器交流电压测试：将 MF14 型机械万用表调整至交流电压 10 V 挡位，表笔测量灯丝继电器插座 53、63 端子，显示数据即为灯丝继电器交流电压。

灯丝继电器直流电压测试：将 MF14 型机械万用表调整至直流电压 2.5 V 挡位，红表笔接触灯丝继电器插座 3 端子，黑表笔接触灯丝继电器插座 2 端子，显示数据即为灯丝继电器直流电压。

JZXC-H18、JZXC-H156、JZXC-0.14 型继电器接点编号如图 3.5 所示。

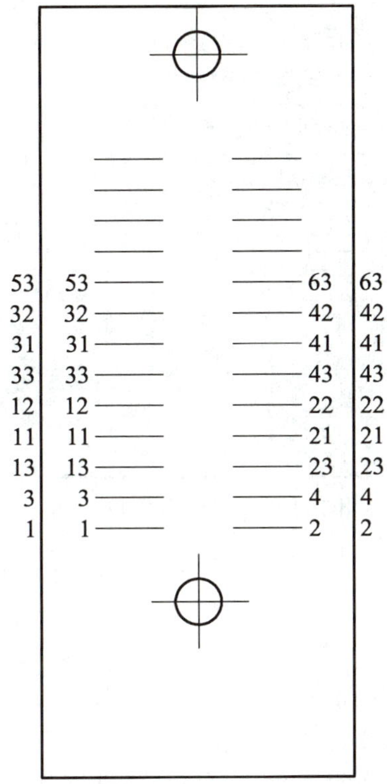

微课：继电器插座

图 3.5　JZXC-H18、JZXC-H156、JZXC-0.14 型继电器接点编号

（6）点灯单元Ⅱ次侧对地绝缘测量。

使用 500 V 兆欧表进行测量，一个表笔（L）接点灯单元Ⅱ次侧回端子，另一表笔（E）接地进行摇测，电阻值大于 1 MΩ。

（三）测试注意事项

（1）测试电气参数时，不可借用其他灯光电源，应该由室内控制台改变信号显示来测试不同灯位的灯端电压。

（2）因信号机点灯电路每个灯位回路不同，每个灯位均要测试灯丝继电器电流。

二、色灯信号机的调整

方法：两人相互配合，采用瞭望法调整信号显示。

工具：手持对讲电话。

（一）显示距离的调整

（1）优先调整红色灯光，1 名作业人员到达信号机前方规定的显示距离前后 50 m 的线路两侧处，观察信号显示效果，并通过手持对讲电话与调整人员联系，配合调整人员完成调整。信号机显示距离要求如表 3.2 所示。

微课：信号机的显示意义及显示距离

表 3.2 信号机显示距离

序号	信号机类型	显示距离
1	进站、通过、接近、遮断信号机	不得小于 1 000 m
2	高柱出站、高柱进路信号机	不得小于 800 m
3	预告、驼峰、驼峰辅助信号机	不得小于 400 m
4	调车、矮型进站、矮型出站、矮型进路、矮型通过、复示信号机，容许、引导信号及各种表示器	不得小于 200 m
备注：在地形、地物影响视线的地方，进站、通过、接近、预告、遮断信号机的显示距离在最坏条件下，不得小于 200 m		

（2）先调整左、右、俯角、仰角位置，再调整灯座前、后、左、右位置，使显示灯光饱满、明亮、清晰。

（二）电气特性调整

信号机电气特性调整需同时满足 DJ 与灯端电压的要求，为尽量延长灯泡的使用寿命，灯端电压可靠近标准值最小值进行调整。

（1）灯端电压调整：通过调整室外点灯变压器Ⅱ次侧端子。

（2）DJ 电流调整：可通过降低点灯变压器Ⅱ次侧电压，提高点灯变压器挡位。

注：灯端电压与 DJ 电流调整会互相影响，需两者兼顾。

（三）信号机灯泡更换

（1）信号机灯泡向下压，将灯座上用来固定灯泡的铁片抽出。

（2）取出信号机灯泡，将备用灯泡凹口对准放入，将卡簧触点向下压，将铁片推入至卡簧触点后，进一步按压灯泡，将铁片继续推入直至完全卡住灯泡。

（3）轻摇灯泡，检查铁片是否完全将灯泡紧固。

（4）进行主、副灯丝转换实验，并测量灯端电压与灯丝电流，确保数据正常，并填写测试记录。

任务实施

步骤一：领取信号机Ⅰ级测试所需仪表，包括 MF14 型机械万用表、钳形电流表、500 V 兆欧表。

步骤二：利用仪表完成信号机Ⅰ级测试，并做好相关记录，限时 10 min 完成，并完成表 3.3、表 3.4 内容填写。

表 3.3　色灯信号机Ⅰ、Ⅱ级测试卡片　　单位：V

<table>
<tr><td colspan="5">站名（区间）:</td><td colspan="6">名称:</td></tr>
<tr><td rowspan="2">测试日期</td><td rowspan="2">灯位</td><td colspan="2">点灯变压器</td><td colspan="2">灯端电压</td><td rowspan="2">更换器材记录</td><td rowspan="2">主副切换</td><td rowspan="2">测试者</td><td rowspan="2">仪表编号</td></tr>
<tr><td>Ⅰ次</td><td>Ⅱ次</td><td>主丝</td><td>副丝</td></tr>
<tr><td></td><td></td><td></td><td></td><td></td><td></td><td></td><td></td><td></td><td></td></tr>
<tr><td></td><td></td><td></td><td></td><td></td><td></td><td></td><td></td><td></td><td></td></tr>
<tr><td></td><td></td><td></td><td></td><td></td><td></td><td></td><td></td><td></td><td></td></tr>
<tr><td></td><td></td><td></td><td></td><td></td><td></td><td></td><td></td><td></td><td></td></tr>
<tr><td></td><td></td><td></td><td></td><td></td><td></td><td></td><td></td><td></td><td></td></tr>
</table>

表 3.4　色灯信号机室内测试

<table>
<tr><td colspan="6">色灯信号机室内测试考核卡片</td></tr>
<tr><td rowspan="2">测试者</td><td rowspan="2">设备名称</td><td colspan="2">DJ 电压/V</td><td colspan="2">DJ 电流/mA</td></tr>
<tr><td>交流</td><td>直流</td><td>交流</td><td>直流</td></tr>
<tr><td></td><td></td><td></td><td></td><td></td><td></td></tr>
<tr><td></td><td></td><td></td><td></td><td></td><td></td></tr>
<tr><td></td><td></td><td></td><td></td><td></td><td></td></tr>
</table>

作业风险提示

（1）上道作业必须按规定登记要点，按规定穿戴好绝缘鞋和防护服。高柱信号机作业时，必须穿戴安全帽、安全带，做好劳动安全防护。

（2）电气区段作业时，身体与所携带工具必须与牵引供电设备高压带电部分保持 2 m 以上的安全距离，与回流线、架空地线、保护线保持 1 m 以上的距离，如果安全距离达不到以上标准，必须停电作业。

（3）色灯信号机灭灯时，严禁用其他光源代替。

（4）严禁违反规定检修正在使用中的信号设备。

任务评价

任务评分表见表 3.5。

表 3.5　色灯信号机Ⅰ、Ⅱ级测试

序号	项目	评价内容与要求	配分	扣分点	得分
1	仪表准备	（1）领取的器材类型准确； （2）检查仪表是否完好	10	（1）仪表型号不对，1 次扣 5 分； （2）测量前未做仪表检查，扣 5 分	

续表

序号	项目	评价内容与要求	配分	扣分点	得分
2	Ⅰ、Ⅱ级测试	（1）正确使用 MF14 型机械万用表完成点灯变压器Ⅰ、Ⅱ次侧电压，主、副灯丝灯端电压； （2）正确填写色灯信号机Ⅰ、Ⅱ级测试卡片	60	（1）缺 1 项内容扣 10 分； （2）1 处填写不规范，扣 5 分，最多扣 20 分	
3	灯丝继电器电流测量	（1）正确使用仪表完成 DJ 电流、DJ 交直流电压测量； （2）正确填写色灯信号机Ⅰ、Ⅱ级测试卡片	30	（1）缺 1 项内容扣 10 分； （2）1 处填写不规范，扣 5 分，最多扣 20 分	
4	安全操作	（1）按规定着装及佩戴，操作熟练，用时合理； （2）清点仪器仪表，做到工完料清	10	（1）未按规定着装，扣 5 分； （2）未做好“三清”工作，扣 5 分	
合计			100		

注：考核中损坏仪表或设备，该次考核计 0 分；违反注意事项中相关要求，一处额外扣 10 分。

任务二　25 Hz 相敏轨道电路Ⅰ、Ⅱ级测试

任务导入

通过对 25 Hz 相敏轨道电路室外电气参数测量方法的学习，让学生独立完成 25 Hz 相敏轨道电路Ⅰ、Ⅱ级测试并且填写《25 Hz 相敏轨道电路Ⅰ、Ⅱ级测试卡片》，能够达到熟练使用移频表测量轨道变压器Ⅰ、Ⅱ次侧电压，限流器电压，扼流变压器Ⅰ、Ⅱ次侧电压，轨面电压的目的，具备依据电气参数分析设备状态能力。

相关知识

最早的铁路是没有轨道电路的，但随着列车运行速度不断增加，不能准确反映列车位置成为事故频发的关键因素。为了检查列车占用钢轨线路状态，1960 年，我国在宝鸡-凤州段建成了第一条单相工频交流电气化铁路。为防止牵引电流的干扰，根据苏联资料仿制成一种单轨条式直流轨道电路。1978 年，我国开始研制 25 Hz 相敏轨道电路，以适应电气化铁路的抗干扰要求。1982 年，25 Hz 相敏轨道电路在中国投入使用。1997 年，中国铁路开始用 97 型 25 Hz 相敏轨道电路替代旧型 25 Hz 相敏轨道电路，并在全路推广

使用。97 型 25 Hz 相敏轨道电路具有工作稳定可靠、维修简单和故障率低的优点，具有很高的抗干扰能力，并延长了轨道电路的极限长度（可达 1 500 m）。

一、25 Hz 相敏轨道电路的测试

（一）25 Hz 相敏轨道电路测试项目、内容、标准

微课：JXW25 型电子接收器

25 Hz 相敏轨道电路的测试项目、内容、标准参照表 3.6 执行。

表 3.6　25 Hz 相敏轨道电路测试项目、内容与标准

序号	测试项目和内容	技术标准	备注
1	电源电压	AC 220 V	
2	25 Hz 电源屏轨道电压、局部电压和相位角	轨道电压：220 ± 6.6 V； 局部电压：110 ± 3.3 V； 局部电压超前轨道电压相位角：90° ± 1°	
3	送、受端变压器Ⅰ、Ⅱ次侧电压	无	受电端与电码化送电端变比应按 25 Hz 相敏轨道电路调整表固定，不得调整，Ⅰ级测试每年测 1 次
4	限流电阻电压	无	送端限流电阻固定使用，不可调整，Ⅰ级测试每年测 1 次
5	扼流变压器Ⅰ、Ⅱ次侧电压	由于每个区段长度和分支不同，数据不同	信号圈为 1.5 ~ 3 V； 牵引圈为 0.5 ~ 1 V； 信号圈：牵引圈=3：1； Ⅰ级测试每年测 1 次
6	送、受端轨面电压	无	Ⅰ级测试每年测 1 次
7	轨道继电器电压 U_1（有效电压）	≥15 V； JXW-25 微电子接收器输出直流电压：20 ~ 30 V； 一送多受轨道电路受端分支继电器端电压偏差：< 3 V	微机监测车站用机测代替人工测试，但要求值班员每天分析并记录分析情况；未纳入微机监测的测试项目或微机监测故障时，需采用人工测试；值班点每日 1 次，非值班点每月 2 次
8	轨道继电器相位角	局部电压超前轨道电压：90° ± 30°	
9	极性交叉	相邻轨道区段应正确	
10	轨道绝缘	绝缘良好	
11	分路残压	≤7.4 V； JXW2 防护盒轨道电压：≤10 V； 微电子接收器输出直流电压：0 V	
12	电码化电码校验	满足相对应移频制式要求	可结合年度联锁试验进行
13	标调	无	

（二）测试方法和步骤

1. 室外测试

1）送、受端变压器Ⅰ、Ⅱ次侧电压测试

送端轨道变压器Ⅰ次侧电压标准值为 AC 220 V，Ⅱ次侧电压依据“二次电压使用连接表”（表 3.7）选择合适量程，测量使用端子两端电压即为Ⅱ次侧电压，选用移频表进行测量，如图 3.6 所示。

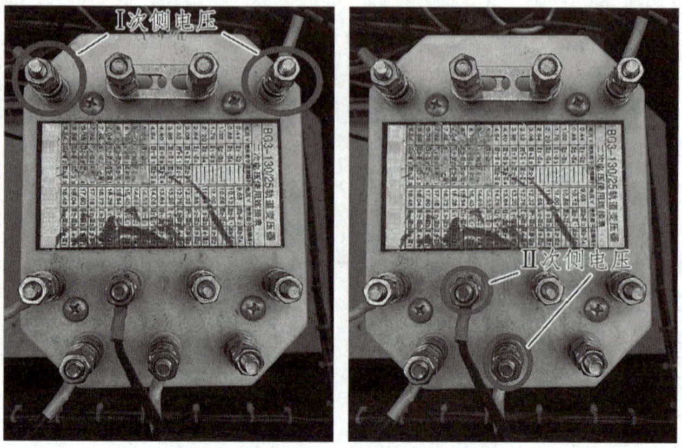

图 3.6　轨道变压器Ⅰ、Ⅱ次侧电压

送电端轨道变压器可调整，受电端轨道变压器不可调整，有扼流变压器的电气化区段轨道变压器受端固定Ⅲ$_1$-Ⅲ$_3$为 15.84 V 挡，无扼流变压器的非电气化区段轨道变压器受端固定为 4.4 V 挡。二次电压使用连接表如表 3.7 所示。

表 3.7　二次电压使用连接表

BG3-130/25 轨道变压器					
二次电压使用连接表					
电压/V	使用端子	连接端子	电压/V	使用端子	连接端子
0.44	Ⅱ$_1$-Ⅱ$_2$	—	9.68	Ⅲ$_2$-Ⅱ$_3$	Ⅲ$_3$-Ⅱ$_4$
0.88	Ⅱ$_3$-Ⅱ$_4$	—	10.12	Ⅲ$_2$-Ⅱ$_1$	Ⅲ$_3$-Ⅱ$_2$
1.32	Ⅱ$_2$-Ⅱ$_3$	—	10.56	Ⅲ$_2$-Ⅲ$_3$	—
1.76	Ⅱ$_1$-Ⅱ$_3$	—	11.00	Ⅱ$_1$-Ⅲ$_3$	Ⅱ$_2$-Ⅲ$_2$
2.20	Ⅱ$_2$-Ⅱ$_4$	—	11.44	Ⅱ$_3$-Ⅲ$_3$	Ⅱ$_4$-Ⅲ$_2$
2.64	Ⅱ$_1$-Ⅱ$_4$	—	11.88	Ⅱ$_2$-Ⅲ$_3$	Ⅱ$_3$-Ⅲ$_2$
3.08	Ⅲ$_1$-Ⅱ$_2$	Ⅲ$_2$-Ⅱ$_4$	12.32	Ⅱ$_1$-Ⅲ$_3$	Ⅱ$_3$-Ⅲ$_2$
3.52	Ⅲ$_1$-Ⅱ$_1$	Ⅲ$_2$-Ⅱ$_4$	12.76	Ⅱ$_2$-Ⅲ$_3$	Ⅱ$_4$-Ⅲ$_2$
3.96	Ⅲ$_1$-Ⅱ$_2$	Ⅲ$_2$-Ⅱ$_3$	13.20	Ⅱ$_1$-Ⅲ$_3$	Ⅱ$_4$-Ⅲ$_2$
4.40	Ⅲ$_1$-Ⅱ$_3$	Ⅲ$_2$-Ⅱ$_4$	13.64	Ⅲ$_1$-Ⅱ$_2$	Ⅲ$_3$-Ⅱ$_4$
4.84	Ⅲ$_1$-Ⅱ$_1$	Ⅲ$_2$-Ⅱ$_2$	14.08	Ⅲ$_1$-Ⅱ$_1$	Ⅲ$_3$-Ⅱ$_3$
5.28	Ⅲ$_1$-Ⅲ$_2$	—	14.52	Ⅲ$_1$-Ⅱ$_2$	Ⅲ$_3$-Ⅱ$_3$
5.72	Ⅱ$_1$-Ⅲ$_2$	Ⅱ$_2$-Ⅲ$_1$	14.96	Ⅲ$_1$-Ⅱ$_3$	Ⅲ$_3$-Ⅱ$_4$
6.16	Ⅱ$_3$-Ⅲ$_2$	Ⅱ$_4$-Ⅲ$_1$	15.40	Ⅲ$_1$-Ⅱ$_1$	Ⅲ$_3$-Ⅱ$_2$

续表

BG3-130/25 轨道变压器					
二次电压使用连接表					
电压/V	使用端子	连接端子	电压/V	使用端子	连接端子
6.60	II_2-III_2	II_3-III_1	15.84	III_1-III_3	—
7.04	II_1-III_2	II_3-III_1	16.28	II_1-III_3	II_2-III_1
7.48	II_2-III_2	II_4-III_1	16.72	II_3-III_3	II_4-III_1
7.92	II_2-III_2	II_4-III_1	17.16	II_2-III_3	II_3-III_1
8.36	III_2-II_2	III_3-II_4	17.60	II_1-III_3	II_3-III_1
8.80	III_2-II_1	III_3-II_3	18.04	II_2-III_3	II_4-III_1
9.24	III_2-II_2	III_3-II_3	18.48	II_1-III_3	II_4-III_1

2）限流器电压测试

限流器最大电阻为 4.4 Ω，每个区段长度和分支不同，限流器压降不同。送端限流变阻器固定使用，不可调整，如图 3.7 所示。

3）送、受端扼流变压器信号线圈、牵引线圈电压测试

扼流变压器用于沟通牵引电流并传递信号信息，信号线圈电压：牵引线圈电压=3：1，如图 3.8 所示。送端扼流变压器信号线圈为Ⅰ次，牵引线圈为Ⅱ次；受端扼流变压器信号线圈为Ⅱ次，牵引线圈为Ⅰ次。

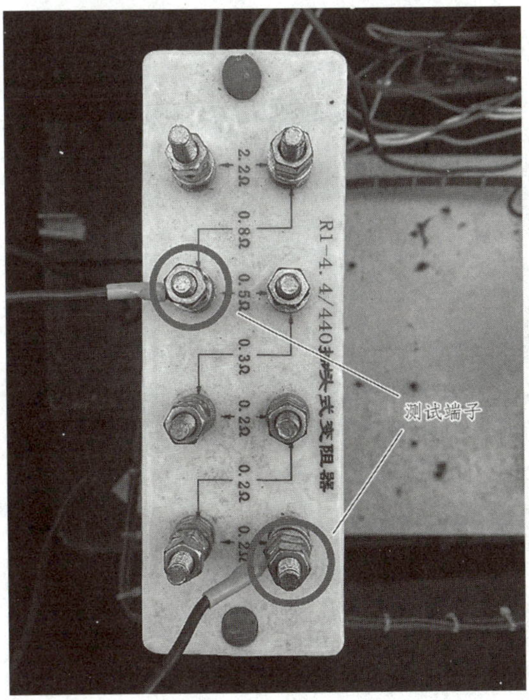

图 3.7　限流电阻器电压测试端子

图 3.8　扼流变压器信号线圈、牵引线圈电压测试端子

4）送、受端轨面电压测试

轨道电路在调整状态，用万用表交流挡在送、受端轨面测得。

5）极性交叉测试

有扼流变压器处的各点电压表示如图 3.9 所示，实线箭头表示 50 Hz 牵引电流，虚线箭头表示 25 Hz 信号电流。两轨端绝缘处电压 V1 + V4 之和约等于两轨面电压 V2 + V3 之和，或轨端绝缘处电压 V1、V4 大于交叉电压 V5、V6 时，有相位交叉。

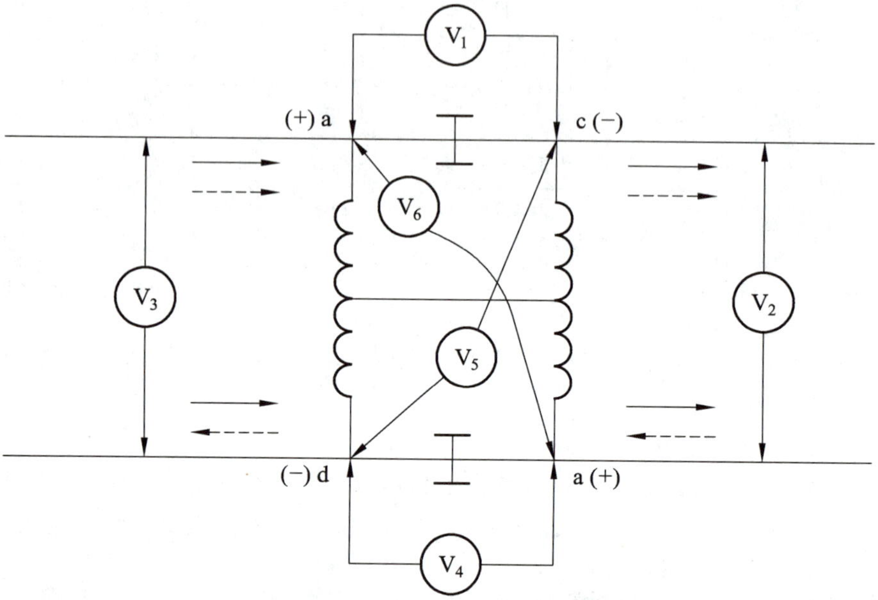

图 3.9　极性交叉检查

2. 室内测试

相位角测试：用移频表相位角测试挡测试继电器局部、轨道线圈相位差（即为相位角值），也可直接在轨道测试盘进行测试。

（三）作业风险提示

（1）上道作业必须按规定登记要点，穿戴好绝缘鞋和防护服，做好劳动安全防护。

（2）作业前检查工具、仪表，应齐全良好，并正确使用。

（3）电气化区段作业中严禁中断牵引回流，更换钢轨、扼流变压器等作业时必须做好“两横一纵”防护。

（4）做好绝缘检查、测试，防止绝缘不良红光带故障。

（5）作业时认真细致，作业后对作业处认真检查，并对相关材料工具进行复核，防止作业后现场遗留工具、材料。

二、25 Hz 相敏轨道电路的调整

调整步骤如图 3.10 所示。

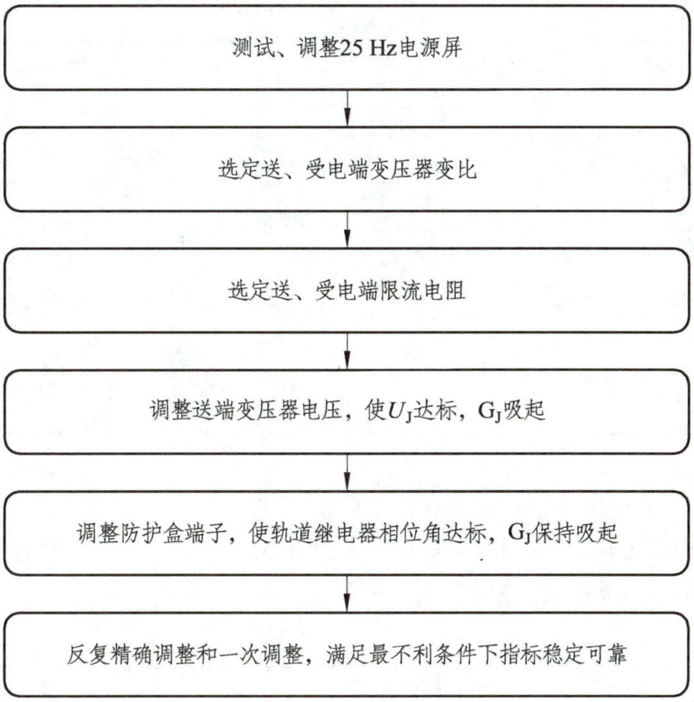

图 3.10　97 型 25 Hz 相敏轨道电路调整步骤

（一）调整前，先测试、调整 25 Hz 轨道电源屏

电源屏输出电压应控制在 220 ± 6.6 V，局部电压控制在 110 ± 3.3 V，局部电压超前轨道电压 90° ± 1°，才可进行轨道电路标调工作。

（二）选定送、受电端变压器 BG2 的变比

电码化区段变压器变比应固定，非电码化区段二次电压可微调，各类室内调整变压器、轨道变压器、扼流变压器应注意不要将同名端接错，具体连接如表 3.8 所示。

表 3.8　送、受电端变压器变比配置及连接表

区段	类型	送电端变压器				受电端变压器			
		一次侧		二次侧		一次侧		二次侧	
		使用端	连接端	使用端	连接端	使用端	连接端	使用端	连接端
电码化区段，由室内调整 BMT-25	有扼流变压器	I_1-I_4（220 V）	I_2-I_3	III_1-III_3（15.84 V）	—	I_1-I_4	I_2-I_3	III_1-III_3	—
	无扼流变压器	同上	无	同上	无	同上	无	III_2-III_3	无

续表

区段	类型	送电端变压器				受电端变压器			
		一次侧		二次侧		一次侧		二次侧	
		使用端	连接端	使用端	连接端	使用端	连接端	使用端	连接端
非电码化区段，由室外调整送电端BG2	有扼流变压器	I_1-I_4	I_2-I_3	参照调整表调整二次电压 U_B		I_1-I_4	I_2-I_3	III_1-III_3	无
	无扼流变压器	I_1-I_4	I_2-I_3	参照调整表调整二次电压 U_B		I_1-I_4	I_2-I_3	III_2-III_3	III_4-III_2

（三）选定送、受电端的限流电阻 R_x、R_S

送受电端限流电阻应严格根据参考表进行选择，并固定不得随意调整，否则会破坏轨道电路整体特性，特别是分路特性。参考表如表3.9所示。

表3.9　送、受端限流电阻选定参考表

区段类型	区段长度/m	有扼流变压器			无扼流变压器		
		送电端 R_x/Ω	受电端 R_S/Ω	送电端二次电压 U_B	送电端 R_x/Ω	受电端 R_S/Ω	送电端二次电压 U_B
无岔区段	100～400	4.4	0	见《普速铁路信号维护规则》，简称《维规》	0.9	0	见《维规》
无岔区段	500～1 000	4.4	0	见《维规》	0.9	0	见《维规》
无岔区段	1 100～1 500	4.4	0	见《维规》	0.9	0	见《维规》
一送一受	100～400	4.4	0	见《维规》	1.6	0	见《维规》
一送两受	≤200	4.4	1.1～4.4	见《维规》	1.6	0	见《维规》
一送三受	≤80	4.4	2.2	见《维规》	1.6	0	见《维规》

（四）调整轨道电路供电变压器的电压，使轨道继电器的端电压 U_J 达标、G_J 吸起

（1）对于电码化区段，调整方法为改变室内调整变压器BMT-25的输出端子，同时测量轨道继电器的端电压和相位角，使之满足规定的技术指标。BMT-25型室内调整变压器电压调整表如表3.10所示。

表3.10　BMT-25室内调整变压器电压调整表

输出/V	连接端子	输出/V	连接端子	输出/V	连接端子
10	0-4，5-10	70	0-5，6-7，8-10	130	0-4，6-8，9-10
20	0-5，6-10	80	0-4，6-7，8 10	140	0-7，5-9，4-10
30	0-7，6-8，5-10	90	0-8，5-9，4-10	150	0-7，9-10

续表

输出/V	连接端子	输出/V	连接端子	输出/V	连接端子
40	0-7，5-8，4-10	100	0-8，9-10	160	0-4，5-7，9-10
50	0-7，8-10	110	0-4，5-8，9-10	170	0-5，6-7，9-10
60	0-4，5-7，8-10	120	0-5，6-8，9-10	180	0-4，6-7，9-10
粗调	按此表进行接线，即可得到表中 10 V 一挡的粗调的电压				
微调	如果需要进行细调电压，打开 0 号至其他端子的连线，串入 1、2 增加 2.5 V，串入 2、3 增加 5 V，串入 1、3 增加 7.5 V。如需要得到 12.5 V，打开 0-4 连线，连接 0-1、2-4 即可				

（2）对于非电码化区段，调整方法为按调整参考表数值，改变送电端变压器 BG2－130/25 二次侧电压 U_B，同时测量轨道继电器的端电压相位角，使之满足规定的技术指标。

（五）调整防护盒端子，使轨道继电器的相位角满足技术指标

25 Hz 轨道电路相位角偏差大时，可调整使用端子和连接端子的接线，使轨道继电器的相位角满足技术指标。具体如表 3.11、表 3.12 所示。

表 3.11　HF3-25 型防护盒接线表

序号	使用端子	连接端子	参考使用范围
1	1-3	2-6-7-8	同 HF2-25
2	1-3	4-7-8	可调相位 15-20°
3	1-3	5-8	可调相位 30-40°

表 3.12　HF4-25 型防护盒接线表

序号	使用端子	连接端子	参考使用范围
1	1-3	11-3，12-4	上调相位 10°～20°
2	1-3	11-1	上调相位 20°～40°
3	1-3	11-5，12-6	同 HF2～25
4	1-3	11-7，12-8	下调相位 10°～20°
5	1-3	11-9，12-8，2-4	下调相位 20°～40°

（六）精确调整和一次调整

（1）在 25 Hz 相敏轨道继电器 GJ 吸起后，应再检查调整相位角，然后重新调整 U_j 电压，可反复数次后使之达标。

（2）25 Hz 相敏轨道电路经首次调整开通后，还需加强检测，并进行一次调整。一般应经历一次雨季和冬季晴天最不利条件测试。

① 冬季晴天检查能确保分路。需在调整状态道碴电阻最大、钢轨电阻最小、电源电压最高时，调整测量端 U_j 电压应小于调整表中所列最大值，再用 0.06 Ω 标准分路线进行送分、受分、岔分，U_j 残压应小于 7.4 V，能可靠释放。如带有无受电分支，还应在无受电分支的末端检查。

② 雨季时检查 GJ 能可靠吸起。当道床漏泄最大或实际的道碴电阻小于标准值、钢轨电阻最大、电源电压最低时，把端电压 U_j 调整到不低于表 3.10 中所列最小值，检查 GJ 能可靠吸起无红光带。

任务实施

步骤一：领取 25 Hz 相敏轨道电流Ⅰ、Ⅱ级测试所需仪表，包括 MF14 型机械万用表、钳形电流表、500 V 兆欧表、移频表等。

步骤二：选择合适仪表完成 25 Hz 相敏轨道电流Ⅰ、Ⅱ级测试，并做好相关记录，限时 15 min 完成，并填写表 3.13 的内容。

表 3.13　25 Hz 相敏轨道电路Ⅰ、Ⅱ级测试卡片

<table>
<tr><td colspan="7">站名（区间）:</td><td colspan="5">区段名称:</td></tr>
<tr><td rowspan="2"></td><td rowspan="2">测试日期</td><td colspan="2">轨道变压器/V</td><td rowspan="2">限流器电压/V</td><td colspan="2">扼流变压器/V</td><td rowspan="2">轨面电压/V</td><td rowspan="2">入口电流/mA</td><td rowspan="2">极性交叉</td><td rowspan="2">器材及保险更换记录</td><td rowspan="2">测试者</td></tr>
<tr><td>Ⅰ次</td><td>Ⅱ次</td><td>Ⅰ次</td><td>Ⅱ次</td></tr>
<tr><td>送端</td><td></td><td></td><td></td><td></td><td></td><td></td><td></td><td></td><td></td><td></td><td></td></tr>
<tr><td>受端</td><td></td><td></td><td></td><td></td><td></td><td></td><td></td><td></td><td></td><td></td><td></td></tr>
<tr><td></td><td></td><td></td><td></td><td></td><td></td><td></td><td></td><td></td><td></td><td></td><td></td></tr>
<tr><td></td><td></td><td></td><td></td><td></td><td></td><td></td><td></td><td></td><td></td><td></td><td></td></tr>
<tr><td></td><td></td><td></td><td></td><td></td><td></td><td></td><td></td><td></td><td></td><td></td><td></td></tr>
</table>

作业风险提示

（1）上道作业必须按规定登记要点，按规定穿戴好绝缘鞋和防护服，做好劳动安全防护。

（2）电气化区段作业时严禁中断牵引回流，更换钢轨、扼流变压器时，必须做好“两横一纵”防护。

（3）作业前严格检查工具、仪表，保证齐全良好，作业过程中做到正确使用。

（4）做好绝缘检查、测试，防止绝缘不良导致的红光带故障发生。

（5）作业过程中认真细致，作业后须对作业设备进行认真检查，并对材料、工具进行复核，防止现场遗留工具、材料影响行车安全。

任务评价

任务评分表见表 3.14。

表 3.14　25 Hz 相敏轨道电路Ⅰ、Ⅱ级测试

序号	项目	评价内容与要求	配分	扣分点	得分
1	仪表准备	（1）领取的器材类型准确； （2）检查仪表是否完好	10	（1）仪表型号不对，一次扣 5 分； （2）测量前未做仪表检查，扣 5 分	

续表

序号	项目	评价内容与要求	配分	扣分点	得分
2	送端测试	(1)正确使用MF14型机械万用表完成25 Hz相敏轨道电路送端数据测量； (2)正确填写25 Hz相敏轨道电路Ⅰ、Ⅱ级测试卡片填写	40	(1)缺一项内容扣10分，最多扣40分； (2)一处填写不规范，扣5分，最多扣20分	
3	受端测试	(1)正确使用MF14型机械万用表完成25 Hz相敏轨道电路送受端数据测量； (2)正确填写25 Hz相敏轨道电路Ⅰ、Ⅱ级测试卡片	40	(1)缺一项内容扣10分，最多扣40分； (2)一处填写不规范，扣5分，最多扣20分	
4	安全操作	(1)按规定着装及佩戴，操作熟练，用时合理； (2)清点仪器仪表，做到工完料清	10	(1)未按规定着装，扣5分； (2)未做好“三清”工作，扣5分	
合计			100		

注：考核中损坏仪表或设备，该次考核计0分；违反注意事项中相关要求，一处额外扣10分。

任务三 转辙机电气特性Ⅰ、Ⅱ级测试

任务导入

通过对转辙机电气参数测量方法的学习，让学生独立完成转辙机Ⅰ、Ⅱ级测试并且填写《转辙机Ⅰ、Ⅱ级测试卡片》，能够达到熟练使用万用表测量工作电流、摩擦电流、工作电压、故障电压、定转子线圈电阻等数据的目的，具备依据电气参数分析设备状态能力。

相关知识

转辙机是转辙装置的核心和主体，包含电动转辙机、电液转辙机和电空转辙机。转辙机作为转换装置，应具有足够大的拉力，以带动尖轨做直线往返运动，当尖轨受阻不能运动到底时，应随时通过操纵使尖轨恢复原位；作为锁闭装置，当尖轨和基本轨不密贴时，不应进行锁闭，一旦锁闭，应保证不致因车通过道岔时震动而错误解锁；作为监督装置，应能正确地反映道岔的状态；道岔被挤后，在未修复前不应再使道岔转换。

一、电动转辙机测试与调整

（一）电动转辙机（ZD6）测试

动画：工作电压测试

1. 动作电压测试

将万用表调整至直流电压测试挡位，将万用表并入电路，再扳动道岔，当转辙机正常转换过程中，万用表读数即为工作电压。测试定转反动作电压时，红表笔接 2 端子，黑表笔接 4 端子；测试反转定动作电压时，红表笔接 1 端子，黑表笔接 4 端子，工作电压≥160 V，如图 3.11、图 3.12 所示。

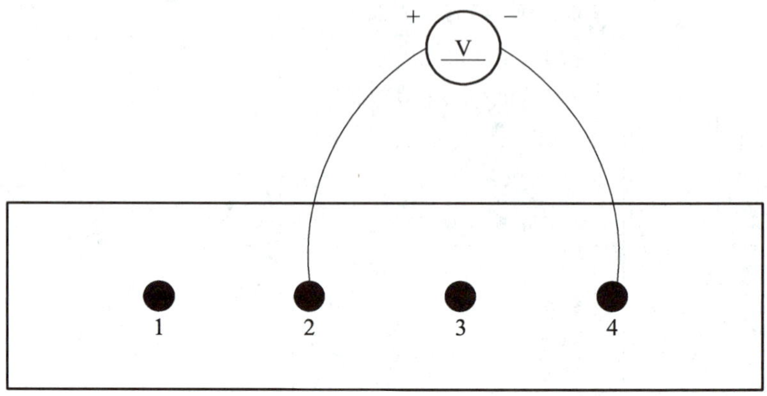

电机接线端子

图 3.11　定转反动作电压、摩擦电压测试

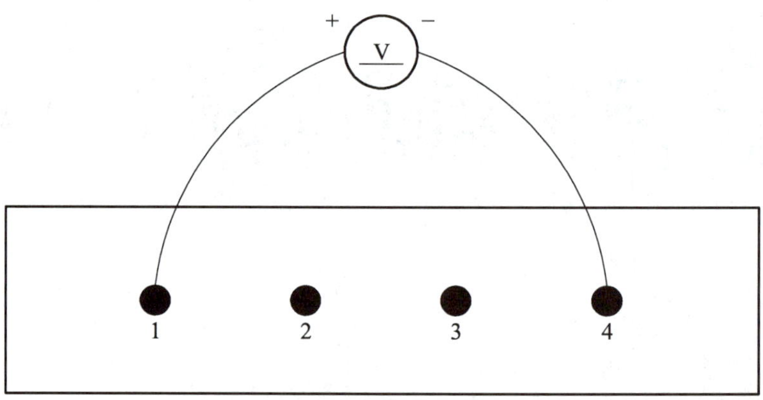

电机接线端子

图 3.12　反转定动作电压、摩擦电压测试

动画：工作电流测试

2. 动作电流、摩擦电流测试

断开安全接点，将万用表调整至直流电流测试挡位，万用表串接在遮断器 05、06 端子上，其中红表笔接 05、黑表笔接 06，再扳动道岔，当转辙机正常转换过程中，万用表读数即为动作电流。动作电流标准值≤2 A。

摩擦电流与动作电流测试方法一致，当转辙机进行 4 mm 不锁闭试验时，万用表读数即为摩擦电流。摩擦电流标准值为 2.3～2.9 A，且正反向之差≤0.3 A。动作电流、摩擦电流测试如图 3.13 所示。

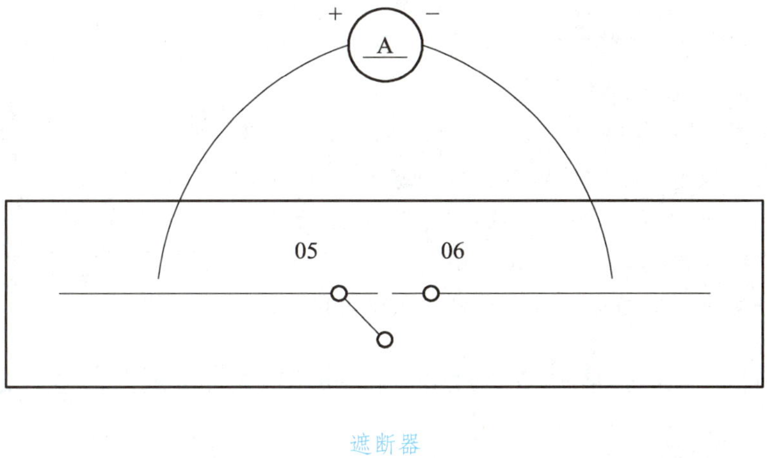

图 3.13　动作电流、摩擦电流测试

3. 定子、转子线圈电阻测试

动画：定子线圈电阻测试　动画：转子线圈电阻测试

断开安全接点，将万用表调整至 R×1 挡位，万用表两个表笔分别接触电动机 1、3 或 2、3 端子上，即可测得两个定子线圈电阻；将万用表两个表笔分别接触电动机 3、4 端子上，可测得转子线圈电阻。测试方法如图 3.14、图 3.15 所示。

在测试转子阻值的过程中，用手摇把慢摇电机转动一周，过程中万用表指针出现明显变化，应为转子断线[断匝]。

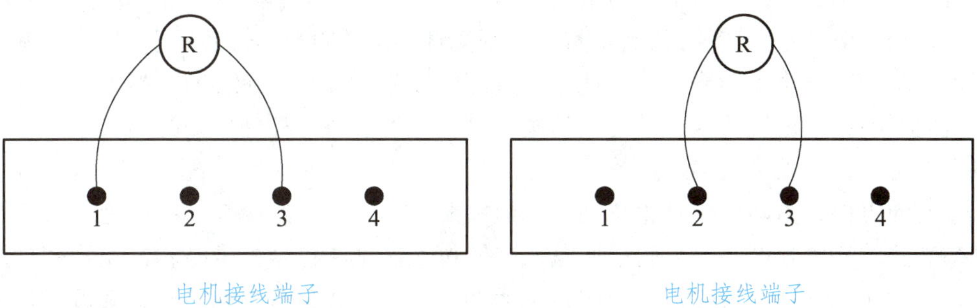

图 3.14　定子线圈电阻测试

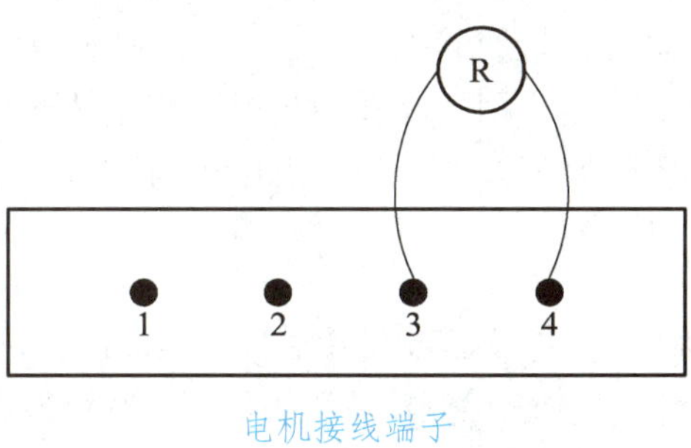

图 3.15　转子线圈电阻测试

4. 安装装置绝缘测试

电阻法测试：将万用表调至 R × 10 挡，一支表笔接角钢，另一表笔接两轨面进行测试，正常时电阻应大于 1 kΩ。

电压法测试：将万用表调至交流 2.5 V 挡，一支表笔接角钢，另一表笔分别对两轨面进行测试，无电压或电压大约相等，说明绝缘良好；若在某轨面测出电压与轨面电压相等，则说明另一侧角钢绝缘破损。需要分解一根角钢绝缘，再对另一根角钢绝缘进行测量，若数据继续出现问题，说明未分解的那根角钢螺栓绝缘破损。如果分解了所有角钢绝缘后未发现破损，应考虑工务连接杆、尖端杆的绝缘是否破损。

（二）电动转辙机调整——ZD6 系列电动转辙机内锁闭道岔调整方法

1. 道岔密贴调整

道岔的密贴调整包括道岔尖轨开程调整和道岔尖轨密贴调整两部分。

1）道岔尖轨开程调整

道岔尖轨开程应符合标准。不达标时，应联系工务部门进行整治，对连接杆的 T 形铁与尖轨之间增减铁垫板进行调整。测量人员位于道心（第二、三牵引点人员位于基本轨外侧测量），将直钢尺水平放置于牵引点中心处斥离尖轨非工作边上沿。测量同侧尖轨与基本轨斥离位与密贴位开口值，二者相差即为开程，读数时以钢轨顶 16 mm 下的槽线为准。

60 轨 18 号单开道岔开程标准：第一牵引点 160 mm、第二牵引点 110 mm、第三牵引点 60 mm、心一牵引点 103.7 mm、心二牵引点 57 mm。

2）道岔尖轨密贴调整

道岔的开程加上密贴调整杆的空动距离（5 mm 以上）调成等于转辙机动作杆的动程，动程和开程一般都是不变的，只需调整密贴调整杆的空动距离，即可实现尖轨密贴调整。若开程加空动距离小于动程，将会使转辙机不能锁闭或尖轨密贴过紧，增大工作电流的锁闭值而影响其他电气特性，并使锁闭圆弧磨耗过度。若开程加空动距离大于动程，尖轨将不能密贴，造成错误锁闭。

先调伸出位，当动作杆停止移动，尖轨密贴基本轨时，继续摇动手摇把，可检查摩擦联结装置的松紧程度。若尖轨已密贴，转辙机无法锁闭，摩擦带空转，说明密贴调整过紧；若尖轨未密贴，转辙机已锁闭，说明调整太松。调整密贴调整杆轴套可消除过紧或过松现象，因紧固螺母时轴套会被挤紧，调整时应稍松。

密贴调整完毕后，摇动转辙机使其处于解锁状态，让密贴调整杆在不受力的情况下对螺母进行固定，然后在定反位来回摇动转辙机检查密贴情况有无变化，来回摇动道岔两次，再对拉入位置进行密贴调整，方法与伸出位相同。

2. 表示杆缺口调整

密贴调整良好后，先调主表示杆缺口，将转辙机摇至伸出位，松开外表示杆紧固螺帽，对调整螺帽进行调整，调整过程中使检查柱位于表示杆检查块缺口中间，缺口间隙为 1.5 ± 0.5 mm，调整后将螺帽紧固；后调整副口，将转辙机摇至拉入位，松开内表示杆调整螺帽进行调整，缺口间隙为 1.5 ± 0.5 mm，紧固螺帽，并来回扳动检查缺口是否符合标准。

表示杆调整合适时，在静止状态下连接销不受力，当转辙机锁闭后，表示杆能上行活动为最佳。

3. 摩擦电流调整

ZD 型直流电动转辙机主要应用在列车运行速度小于 120 km/h 的线路上，对于列车运行速度大于 120 km/h 的线路，道岔应采用三相 380 V 电源电压的交流电动、电液转辙机牵引。

转辙机的摩擦电流是现场信号维修工作中的一项重要质量指标，它反映的是电动转辙机转换道岔能力的大小。摩擦联结器是减速器的附属设备，用于保护电动机和吸收转动能量，是调整摩擦电流大小的主要部件。

1）摩擦电流调整要求

（1）当道岔正常旋转时，摩擦联结器不应空转，当道岔不能转换到极处时应空转。

（2）当调到规定摩擦电流时，弹簧各圈最小间隙不得小于 1.5 mm，否则应更换弹簧。

（3）摩擦带与内齿轮伸出部分应经常保持清洁，不得锈蚀或沾油。

（4）摩擦带与内齿轮伸出端的接触面积不小于摩擦带面积的 4/5。

（5）ZD6 系列电动转辙机额定动作电流为 2 A，摩擦电流标准为 2.3 ~ 2.9 A，且正反向电流之差≤0.3 A。

2）摩擦电流调整方法

电动转辙机摩擦电流的调整方法是调节摩擦连接弹簧外侧的调整螺母：摩擦电流过小时，顺时针方向旋动螺母，压缩弹簧；摩擦电流过大时，逆时针方向旋动螺母，放松弹簧。减速器结构如图 3.16 所示。

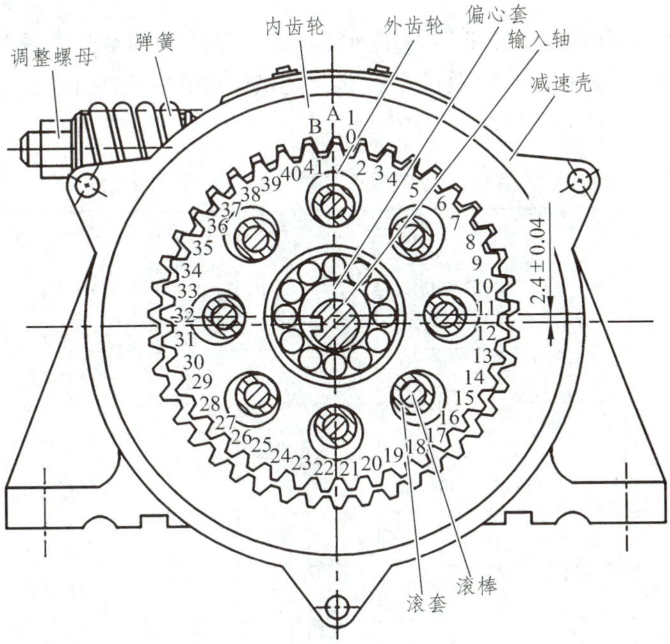

图 3.16　减速器结构

二、电液转辙机（ZYJ7）测试

1. 动作电流测试

动作电流测试方法与电动转辙机相同，断开安全接点，将万用表调整至交流电流测试挡位，万用表串接在遮断器 05、06 端子上，再扳动道岔，当转辙机正常转换过程中，万用表读数即为动作电流。动作电流标准值≤2.0 A。

动画：表示继电器交、直流电压测试

2. 动作电压测试

将万用表调整至交流电压测试挡位，并入电路，分别测量三项电动机 U_{AB}、U_{AC}、U_{BC} 三个电压，扳动道岔，转辙机正常转换过程中的万用表读数即为工作电压。

3. 动作压力测试

将油压表连接至压力表接头，在控制台来回操作道岔，油压表读数即为转辙机动作压力，动作压力≤10 MPa。

4. 溢流压力测试

将油压表连接至压力表接头，当用转辙机进行 4 mm 不锁闭试验时，油压表读数即为溢流压力，溢流压力应为动作压力的 1.1 ~ 1.3 倍，且≤14 MPa，若数据不达标可通过调节溢流阀调整溢流压力至合适数值。

任务实施

步骤一：领取转辙机Ⅰ、Ⅱ级测试所需仪表，包括 MF14 型机械万用表、油压表等。

步骤二：利用仪表完成转辙机Ⅰ、Ⅱ级测试，并做好相关记录，限时 15 min 完成，并填写表 3.15 或表 3.16 内容。

表 3.15　电动转辙机Ⅰ、Ⅱ级测试卡片

<table>
<tr><td colspan="8">站名：</td><td colspan="7">道岔编号：</td></tr>
<tr><td rowspan="2">测试日期</td><td colspan="2">动作电压/V</td><td colspan="2">工作电流/A</td><td colspan="2">摩擦电流/A</td><td colspan="2">定子线圈电阻</td><td rowspan="2">转子线圈电阻</td><td colspan="2">表示继电器交流电压/V</td><td colspan="2">表示继电器直流电压/V</td><td rowspan="2">测试者</td></tr>
<tr><td>定</td><td>反</td><td>定</td><td>反</td><td>定</td><td>反</td><td>1、3</td><td>2、3</td><td>定</td><td>反</td><td>定</td><td>反</td></tr>
<tr><td></td><td></td><td></td><td></td><td></td><td></td><td></td><td></td><td></td><td></td><td></td><td></td><td></td><td></td><td></td></tr>
<tr><td></td><td></td><td></td><td></td><td></td><td></td><td></td><td></td><td></td><td></td><td></td><td></td><td></td><td></td><td></td></tr>
<tr><td></td><td></td><td></td><td></td><td></td><td></td><td></td><td></td><td></td><td></td><td></td><td></td><td></td><td></td><td></td></tr>
<tr><td></td><td></td><td></td><td></td><td></td><td></td><td></td><td></td><td></td><td></td><td></td><td></td><td></td><td></td><td></td></tr>
<tr><td></td><td></td><td></td><td></td><td></td><td></td><td></td><td></td><td></td><td></td><td></td><td></td><td></td><td></td><td></td></tr>
</table>

表 3.16　电液转辙机Ⅰ、Ⅱ级测试卡片

站名：			道岔编号：						
测试日期	动作电压/V		工作电流/A		动作压力/MPa		溢流压力/MPa		测试者
	定	反	定	反	定	反	定	反	

作业风险提示

（1）上道作业必须按规定登记要点，按规定穿戴好绝缘鞋和防护服，做好劳动安全防护。

（2）作业前由作业负责人开展派班会，详细布置作业人员分工、作业要求、作业项目、试验内容及安全卡控措施等要求。

（3）作业前严格检查工具、仪表，保证齐全良好，作业过程中做到正确使用。

（4）作业过程中严禁超范围作业。

（5）在现场确认道岔号码后，首先断开安全接点（遮断器），并在道岔斥离尖轨处放置安全木，防止作业过程中夹伤手、脚。

（6）严格按照规定做好室内防护工作及相关劳动安全要求，防止作业人员设备因设备运转或车辆造成人身伤害。

（7）作业过程中认真细致，作业后须对作业设备进行认真检查，并对材料、工具进行复核，防止现场遗留工具、材料，影响行车安全。

任务评价

任务评分表见表 3.17。

表 3.17　转辙机Ⅰ、Ⅱ级测试

序号	项目	评价内容与要求	配分	扣分点	得分
1	仪表准备	（1）领取的器材类型准确； （2）检查仪表是否完好	10	（1）仪表型号不对，1 次扣 5 分； （2）测量前未做仪表检查，扣 5 分	
2	动作电压测试	（1）正确使用 MF14 型机械万用表完成转辙机动作电压数据测量； （2）正确完成转辙机Ⅰ、Ⅱ级测试卡片填写	20	（1）缺 1 项内容扣 10 分，最多扣 20 分； （2）1 处填写不规范，扣 5 分，最多扣 10 分	

续表

序号	项目	评价内容与要求	配分	扣分点	得分
3	工作电流	(1)正确使用MF14型机械万用表完成转辙机工作电流数据测量； (2)正确完成转辙机Ⅰ、Ⅱ级测试卡片填写	20	(1)缺1项内容扣10分，最多扣20分； (2)1处填写不规范，扣5分，最多扣10分	
4	摩擦电流/溢流压力	(1)正确使用MF14型机械万用表完成转辙机摩擦电流数据测量；正确使用油压表完成转辙机溢流压力测量； (2)正确完成转辙机Ⅰ、Ⅱ级测试卡片填写	20	(1)缺1项内容扣10分，最多扣20分； (2)1处填写不规范，扣5分，最多扣10分	
5	故障电压/动作压力	(1)正确使用MF14型机械万用表完成转辙机故障电压数据测量；正确使用油压表完成转辙机动作压力测量； (2)正确完成转辙机Ⅰ、Ⅱ级测试卡片填写	20	(1)缺1项内容扣10分，最多扣20分； (2)1处填写不规范，扣5分，最多扣10分	
6	安全操作	(1)按规定着装及佩戴，操作熟练，用时合理； (2)清点仪器仪表，做到工完料清	10	(1)未按规定着装，扣5分； (2)未做好“三清”工作，扣5分	
合计			100		

注：考核中损坏仪表或设备，该次考核计0分；违反注意事项中相关要求，一处额外扣10分。

04 项目四 信号基础设备检修作业

项目描述

本项目主要掌握信号工信号基础设备标准化检修作业流程与方法，熟练掌握万用表、兆欧表、钳形电流表等各类仪表和工器具的使用；按照现场检修作业标准完成各型号转辙机、轨道电路和信号机检修作业；发现并克服设备缺点及隐患，防止因检修不良造成设备故障，确保运用质量符合技术标准。

学习目标

◎技能目标

（1）熟练掌握各类仪表、工器具的使用方法。

（2）能够相互配合且按照标准完成色灯信号机、转辙机、25 Hz 轨道电路等信号基础设备检修作业。

（3）掌握色灯信号机、转辙机、25 Hz 轨道电路等设备调试方法。

（4）作业符合现场安全要求规范。

◎知识目标

（1）清楚色灯信号机、转辙机、25 Hz 轨道电路等信号基础设备组成与各部分作用。

（2）明确色灯信号机、转辙机、25 Hz 轨道电路检修作业标准。

（3）掌握现场安全要求规范。

任务一　色灯信号机标准化检修作业

微课：机构选择和灯光配列原则

任务导入

通过对色灯信号机标准化检修作业的学习，让学生掌握色灯信号机分类、结构等内容，能够熟练使用工器具、仪表完成色灯信号机检修作业，保障设备正常工作。

相关知识

我国铁路采用的是左侧行车制，机车司机的位置统一设在左侧。为了便于司机瞭望信号，规定所有信号机均设在列车运行方向线的左侧。城市轨道交通采用右侧行车制，信号机均设在列车运行方向的右侧。

一、检修前准备

（1）派班会：明确检修作业负责人、室内外防护员、作业人员、作业时间、地点、检修要求和安全预判及安全讲话。

（2）工具、仪表准备：联络工具（频道及通话质量核对）、照明灯（夜间作业）、安全带、扳手、克丝钳、尖嘴钳、长嘴钳、各种规格套筒扳手、各种规格螺丝刀、刮刀、钢卷尺、开箱钥匙、防护员防护用具、万用表等。

（3）材料准备：机油、棉纱、1.6 mm 防松铁丝、各种规格开口销，不同规格的螺丝、垫片及防松弹垫若干、灯泡等。

（4）集体出工：在室外防护的带领下按规定的安全路线到达设备处所（室外防护员必须随队末位防护，督促作业人员按预先设定路线距钢轨头部外侧 3 m 以外依次行走），进行设备编号的核对。

到达现场后，室外防护员应根据现场具体情况，选择瞭望条件较好、位置醒目、便于通知的安全处所进行防护工作，与作业人员一般保持着 5 ~ 10 m 距离立岗瞭望，并随作业人员同步移动，同时要做到三看（一看作业人员是否下道完毕；二看使用工具是否带到安全处所；三看机具、材料是否超限，并报告室内防护员）。

二、检修作业内容与标准

色灯信号机的维护分为日常维护和集中检修作业，如表 4.1 所示。

表 4.1　色灯信号机维护

<table>
<tr><th>修程</th><th>工作内容</th><th>周期</th></tr>
<tr><td rowspan="6">日常维护</td><td>（1）检查机构、机柱，外观良好，基础稳固，粉饰良好，限界标记清晰，机构加锁良好</td><td rowspan="6">每月 1 次</td></tr>
<tr><td>（2）标志牌齐全、完好，标志清晰、正确，支架稳固，无歪斜</td></tr>
<tr><td>（3）检查梯子无损伤</td></tr>
<tr><td>（4）检查箱盒无损伤、漏水，加锁良好</td></tr>
<tr><td>（5）基础面清扫，保证清洁</td></tr>
<tr><td>（6）主灯丝转副灯丝时更换灯泡并记录和试验</td></tr>
<tr><td rowspan="13">集中检修</td><td>（1）Ⅰ级测试</td><td rowspan="10">每年 1 次</td></tr>
<tr><td>（2）主副灯丝转换试验及报警</td></tr>
<tr><td>（3）螺栓紧固，检查开口销是否齐全，劈开角度是否标准</td></tr>
<tr><td>（4）箱盒、机构内部检查、清扫，查看防尘、防水是否良好</td></tr>
<tr><td>（5）标志牌检查、清洁、整治</td></tr>
<tr><td>（6）测量建筑限界</td></tr>
<tr><td>（7）测试引入线全程对地绝缘</td></tr>
<tr><td>（8）检查、调整信号显示距离</td></tr>
<tr><td>（9）地线测试、整治</td></tr>
<tr><td>（10）检查机构、机柱及梯子机械强度</td></tr>
<tr><td>（11）箱盒、机构外部油饰、书写代号</td><td>2 年 1 次</td></tr>
<tr><td>（12）配合中修</td><td>按计划</td></tr>
<tr><td>（13）地面硬化不良整修，基础稳固，机柱整正</td><td>每年 1 次</td></tr>
</table>

（一）设备外观检查

高柱信号机与矮柱信号机如图 4.1、图 4.2 所示，检查内容如下：

（1）设备无外界干扰。

（2）机柱、机构、梯子安装稳固。

（3）基础牢固、整洁无杂物，倾斜度不超过 10 mm（在水平 300 mm 处测量）；高柱信号机柱倾斜度不超过 36 mm（4 500 mm 处测量），水泥信号机柱无裂通圆周的裂纹，裂纹超过半周的应采取加固措施；纵向裂纹，钢筋不得外露；顶端封闭良好，不进雨雪；任何部分不得侵入限界。

（4）高柱信号机梯子不弯曲，支架水平，梯子中心线与机柱中心线一致。

（5）箱盒、机构无裂纹，密封良好，机柱引入孔封堵良好，蛇管无破损、脱落；各部螺丝齐全、紧固、注油良好、开口销齐全，防盗装置或加锁良好。

（6）外透镜清洁无污垢，不旷动，无破损，密封良好。

（7）设备名称清晰正确、粘贴稳固，油饰良好。

（8）硬面化完整，清洁无杂物。

图 4.1　高柱信号机

图 4.2　矮柱信号机

（二）箱盒及机构内部检查

（1）检查调整信号显示距离，符合《铁路技术管理规程》规定，如表 4.2、表 4.3 所示。

表 4.2　信号机显示距离（普铁）

信号机类型	显示距离
进站、通过、接近、遮断信号机	≥1 000 m
高柱出站、高柱进路	≥800 m
预告、驼峰、驼峰辅助信号机	≥400 m
调车、矮型进站、矮型出站、矮型进路、矮型通过、复示信号机、容许、引导信号及各种表示器	≥200 m

表 4.3　信号机显示距离（高铁）

信号机类型	显示距离
高柱进站、高柱通过	≥1 000 m
高柱出站、高柱进路	≥800 m
调车、矮型进站、矮型出站、矮型进路、矮型通过、复示信号机，引导信号及各种表示器	≥200 m

（2）箱盒、机构内部清洁，防尘、防水设施良好（见图 4.3）。

（3）箱盒、机构内部配线整齐、绑扎牢固，无破皮老化；变压器、点灯单元安装牢固；各部端子螺帽垫片齐全、紧固不松动（见图 4.3）。

（4）器材类型正确不超期，无过热，铭牌齐全、正确，字迹清楚（见图 4.3）。

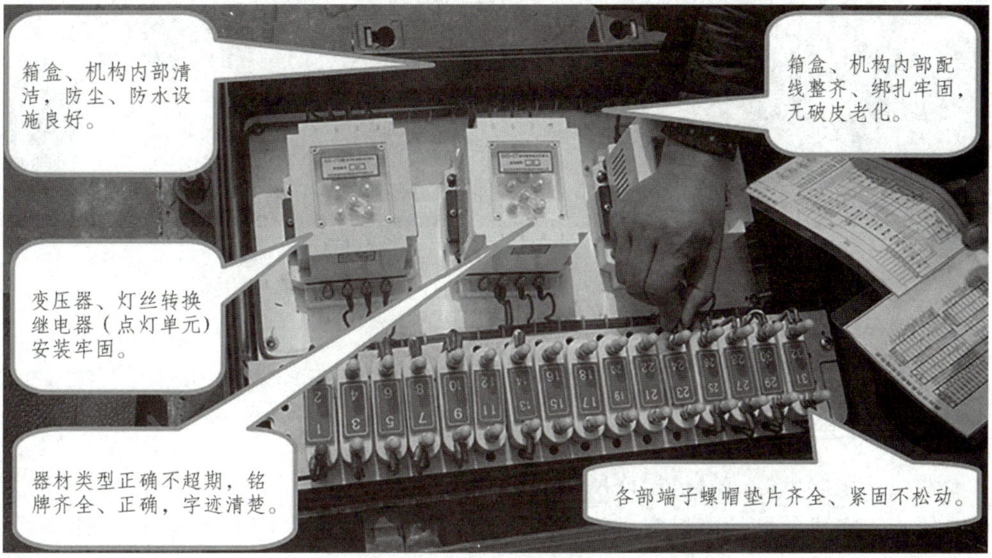

图 4.3　XB 箱盒内检查

（5）灯座、灯口安装牢固，不松动；弹片压力适当，接触良好；灯头不松动，灯丝不变形（见图 4.4）。

图 4.4　灯座检查

（6）透镜组安装牢固，无裂纹，密封良好。

（7）配线图表完整、齐全，与实物相符（见图 4.5）。

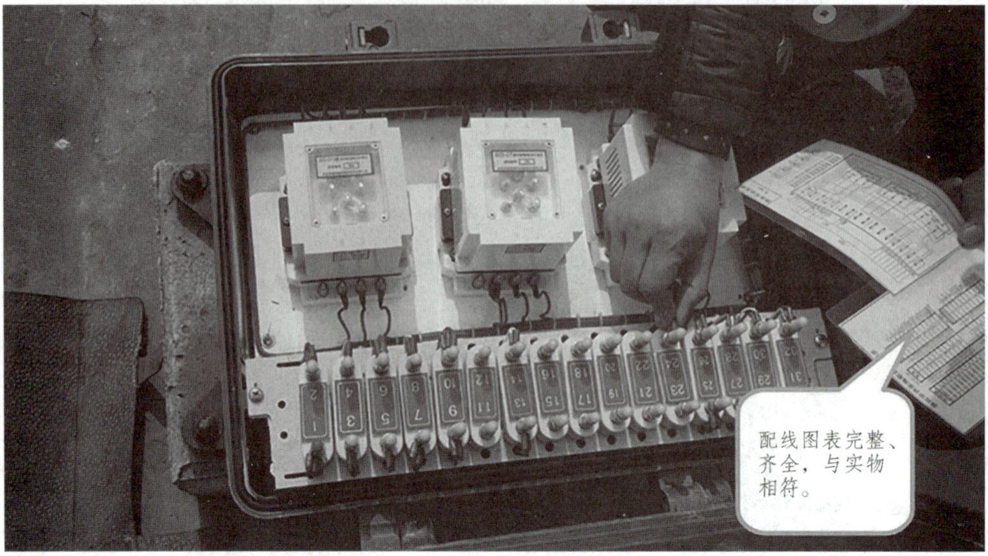

图 4.5　配线图检查

（8）检查机构、机柱及梯子机械强度符合要求。

任务实施

步骤一：领取色灯信号机检修所需工器具、仪表。

步骤二：完成色灯信号机集中检修与测试，满分 100 分，限时 30 min 完成。

作业风险提示

（1）上道作业必须按规定登记要点，穿戴好绝缘鞋和防护服。高柱信号机作业时，必须穿戴安全帽、安全带，做好安全防护。

（2）在电气化区段作业时，身体及所使用工具必须与牵引工电设备高压带电部分保持 2 m 以上安全距离，与回流线、架空地线、保护线保持 1 m 以上的安全距离。若安全距离不达标，必须停电检修。

（3）色灯信号机灭灯时，严禁用其他光源代替。

（4）严禁违反规定检修正在使用中的信号设备。

任务评价

任务评分表见表 4.4。

表 4.4　色灯信号机集中检修与测试评分表

<table>
<tr><td colspan="6">考试项目：信号机检修作业（30 分钟）</td></tr>
<tr><td colspan="6">考试日期：　　年　　月　　日　　考试时间：　　时　　分　　秒至　　时　　分　　秒</td></tr>
<tr><td colspan="6">考生姓名：________　　考评人：________　　总成绩：________分</td></tr>
<tr><td colspan="2">项目及流程</td><td>标准</td><td>分数</td><td>扣分</td><td>备注</td></tr>
<tr><td colspan="2" rowspan="4">安全（20 分）</td><td>（1）劳动防护用品穿戴齐全，未做到扣 5 分</td><td>5</td><td></td><td></td></tr>
<tr><td>（2）未联系就上道作业，接室内有车下道通知未及时收好工具，关闭箱盒，并下道到安全点列队避让列车，扣 5 分</td><td>5</td><td></td><td></td></tr>
<tr><td>（3）更换器材、断丝检查未联系（上高柱不使用安全带），未做到扣 5 分</td><td>5</td><td></td><td></td></tr>
<tr><td>（4）联系用语不标准，每次扣 0.5 分</td><td>5</td><td></td><td></td></tr>
<tr><td colspan="2" rowspan="3">工器具使用（10 分）</td><td>（1）使用前未校表、操作方法不正确，纠正 1 次，扣 1 分</td><td>3</td><td></td><td></td></tr>
<tr><td>（2）损坏器材，造成设备故障，扣 4 分</td><td>4</td><td></td><td></td></tr>
<tr><td>（3）损坏工具、仪表，扣 3 分</td><td>3</td><td></td><td></td></tr>
<tr><td rowspan="7">操作技能（70 分）</td><td rowspan="7">操作程序（40 分）</td><td>（1）工具（联络工具、照明灯、扳手、克丝钳、尖嘴钳、长嘴钳、套筒扳手、螺丝刀、钢卷尺、毛刷、开箱钥匙、万用表、内六角等）、相关维修材料（棉纱、白布、信号灯泡、机油）准备齐全，检查工器具是否良好，必要工具缺 1 件扣 1 分</td><td>3</td><td></td><td></td></tr>
<tr><td>（2）在《行车设备检修登记簿》上签到、登销记，缺 1 项扣 2 分</td><td>3</td><td></td><td></td></tr>
<tr><td>（3）外观检查：机构、机柱外观完好无裂纹、无破损，蛇管不脱落，基础稳固不倾斜、粉饰良好，加锁装置良好，硬面化完好、无异物，外界无干扰，设备铭牌清晰，箱盒外观无损伤。缺 1 项扣 1 分，回答不出器材名称扣 0.5 分</td><td>3</td><td></td><td>提问外部设备器材名称 2 处</td></tr>
<tr><td>（4）检查透镜玻璃无破损，并对外玻璃面进行清洁，缺 1 项扣 1 分</td><td>3</td><td></td><td></td></tr>
<tr><td>（5）检查信号显示距离</td><td>3</td><td></td><td></td></tr>
<tr><td>（6）箱盒、机构内部检查防尘防潮良好，各类设备、器材安装牢固，各类配线无异常、损伤，端子紧固，备帽弹垫齐全，缺 1 项扣 1 分，回答不出器材名称扣 0.5 分</td><td>3</td><td></td><td>提问内部设备器材名称 3 处</td></tr>
<tr><td>（7）箱盒内电缆去向铭牌齐全清楚，配线表、原理图齐全，缺 1 项扣 1 分</td><td>3</td><td></td><td></td></tr>
</table>

续表

考试项目：信号机检修作业 （30分钟）					
考试日期： 年 月 日 考试时间： 时 分 秒至 时 分 秒					
考生姓名：__________ 考评人：__________ 总成绩：________分					
项目及流程		标准	分数	扣分	备注
操作技能（70分）	操作程序（40分）	（8）对箱盒、机构内设备进行清扫，缺1项扣1分	3		
		（9）对逐个灯位进行主、副灯丝转换试验，灯座及主、副丝转换试验开关安装牢固，螺丝不松动，接触簧片压力适当，灯泡固定良好，主副丝转换报警良好；点灯装置完好，接线端子紧固，缺1项扣1分	4		
		（10）测试点灯变压器输入、输出电压和信号机各灯位主副丝点灯端电压，缺1项扣1分	3		
		（11）填写测试记录，缺1项扣1分	3		
		（12）对检修点各部进行全面复查，关闭箱盒并加锁，活动部分适当注油，缺1项扣1分	3		
		（13）与室内联络员核对该区段情况，清点工具、材料等，做到现场工完料清，填写派工单，缺1项扣1分	3		
	隐患处置（30分，二选一）	（1）不良器材更换（灯泡、灯座或者点灯变压器），未完成扣30分	30		
		（2）信号机灯泡电压不达标调整，未完成扣30分	30		
其他		作业限时30 min完成，提前1 min加1分			
合计			100		

任务二 25 Hz轨道电路标准化检修作业

任务导入

通过对25 Hz轨道电路标准化检修作业的学习，让学生掌握25 Hz轨道电路结构、检修标准等内容，能够熟练使用工器具、仪表完成25 Hz轨道电路检修作业，保障设备正常工作。

相关知识

轨道电路是信号基础设备三大件之一。轨道电路可以自动检测列车、车辆的位置，控制信号机的显示，同时实现车地通信，达到控制列车运行的目的。目前常用的轨道电路有 25 Hz 相敏轨道电路、ZPW-2000 系列一体化轨道电路等。

一、检修前准备

（1）通过信号集中监测等手段，对被检轨道电路进行调阅分析，针对可能存在的问题，提出检修要求。

（2）派班会：明确检修作业负责人、室内外防护员、作业人员、作业时间、地点、检修要求，做好安全预判及安全讲话。

（3）工具及仪表准备：联络工具（频道及通话质量核对）、照明灯（夜间作业）、手锤、扳手、克丝钳、尖嘴钳、长嘴钳、各种规格套筒扳手、各种规格螺丝刀、钢卷尺、铳子、开箱钥匙、防护员防护用具、万用表等。

（4）材料准备：机油、棉纱、1.6 mm 铁绑线、各种规格导接线（连接线）、不同规格的螺丝、垫片及若干防松弹垫等。

（5）在室外防护的带领下按规定的安全路线到达设备处所（室外防护员必须随队末位防护，督促作业人员按预先设定路线距钢轨头部外侧 3 m 以外依次行走），进行设备编号的核对。

到达现场后，室外防护员应根据现场具体情况，选择瞭望条件较好、位置醒目、便于通知的安全处所进行防护工作，与作业人员一般保持着 5 ~ 10 m 距离立岗瞭望，并随作业人员同步移动，同时要做到三看（一看作业人员是否下道完毕；二看使用工具是否带到安全处所；三看机具、材料是否超限，并报告室内防护员）。

二、检修作业内容与标准

25 Hz 轨道电路（站内轨道电路）的维护分为日常维护和集中检修，如表 4.5 所示。

表 4.5　站内轨道电路维护

修程	工作内容	周期
日常维护	（1）检查钢轨绝缘外观良好且轨缝标准	每月不少于 2 次
	（2）轨距杆、道岔连接杆、连接板及安装装置绝缘外观检查	
	（3）检查送、受电端引线，轨端接续线，道岔跳线是否完好，防混措施是否良好	
	（4）检查外界对设备的干扰，有问题及时处置	
	（5）检查箱盒有无破损、漏水，加锁装置是否良好	
	（6）检查箱盒外部螺栓是否良好	
	（7）访问车站值班员，了解运用情况	

修程	工作内容	周期
日常维护	（8）基础面及设备外部清扫、注油	每月不少于2次
	（9）更换不良绝缘装置	
	（10）更换断股导接线、钢丝绳，对缺油钢丝绳补油	按需
集中检修	（1）检查、测试轨端绝缘，更换不良绝缘、导线及部件	每半年1次
	（2）检查、测试轨距杆绝缘性能，不良的应更换	
	（3）检查送、受电端箱盒通风、防尘情况，不良的应整修	
	（4）钢丝绳除锈、除油、整修	
	（5）检查、补齐、整修引接线、接续线、道岔跳线、扼流变压器中心连接板（线）	
	（6）基础面及设备外部清扫、注油	
	（7）分路测试试验	
	（8）液压断路器检查、试验	
	（9）极性交叉校核、绝缘破损试验	
	（10）电气化区段扼流变压器开盖检查	
	（11）电气特性Ⅰ级测试	按周期
	（12）配合电气特性Ⅱ级测试	
	（13）配合更换器材及试验	
	（14）测试防雷元件，不良的应更换	每年1次
	（15）箱盒清扫、油饰，书写代号	2年1次
	（16）检查、更换熔断器，核对容量	
	（17）配合轨端电路标调	按计划
	（18）配合中修	
	（19）配合工务更换绝缘和不良轨距杆	按需

外观检查需按以下顺序进行：信号变压器箱—扼流变压器箱—连接线—绝缘节—区段内钢轨接续线—道岔跳线—区段内的各种绝缘（道岔安装装置绝缘、极性绝缘、工务轨距杆等）。

（一）箱盒外部检查

轨道电路 XB 箱如图 4.6 所示，检查内容如下：

（1）箱盒无破损、裂纹、防盗（加锁）装置良好。

（2）硬面化整洁无异物，基础倾斜度不超过 10 mm，箱盒底距地面≥150 mm，排水良好。

（3）各部螺丝油润、紧固、满帽。

（4）设备名称标志清晰正确，粘贴牢固。

图 4.6　轨道电路 XB 箱

（二）引接线、连接板检查

引接线实物如图 4.7 所示，检查内容如下：

（1）各类引接线应固定在枕木或其他专用设备上，平、直、整齐，不得埋于道砟中，油润不锈蚀，断股不超过 1/5，塞钉头打入深度至少与轨腰平，塞钉头与塞钉孔接触良好。

（2）引接线处不得有防爬器、轨距杆等物，横过轨底时距轨底 30 mm 以上。

（3）引接线、中间连接板各部连接螺栓紧固、接触良好。

图 4.7　引接线

（三）轨道绝缘、导接线检查

（1）钢轨绝缘无破损，绝缘垫齐全，鱼尾板与钢轨、槽型绝缘、轨端应吻合；道钉、扣件不得碰鱼尾板；装有绝缘的轨缝应保持在 6 ~ 10 mm，两钢轨头应保持水平，高低相差≤2 mm，如图 4.8 所示。

（2）道岔安装装置绝缘及各种有绝缘杆件的绝缘部件无破损，绝缘良好。

（3）塞钉式接续线 2 根齐全，塞钉头焊接牢固，打入深度最少与钢轨平，露出不超过 5 mm，线条紧贴鱼尾板，达到平、紧、直，并采用“325”（三道、双股、五圈）方式绑扎，塞钉头涂漆封闭。

（4）焊接式接续线焊接牢固，焊点的上端距轨面 > 11 mm，与鱼尾板固定螺母竖向中心线的间距≥10 mm，钢绞线应油润无锈蚀，断股不超过 1/5。

（5）各种跳线应双套化，岔心导电销焊接良好，横过钢轨应距轨底 30 mm 以上，跳线应油润无锈蚀，断股不超过 1/5，不得与可能造成短路的金属物件接触。

（6）电气化区段扼流横向连接线、中性连接紧固良好，长度超过 5 m 的应采用地下电力电缆。

图 4.8　绝缘检查

（四）箱盒内部检查

XB 箱内部如图 4.9 所示，检查内容如下：

（1）箱盒内部清洁，防尘、防潮设施良好，铭牌齐全、正确，字迹清楚。

（2）端子、螺丝紧固、无松动，螺帽齐全，配线良好、整洁、无破皮及混线可能，线头无伤痕，露铜不超过 2 mm。

（3）器材类型正确，无过热现象，不超期，印封完整，安装牢固，防震、防脱设施良好。

（4）配线图卡、测试资料保存完好，与实物相符。

（5）扼流变压器内部螺丝、端子紧固，无过热现象。

（6）轨道变压器变比正确，与配线图一致。

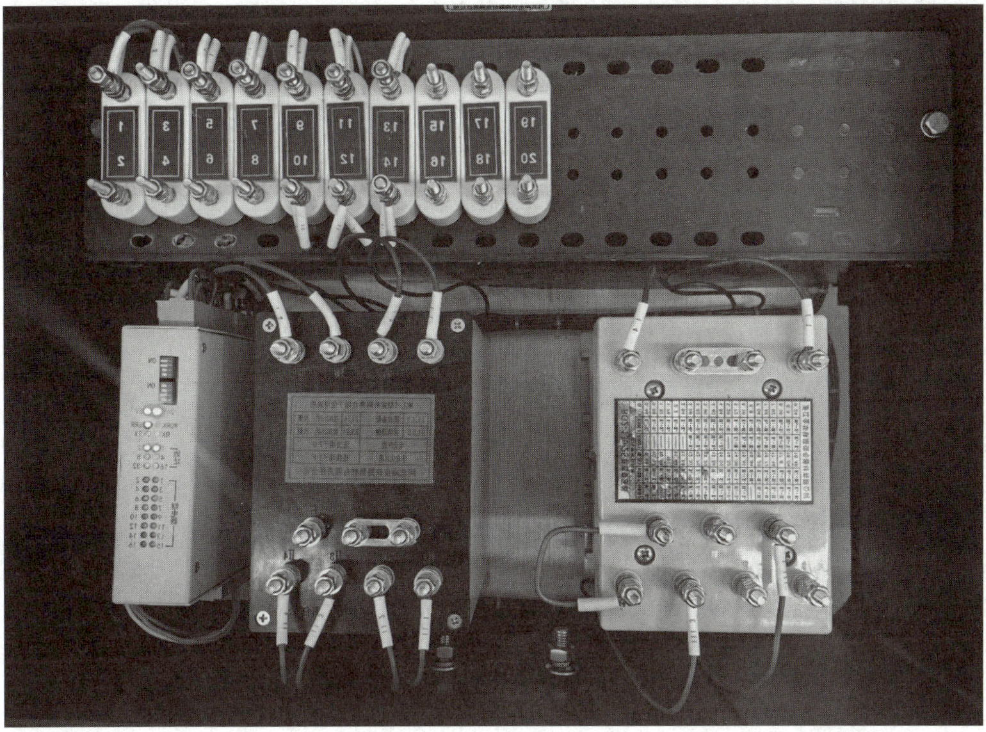

图 4.9　XB 箱内部

任务实施

步骤一：领取 25 Hz 轨道电路检修所需工器具、仪表。

步骤二：完成 25 Hz 轨道电路集中检修与测试，满分 100 分，限时 30 min 完成。

作业风险提示

（1）上道作业必须按规定登记要点，穿戴好绝缘鞋和防护服，做好安全防护。

（2）作业前检查工具、仪表，应齐全良好，并正确使用。

（3）电气化区段作业中严禁中断牵引回流，更换钢轨、扼流变压器等作业时必须做好“两横一纵”防护（若安全防护线的连接认识不清、接线方法不对，会导致牵引回流被人为切断，会产生高电压，危害作业人员人身安全）。

“两横一纵”使用原则：

① 先连接两横一纵线，后断开设备（先断后连）。

② 先连接横向线，后连接纵向线（先横后纵）。

③ 先恢复设备，后撤除两横一纵线。

“两横一纵”防护方法：

① 配合工务更换单侧钢轨，如图 4.10、图 4.11 所示。

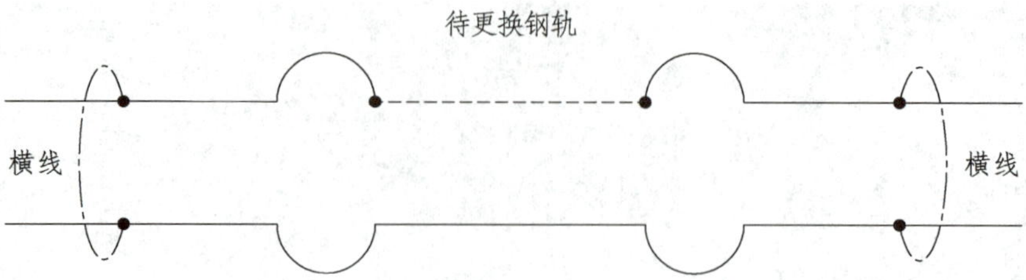

图 4.10　更换单侧钢轨（两端不靠绝缘）

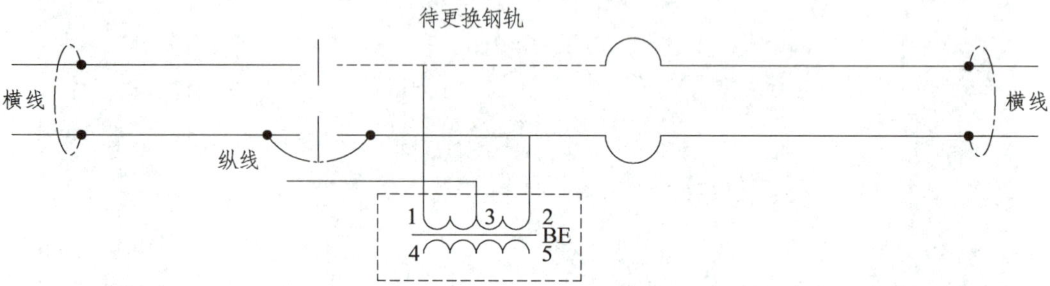

图 4.11　更换靠绝缘单侧钢轨（一端靠绝缘）

② 配合工务更换双侧钢轨，如图 4.12、图 4.13、图 4.14 所示。

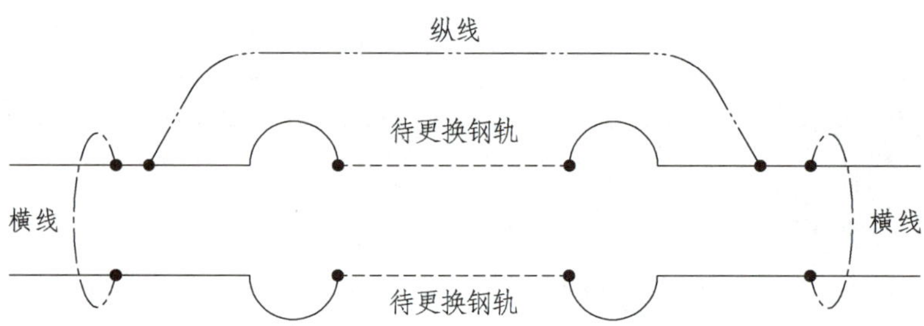

图 4.12　更换双侧钢轨（两侧不靠绝缘且纵线长度超过钢轨）

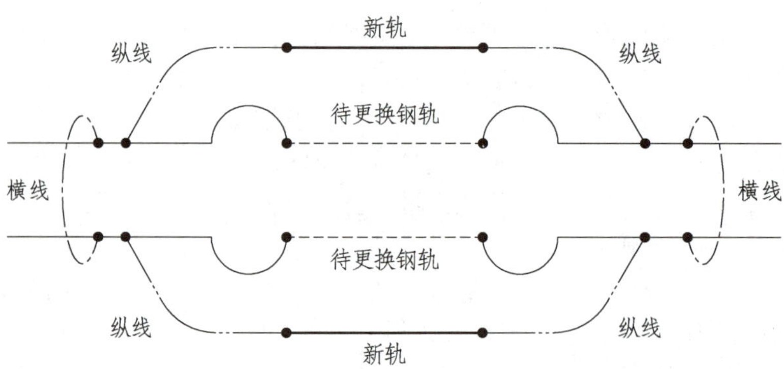

图 4.13　更换双侧钢轨（两侧不靠绝缘且换轨长度超过纵线长度）

工务先做好两横四纵连接，电务再连接引接线、导接线配合，若新轨未到位，无法借用，需申请区域停电后再进行作业。

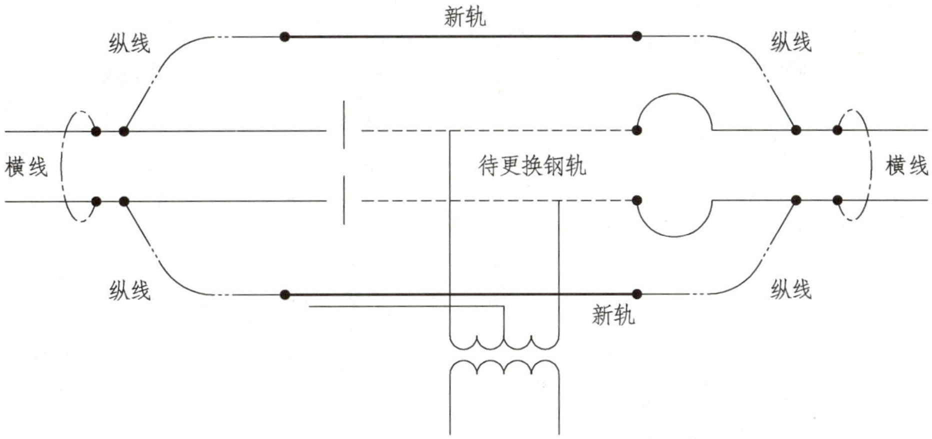

图 4.14　更换靠绝缘双侧钢轨（一端靠绝缘）

③ 配合工务更换单侧钢轨（附有吸上线），如图 4.15 所示。

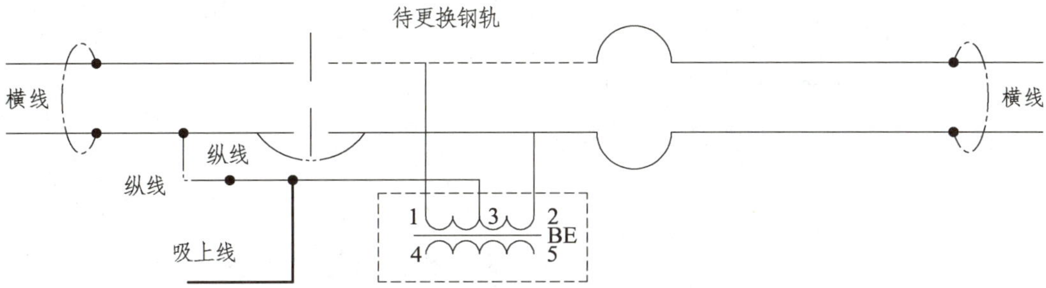

图 4.15　更换有吸上线单侧钢轨

④ 配合工务更换双侧钢轨（附有吸上线），如图 4.16 所示。

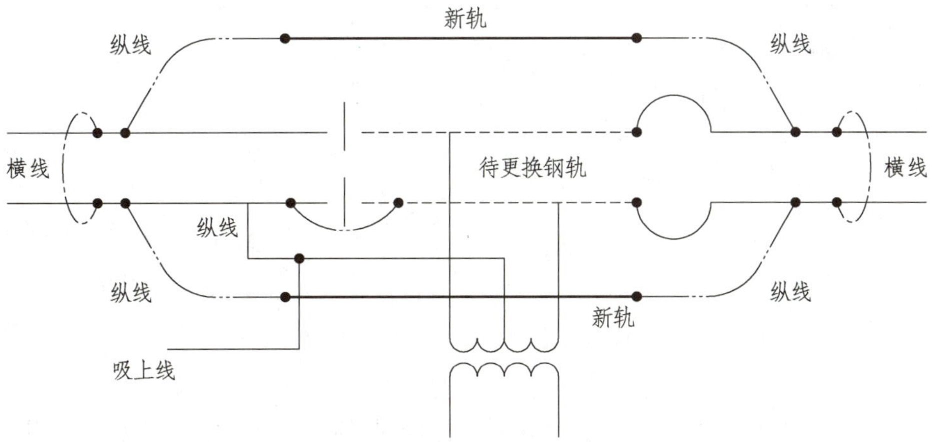

图 4.16　更换有吸上线双侧钢轨

⑤ 配合工务更换辙叉的防护方法，如图 4.17 所示。

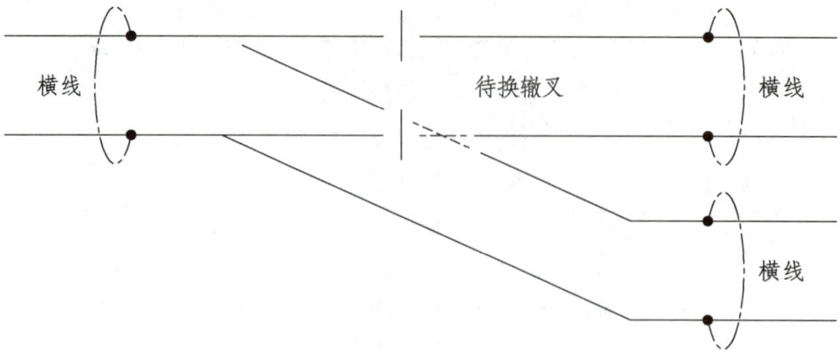

图 4.17　更换辙叉

⑥ 配合工务更换基本轨，如图 4.18、图 4.19 所示。

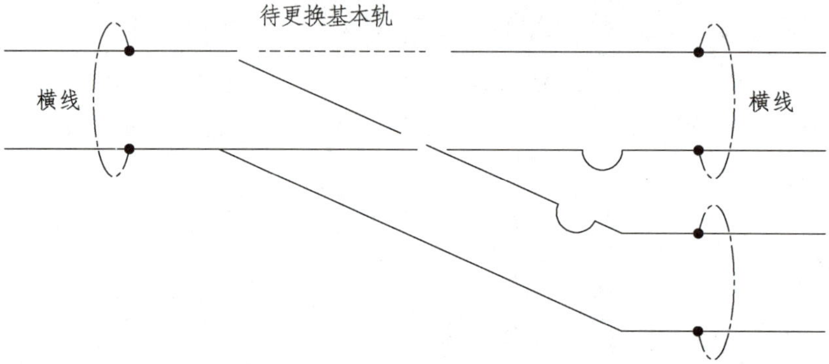

图 4.18　更换不靠绝缘基本轨（两侧不靠绝缘）

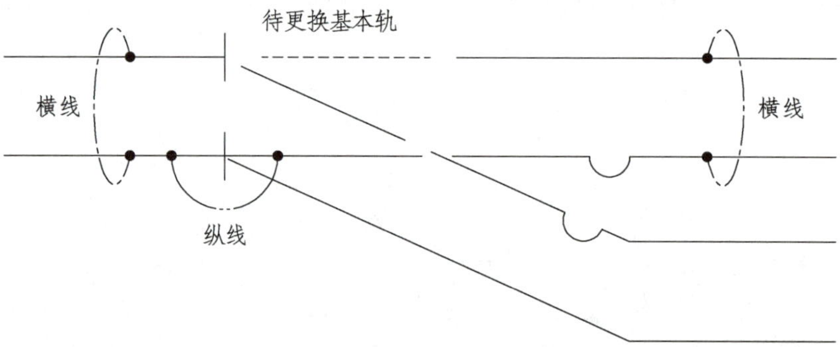

图 4.19　更换靠绝缘基本轨（一端靠绝缘）

⑦ 更换扼流变压器箱或更换扼流变压器引入线，如图 4.20 所示。

将所属轨道电路区段的两条钢轨与相邻轨道电路的扼流变压器的中心点，用回流连接线连通。

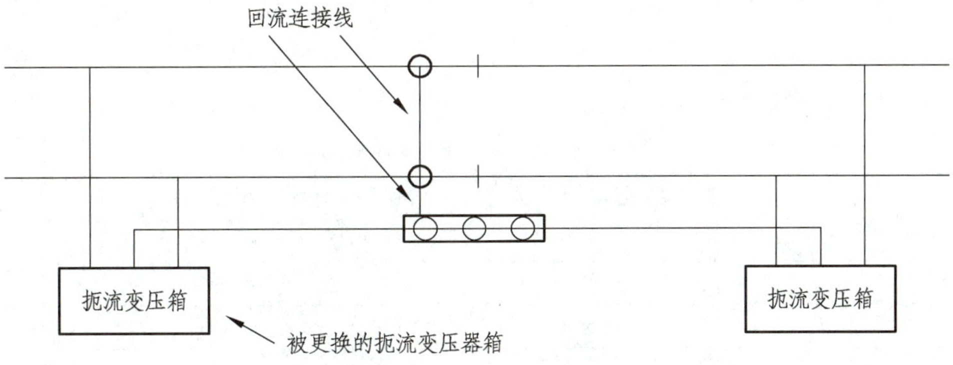

图 4.20　更换扼流变压器箱

⑧ 更换两相邻扼流变压器箱中心连接板或中心连接辅助线，如图 4.21、图 4.22 所示。将两个轨道区段双轨条各自横向连通，再将绝缘节纵向连通。

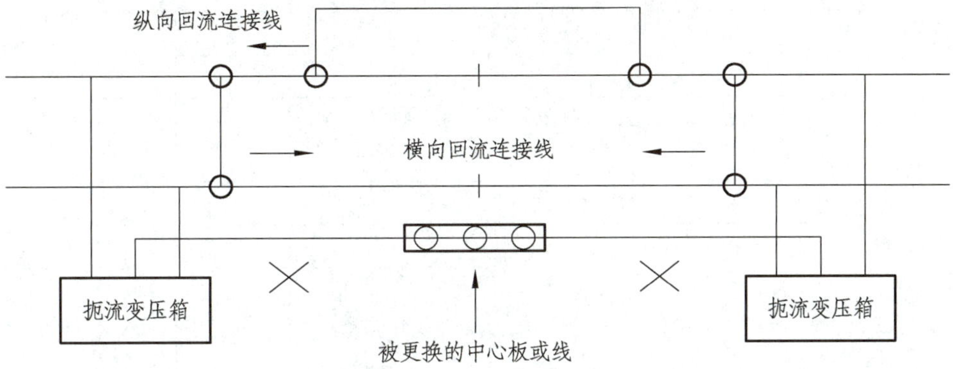

图 4.21　更换中心连接板或中心连接辅助线（无吸上线）

将两个轨道区段双轨条各自横向连通，再将绝缘节纵向连通，最后安装临时吸上线。回流吸上线的拆装由供电人员负责。

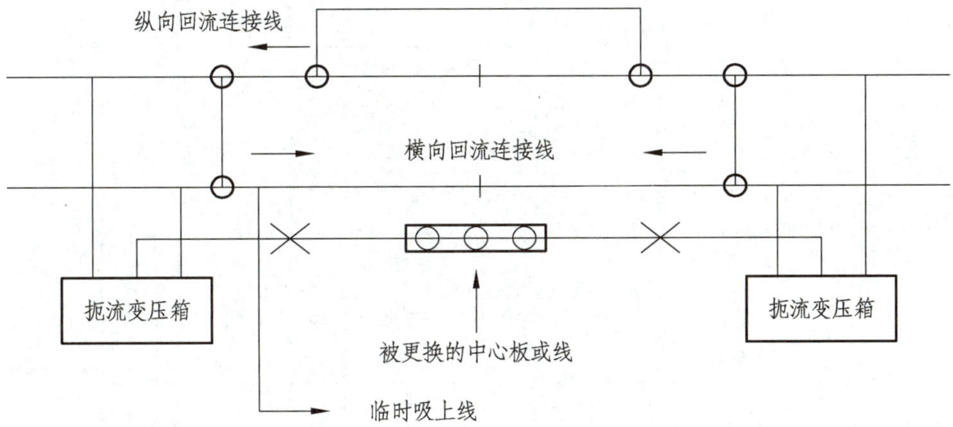

图 4.22　更换中心连接板或中心连接辅助线（有吸上线）

（4）做好绝缘检查、测试，防止绝缘不良红光带故障。

（5）作业时做到认真细致，作业后对作业处进行认真检查，并对材料、工具进行复核，防止现场遗留工具、材料。

任务评价

任务评分表见表 4.6。

表 4.6　25 Hz 轨道电路集中检修与测试

<table>
<tr><td colspan="6">考试项目：25 Hz 相敏轨道电路标准化检修作业（30 分钟）</td></tr>
<tr><td colspan="6">考试日期：2024 年　　月　　日　　考试时间：　　时　　分　　秒至　　时　　分　　秒</td></tr>
<tr><td colspan="6">考生姓名：________　　考评人：________　　总成绩：______分</td></tr>
<tr><td colspan="2">项目及流程</td><td>标准</td><td>分数</td><td>扣分</td><td>备注</td></tr>
<tr><td colspan="2" rowspan="4">安全
（20 分）</td><td>（1）劳动防护用品穿戴齐全，未做到扣 5 分</td><td>5</td><td></td><td></td></tr>
<tr><td>（2）未联系就上道作业，接室内有车下道通知未及时收好工具、关闭箱盒，并下道到安全点列队避让列车，扣 5 分</td><td>5</td><td></td><td></td></tr>
<tr><td>（3）更换器材、区段占用未联系，扣 5 分</td><td>5</td><td></td><td></td></tr>
<tr><td>（4）联系用语不标准，每次扣 0.5 分</td><td>5</td><td></td><td></td></tr>
<tr><td colspan="2" rowspan="3">工器具使用
（10 分）</td><td>（1）使用前未校表、操作方法不正确，纠正 1 次，扣 1 分</td><td>3</td><td></td><td></td></tr>
<tr><td>（2）损坏器材，造成设备故障，扣 4 分</td><td>4</td><td></td><td></td></tr>
<tr><td>（3）损坏工具、仪表，扣 3 分</td><td>3</td><td></td><td></td></tr>
<tr><td rowspan="7">操作技能
（70 分）</td><td rowspan="7">操作程序
（40 分）</td><td>（1）工具（联络工具、照明灯、手锤、扳手、克丝钳、尖嘴钳、长嘴钳、套筒扳手、螺丝刀、钢卷尺、毛刷、开箱钥匙、万用表、铳子等）、相关维修材料（棉纱、白布、机油）准备齐全，工器具状态良好，必要工具缺 1 件扣 1 分</td><td>3</td><td></td><td></td></tr>
<tr><td>（2）在《行车设备检修登记簿》上签到、登销记，缺 1 项扣 2 分</td><td>3</td><td></td><td></td></tr>
<tr><td>（3）箱盒外观无裂纹、无破损，加锁装置良好，硬面化完好、无异物，基础不倾斜，外界无干扰，设备铭牌清晰，缺 1 项扣 1 分，回答不出器材名称扣 0.5 分</td><td>2</td><td></td><td>提问外部设备器材名称 2 处</td></tr>
<tr><td>（4）各类连接线固定良好无锈蚀，防护线无破皮，无膨胀，防混措施良好，塞钉头涂油漆密封，缺 1 项扣 1 分</td><td>2</td><td></td><td></td></tr>
<tr><td>（5）钢轨绝缘各部无破损，扣件不顶鱼尾板，轨端无肥边，轨缝达标</td><td>2</td><td></td><td></td></tr>
<tr><td>（6）箱盒内部检查防尘防潮良好，各类设备、器材安装牢固，各类配线无异常，端子紧固，备帽弹垫齐全，缺 1 项扣 1 分，回答不出器材名称扣 0.5 分</td><td>2</td><td></td><td>提问内部设备器材名称 3 处</td></tr>
<tr><td>（7）箱盒内电缆去向铭牌齐全清楚，配线表、原理图齐全，缺 1 项扣 1 分</td><td>2</td><td></td><td></td></tr>
</table>

<table>
<tr><td colspan="6">考试项目：25 Hz 相敏轨道电路标准化检修作业（30 分钟）</td></tr>
<tr><td colspan="6">考试日期：2024 年　　月　　日　　考试时间：　　时　　分　　秒至　　时　　分　　秒</td></tr>
<tr><td colspan="6">考生姓名：________　　考评人：________　　总成绩：______分</td></tr>
<tr><td colspan="2">项目及流程</td><td>标准</td><td>分数</td><td>扣分</td><td>备注</td></tr>
<tr><td rowspan="11">操作技能（70 分）</td><td rowspan="9">操作程序（40 分）</td><td>（8）对箱内设备进行清扫，缺 1 项扣 1 分</td><td>2</td><td></td><td></td></tr>
<tr><td>（9）测试送电端变压器Ⅰ、Ⅱ次电压，测限流电阻电压，扼流变压器信号、轨道圈电压，缺 1 项扣 1 分</td><td>3</td><td></td><td></td></tr>
<tr><td>（10）测送、受电端轨面电压，缺 1 项扣 1 分</td><td>3</td><td></td><td></td></tr>
<tr><td>（11）沿途检查测试安装装置绝缘、轨距杆等。缺一项扣 1 分</td><td>3</td><td></td><td></td></tr>
<tr><td>（12）测试受电端变压器Ⅰ、Ⅱ次电压，测限流电阻电压，扼流变压器信号、轨道圈电压，缺 1 项扣 1 分</td><td>3</td><td></td><td></td></tr>
<tr><td>（13）测分路残压、入口电流、极性交叉，缺 1 项扣 1 分</td><td>3</td><td></td><td></td></tr>
<tr><td>（14）填写测试记录，缺 1 项扣 1 分</td><td>2</td><td></td><td></td></tr>
<tr><td>（15）对检修点各部进行全面复查，关闭箱盒并加锁，活动部分适当注油，缺 1 项扣 1 分</td><td>2</td><td></td><td></td></tr>
<tr><td>（16）与室内联络员核对该区段情况，清点工具、材料等，做到现场工完料清。填写派工单，缺 1 项扣 1 分</td><td>3</td><td></td><td></td></tr>
<tr><td rowspan="2">隐患处置（30 分，二选一）</td><td>（1）不良器材更换，未完成扣 30 分</td><td>30</td><td></td><td></td></tr>
<tr><td>（2）室内接收电压不达标调整，扣 30 分</td><td>30</td><td></td><td></td></tr>
<tr><td colspan="2">其他</td><td>作业限时 30 min 完成，提前 1 min 加 1 分</td><td></td><td></td><td></td></tr>
<tr><td colspan="3">合计</td><td>100</td><td></td><td></td></tr>
</table>

任务三　转辙机标准化检修作业

相关导入

通过转辙机标准化检修作业的学习，让学生掌握电动转辙机与电液转辙机结构、电路等内容，能够熟练使用工器具、仪表完成转辙机检修作业，保障设备正常工作。

相关知识

道岔转换与锁闭设备是用于道岔转换、锁闭并对道岔所处位置和状态进行监督的设备，包括转辙机、转换锁闭器、密贴检查器、外锁闭装置等。转辙机又分为电动转辙机、电液转辙机和电空转辙机。本任务主要完成电动转辙机和电液转辙机检修作业。

一、转辙机检修作业内容与标准

转辙设备维护分为日常养护和集中检修，如表 4.7 所示。

表 4.7　电动（液）转辙机维护

修程	工作内容	周期
日常维护	（1）检查道岔密贴和飞边情况，尖轨爬行是否超标	每月不少于 2 次
	（2）检查转辙机和安装装置有无损伤，各种绝缘外观是否良好	
	（3）检查表示杆缺口标记有无变化	
	（4）检查设备有无外界干扰，加锁装置是否良好	
	（5）检查电液转辙机外部油路有无渗漏，油管有无破损，是否固定、防护良好	
	（6）检查箱盒有无破损、漏水，防尘罩安装是否良好	
	（7）检查基础有无破损，粉饰是否良好	
	（8）检查外部螺栓是否松动，开口销是否齐全、标准，蛇管是否安装良好	
	（9）基础面、设备外部清扫、注油	
集中检修	（1）检查转辙机内部机件有无松动、断裂、损坏和异状，防尘是否良好，有无漏水情况，各部螺丝是否紧固	每 2～3 月 1 次
	（2）检查速动爪和速动片间隙，动接点与静接点座间隙，动静接点接触深度应符合标准	
	（3）试验观察整机动作有无异常，检查碳刷有无松动以及过大火花	
	（4）检查配线是否良好，核对标牌、图表应齐全、准确	
	（5）检查表示缺口是否符合标准，对不良的应进行调整	
	（6）机内清扫、注油	
	（7）扳动试验 2 mm 锁闭、4 mm 不锁闭，确认道岔表示	
	（8）基础面、设备外部清扫、注油	
	（9）安装装置及各连接杆绝缘检查测试，不良分解检查、更换。	
	（10）检查移位接触器动作	

续表

修程	工作内容	周期
集中检修	（11）电液转辙机油量与管理检查	每2~3月1次
	（12）启动箱检查、清扫，防尘设施整修	
	（13）更换挤切销	按周期
	（14）配合工务整治道岔	按需
	（15）箱盒、安装装置油饰，书写代号	2年1次
	（16）联锁试验	每年1次
	（17）电气特性Ⅰ级测试	按周期
	（18）配合电气特性Ⅱ级测试	
	（19）配合中修	按计划

二、ZD6电动转辙机检修作业

（一）检修前准备

（1）预测预判：通过信号集中监测、缺口监测等手段，对被检道岔进行调阅分析，针对可能存在的问题，提出检修要求。

（2）派班会：明确检修作业负责人、室内外防护员、作业人员、作业时间、地点、检修要求和安全预判及安全讲话。

（3）工具及仪表准备：联络工具（频道及通话质量核对）、照明灯（夜间作业）、手摇把（运统46上登记使用）、手锤、扳手、克丝钳、尖嘴钳、长嘴钳、各种规格套筒扳手、各种规格螺丝刀、刮刀、直钢尺（钢卷尺）、密贴检查片、道岔钥匙、开箱钥匙、安全木、防护员防护用具、万用表等。

（4）材料准备：机油、黄油、棉纱、1.6 mm防松铁丝、各种规格开口销、接点擦拭麂皮（白市布）、不同规格的螺丝、垫片及防松弹垫若干等。

（5）在室外防护的带领下按规定的安全路线到达设备处所（室外防护员必须随队末位防护，督促作业人员按预先设定路线距钢轨头部外侧3 m以外依次行走），进行设备编号的核对。

图4.23 箱盒外部

（二）检修作业

箱盒外部如图4.23所示。

外观检查需按以下顺序进行：电缆盒（XB箱）—转辙机—安装装置—转辙部分—工电结合部—方正检查。

1. 箱盒外部检查

（1）箱盒无破损，蛇管、防盗（加锁）装置良好。

（2）硬面整洁无异物，基础倾斜度不超过 10 mm，箱盒底距地面不少于 150 mm 且排水良好。

（3）各部螺丝油润、紧固、满帽。

（4）设备名称及标志清晰正确，粘贴牢固。

2. 转辙机外部检查

转辙机外部如图 4.23 所示，检查内容如下：

（1）防护罩及各部无缺损，固定装置良好，加锁装置良好。

（2）各部螺丝油润、紧固、满帽。

（3）表示（锁闭）杆缺口标记无变化。

图 4.23　转辙机外部检查

3. 安装装置检查

安装装置检查如图 4.24 所示，检查内容如下：

（1）安装装置紧固件、开口销、连接销、表示杆和动作杆螺母齐全、不松动，防松措施良好，开口销角度 60°～90°，两臂劈开角度应基本一致。

（2）各种杆件的螺纹部分的内外调整余量≥10 mm，表示杆的销孔旷动量≤0.5 mm，其余各部销孔旷动量≤1 mm，连接杆锈蚀或磨耗减少量不得超过 1/10。

（3）密贴调整杆动作时，空动距离＞5 mm。

（4）各种杆件的连接销、摩擦面应油润。

（5）穿越轨底的各种杆件，距轨底的净距离＞10 mm，距离道碴≥20 mm。基础角钢下部不得与石碴磨卡。

（6）安装装置及各部绝缘管、垫完整无损，防松铁捆绑线作用良好。

（7）防松措施良好。

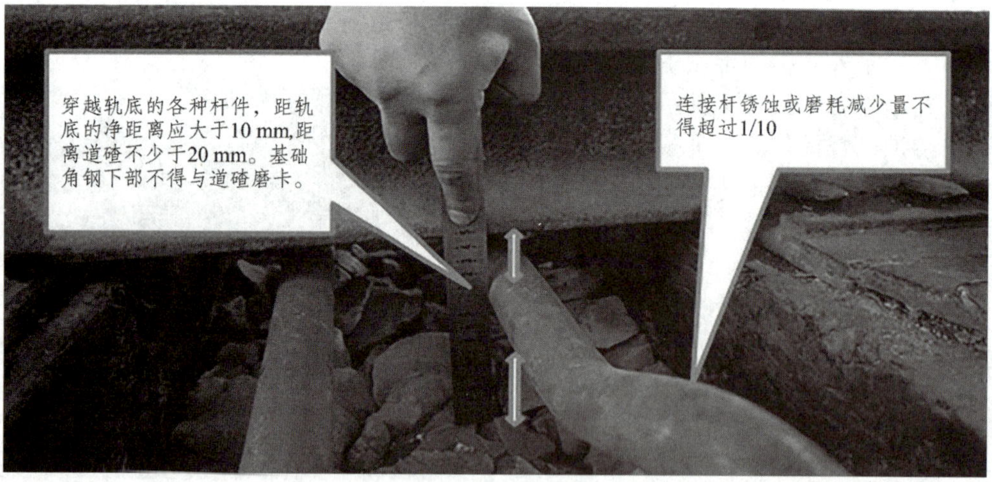

图 4.24　安装装置检查

4. 道岔状态检查

（1）设备无外界干扰和异状，尖轨和基本轨间无异物。

（2）滑床板无锈蚀，油润、光滑，吊板不超限（连续 3 块吊板）。

（3）道岔密贴良好，尖轨、基本轨肥边不得影响道岔密贴，尖轨、基本轨爬行、窜动不超标 20 mm。

5. 转辙机、道岔安装方正检查

（1）密贴调整杆、表示杆、尖端杆、第一连接杆与直股基本轨垂直，各杆的两端间与直股基本轨垂直线的偏差均≤20 mm。

（2）转辙机外壳纵侧面的两端与直股基本轨垂直距离的偏差≤10 mm。

（3）道岔拉杆的水平方向的两端高低偏差≤5 mm（以两基本轨工作面为基准）。

6. 箱盒内部检查

（1）箱盒内部清洁，防尘、防潮设施良好，铭牌齐全、正确，字迹清楚。

（2）螺丝紧固，配线良好、整洁、无破皮及混线可能，焊点焊接良好。

（3）器材类型正确，无过热现象，不超期，印封完整，安装牢固，防脱设施良好。

（4）图卡、测试资料保存完好，与实物相符。

7. 转辙机内部检查

（1）机件安装牢固、完整、无裂纹、无异状，机内防水、防尘良好，无锈蚀。

（2）内部螺丝紧固，配线良好、整洁，无破皮及混线可能，焊点焊接良好。

（3）安全接点接触良好，在插入钥匙或手摇把时，安全接点应可靠断开，非经人工恢复不得接通电路。

（4）电动机碳刷与换向器接触面积不少于碳刷面积的 3/4（同心弧面接触），碳刷长度不小于碳刷全长的 3/5；换向器表面光滑干净，换向器片间的绝缘物不得高出换向器的弧面，碳刷引线完好，碳刷帽不松动。

（5）摩擦带与内齿轮伸出部分保持清洁，不锈蚀、不沾油。

（6）摩擦连接器作用良好，相邻弹簧圈间隙≥1.5 mm，弹簧不得与夹板接触。

（7）自动开闭器拉簧弹力适当；动接点座在净接点内的接触深度≥4 mm，动接点与静接点座间隙≥3 mm；速动爪落下前，动接点在静接点内有串动时，应保证接点接触深度≥2 mm；自动开闭器动接点的摆动量（用手扳动）≤3.5 mm；接点磨耗不超过厚度的 1/2；接点无氧化物、无烧损。

（8）速动爪与速动片的间隙在解锁时≥0.2 mm，锁闭时为 1～3 mm；速动爪的滚轮落下后不得与启动片缺口底部相碰，应有 0.5 mm 以上间隙。

（9）定、反位表示缺口符合标准，ZD6-A、D、E、F、G、H、K 型为 1.5±0.5 mm；J 型为单边检测，缺口间隙为尖轨与基本规的间隙之和，应不大于 7 mm；牵引脱轨器的 ZD6 型为 3±1 mm。

（10）取出主挤切销手摇道岔时，移位接触器接点应可靠断开，非经人工恢复不得接通电路，其所加的外力不得引起接点簧片变形。

（11）检查、更换挤切销。挤切销、连接销无伤痕、无变形、无裂纹、标记清楚正确，与销孔间的旷动量≤0.3 mm。正线、复式交分主销半年更换，其他主销一年更换，副销检查后不良更换。

（12）齿轮装置的各齿间啮合良好，转动时不磨卡，无过大噪音。

8. 转换试验

（1）扳动道岔道时各部动作灵活、稳定、无异声、无异状，碳刷无过大火花。

（2）手摇把转换试验。道岔尖轨密贴，锁闭良好，尖轨无过大反弹力，密贴强度应调整适当。

（三）复　验

（1）开口销、防松扎线不缺少；道岔转换无异样，表示缺口符合标准。

（2）填写检修卡后按要求对转辙机、箱盒进行加锁，加盖防尘罩并防掀良好。

（3）做好道岔相关参数的记录并纳入一岔一档管理。

（4）清点工具、材料，清理周围杂物等，做到现场工完料清。

（5）道岔表示的三核对（道岔实际开通位置、控制台显示的道岔位置、道岔表示继电器、2DQJ 位置）。

三、ZY4 电液转辙机检修作业

（一）检修前准备

（1）预测预判：通过信号集中监测、缺口监测等手段，对被检道岔进行调阅分析，针对可能存在的问题，提出检修要求。

（2）派班会：明确检修作业负责人、室内外防护员、作业人员、作业时间、地点、检修要求和安全预判及安全讲话。

（3）工具及仪表准备：联络工具（频道及通话质量核对）、照明灯（夜间作业）、手摇把（运统 46 上登记使用）、手锤、扳手、克丝钳、尖嘴钳、长嘴钳、各种规格套筒扳手、各种规格螺丝刀、刮刀、直钢尺（钢卷尺）、密贴检查片、道岔钥匙、开箱钥匙、安全木、防护员防护用具、万用表、10 MP 压力表等。

（4）材料准备：机油、黄油、棉纱、1.6 mm 防松铁丝、各种规格开口销、接点擦拭麂皮（白市布），不同规格的螺丝、垫片及防松弹垫若干等。

（5）室外防护的带领下按规定的安全路线到达设备处所（室外防护员必须随队末位防护，督促作业人员按预先设定路线距钢轨头部外侧 3 m 以外依次行走），进行设备编号的核对。

（二）检修作业

外观检查需按以下顺序进行：电缆盒（XB 箱）　转辙机—安装装置—转辙部分—工电结合部—方正检查—转换锁闭器（SH5）—安装装置—转辙部分—工电结合部—方正检查。

1. 箱盒外部检查

（1）箱盒无破损，蛇管、防盗（加锁）装置良好。

（2）硬面整洁无异物，基础倾斜度≤10 mm，箱盒底距地面≥150 mm 且排水良好。

（3）各部螺丝油润、紧固、满帽。

（4）设备名称及标志清晰正确，粘贴牢固。

2. 转辙机、液压站外部检查

（1）防护罩及各部无缺损，固定装置良好，加锁装置良好。

（2）各部螺丝油润、紧固、满帽。

（3）外部油路无渗漏，油管无破损，油管外层橡胶无较大龟裂，固定、防护良好，转角处弯曲半径≥150 mm。

3. 安装装置检查

（1）安装装置紧固件、开口销、连接销、表示杆和动作杆螺母齐全、不松动，防松措施良好，开口销角度 60°～90°，两臂劈开角度应基本一致。

（2）各种杆件的螺纹部分的内外调整余量≥10 mm，表示杆的销孔旷动量≤0.5 mm，其余各部销孔旷动量≤1 mm，连接杆锈蚀或磨耗减少量不得超过 1/10。

（3）密贴调整杆动作时，空动距离＞5 mm。

（4）穿越轨底的各种杆件，距轨底的净距离＞10 mm，距离道碴≥20 mm。基础角钢（含托盘）下部不得与道碴磨卡。

（5）安装装置及各部绝缘管、垫完整无损，防松铁捆绑线作用良好。

4. 道岔状态检查

（1）设备无外界干扰和异状，尖轨和基本轨间无异物。

（2）滑床板无锈蚀，油润、光滑，吊板不超限。

（3）道岔密贴良好，尖轨、基本轨肥边不得影响道岔密贴，尖轨、基本轨爬行、窜动不超标 20 mm。

5. 转辙机、道岔安装方正

（1）密贴调整杆、表示杆、尖端杆、第一连接杆与直股基本轨垂直，各杆的两端间与直股基本轨垂直线的偏差均≤20 mm。

（2）转辙机外壳纵侧面的两端与直股基本轨垂直距离的偏差≤10 mm。

（3）道岔拉杆的水平方向的两端高低偏差≤5 mm（以两基本轨工作面为基准）。

6. 箱盒内部检查

（1）箱盒内部清洁，防尘、防潮设施良好，铭牌齐全、正确，字迹清楚。

（2）螺丝紧固，配线良好、整洁、无破皮及混线可能，焊点焊接良好。

（3）器材类型正确，无过热现象，不超期，印封完整，安装牢固，防震、防脱设施良好。

（4）配线卡、原理图、测试资料保存完好，与实物相符。

7. 液压站内部检修

（1）机件无松动、断裂、损坏和异状，机盖防尘、防水良好，无锈蚀。

（2）内部螺丝紧固，配线良好、整洁，无破皮及混线可能，焊点焊接良好。

（3）安全接点接触良好，在插入手摇把时，常闭接点应可靠断开，手摇把取出后，非经人工恢复不得接通常闭接点。

（4）电机、油泵间联轴器配合良好，转动时无卡阻、别劲，无过大噪音。

（5）电液转辙机应使用 YH-10 航空液压油，油量为油箱总量的 1/2 ~ 2/3（油标尺上、下标记之间，取出油标，用抹布将其擦拭干净，自然状态放回油箱，再次取出，检查油标尺上油液）。

（6）溢流阀应保证液压系统有足够的压力；道岔转换终了时，电机应稍有空转；道岔尖轨因故不能转换到位时，溢流阀应溢流。

（7）溢流阀调整灵活，溢流压力≤4.5 MPa。

（8）电动机碳刷与换向器接触面积不少于碳刷面积的 3/4（同心弧面接触），碳刷长度不小于碳刷全长的 3/5；换向器表面光滑干净，换向器片间的绝缘物不得高出换向器的弧面，碳刷引线完好，碳刷帽不松动。

8. 电液转辙机及转换锁闭器内部检修

（1）机件无松动、断裂、损坏和异状，机盖防尘、防水良好，无锈蚀。

（2）内部螺丝紧固，配线良好、整洁，无破皮及混线可能，焊点焊接良好。

（3）油缸、动作杆动作平稳无颤抖；油缸、油管、油管接头及各种阀体的调节部位无泄漏。

（4）动、静接点安装牢固，接点片不歪斜，无伤痕；动接点在静接点片内接触深度≥4 mm，用手扳动动接点，其摆动量≤2 mm；动接点打入静接点时，与静接点座应保持 3 mm 以上间隙；起动片落下前，动接点在静接点内有窜动时，接点接触深度≥2 mm。

（5）当滚轮在动作板上滚动时，启动片尖离开速动片的间隙应为 0.3 ~ 1.3 mm。

（6）启动片不得与动作板或动作板上的盖板相磨卡。当转辙机转换终了，启动片尖离开速动片时，应快速切断动作接点。

（7）滚轮在动作板上应滚动灵活，落下时滚轮与动作板底部不受力，并与动作板斜面有 0.5 mm 以上间隙。

（8）在动作杆、表示杆、锁闭杆正常伸出或拉入过程中，拉簧弹力适当，作用良好，保证动接点迅速转接并带动锁闭柱、检查柱上升和落下。

（9）当锁闭（检查）柱因故落在锁闭（表示）杆上平面时，动接点环的端点距离应≥2.5 mm，与另一侧接点距离≥2.0 mm。

（10）在锁闭位时，锁块与锁闭铁的接触面积应≥2/3；在动作位时，锁块与锁闭铁的间隙≤0.6 mm。

（11）定、反位表示缺口符合标准，锁闭柱与锁闭杆缺口两侧的间隙为（1.5 ± 0.5）mm，检查柱与表示杆检查缺口为（4 ± 1.5）mm。

9. 转换试验

（1）扳动道岔时各部件动作灵活、稳定，无异声，无异状，碳刷无过大火花。

（2）手摇把转换试验时，道岔尖轨密贴，锁闭良好，尖轨无过大反弹力，密贴强度应调整适当。

（3）扳动试验时，第一牵引点 2 mm 锁闭、4 mm 不锁闭；SH5（转换锁闭器）处，尖轨与基本轨宏观密贴，密贴段的牵引点处有 6 mm 以上的间隙时，道岔不能锁闭和接通表示；两牵引点间有 10 mm 及以上间隙时，道岔不能接通表示。

（三）复　验

（1）开口销、防松扎线不缺少，道岔转换无异样，表示缺口符合标准。

（2）填写检修卡后按要求对转辙机、箱盒进行加锁，加盖防尘罩并防掀良好。

（3）做好道岔相关参数的记录并纳入一岔一档管理。

（4）清点工具、材料，清理周围杂物等，做到现场工完料清。

（5）道岔表示的三核对（道岔实际开通位置，控制台显示的道岔位置，道岔表示继电器、2DQJ 位置）。

四、ZYJ7 电液转辙机检修作业

（一）检修前准备

（1）预测预判：通过信号集中监测、缺口监测等手段，对被检道岔进行调阅分析，针对可能存在的问题，提出检修要求。

（2）派班会：明确检修作业负责人、室内外防护员、作业人员、作业时间、地点、检修要求和安全预判及安全讲话。

（3）工具及仪表准备：联络工具（频道及通话质量核对）、照明灯（夜间作业）、手摇把（运统 46 上登记使用）、手锤、扳手、克丝钳、尖嘴钳、长嘴钳、各种规格套筒扳手、各种规格螺丝刀、刮刀、直钢尺（钢卷尺）、塞尺、水平尺、密贴检查片、道岔钥匙、开箱钥匙、安全木、防护员防护用具、万用表、20MP 压力表等。

（4）材料准备：机油、黄油、棉纱、1.6 mm 防松铁丝、各种规格开口销、接点擦拭麂皮（白市布），不同规格的螺丝、垫片及防松弹垫若干等。

（5）在室外防护的带领下按规定的安全路线到达设备处所（室外防护员必须随队末位防护，督促作业人员按预先设定路线距钢轨头部外侧 3 m 以外依次行走），进行设备编号的核对。

（二）检修作业

外观检查需按以下顺序进行：J1 电缆盒（XB 箱）—转辙机—安装装置—转辙部分—工电结合部—方正检查—MJQ（密贴检查器）—J2 电缆盒（XB 箱）—转换锁闭器（SH6）—安装装置—转辙部分—工电结合部—方正检查。

1. 箱盒外部检查

（1）箱盒无破损，蛇管、加锁（防盗）装置良好。

（2）硬面整洁无异物，基础倾斜度≤10 mm，箱盒底距地面≥150 mm 且排水良好。

（3）各部螺丝油润、紧固、满帽。

（4）设备名称标志清晰正确，粘贴牢固。

2. 转辙机、转换锁闭器、密贴检查器外部检查

（1）防尘罩及各部无缺损，固定装置良好，加锁装置良好。

（2）各部螺栓油润、紧固、满帽。

（3）外部油路无渗漏，油管无破损，油管外层橡胶无较大龟裂，固定、防护良好，转角处弯曲半径≥150 mm。

（4）表示（锁闭）杆缺口无变化。

3. 安装装置、外锁闭装置检查

（1）安装装置和外锁闭装置紧固件、开口销、连接销、连接轴压板、表示杆和动作杆螺母，齐全、不松动，防松措施良好，开口销角度 60°～90°，两臂劈开角度应基本一致。

（2）各种杆件的螺纹部分的内外调整余量≥10 mm，表示杆的销孔旷动量≤0.5 mm，其余各部销孔旷动量≤1 mm，连接杆锈蚀或磨耗减少量不得超过 1/10。

（3）穿越轨底的各种杆件，距轨底的净距离≥10 mm，距离道碴≥20 mm。基础角钢（含托盘）下部不得与道碴磨卡。

（4）各种拉杆的连接销、摩擦面应油润。

（5）安装装置及各部绝缘管、垫完整无损，防松铁捆绑线作用良好。

（6）固定尖轨、心轨第一、第二拉板的防松螺栓齐全、紧固、无松动。

（7）转辙机各牵引点动作杆、表示杆，密贴检查器表示杆伸出端、外锁闭机构及安装装置的各连接销摩擦面应油润。

（8）锁闭框两侧应有效插入锁闭杆两侧导向槽内，不得脱落，不得接触锁闭杆。限位块与锁闭框间隙≤3 mm。

（9）锁钩与锁闭杆接触面及动作范围内无沙石、杂物。

（10）锁钩、锁钩连接轴、锁闭杆及锁闭铁应保持清洁、油润、无锈蚀，锁钩与锁钩连接轴横向滑动良好。

（11）同一牵引点和密贴检查部位的尖轨斥离轨与基本轨间动程和外锁闭装置的锁闭量定、反位应均等，其均等偏差＜2 mm。各牵引点动程和锁闭量符合标准。

（12）各连接头、T 型拐与锁轴之间旷量及锁闭调整铜块磨耗旷量≤1 mm。

（13）转辙机各牵引点动作杆、表示杆，密贴检查器表示杆伸出端、外锁闭机构及安装装置的各连接销摩擦面应油润，锁钩与锁钩连接轴横向滑动良好。

（14）设备无外界干扰和异状，尖轨和基本轨间无异物。

（15）道岔密贴状态良好，尖轨、基本轨肥边不得影响道岔密贴。检查尖轨是否反弹、弓背、吊板，滑床板是否清洁油润。

（16）各部螺栓油润、紧固、满帽，防松良好。

（17）测试道岔转换力。

（18）检查、测试钢枕固定螺栓绝缘、外锁闭装置和各种杆件的绝缘性能。

4. 箱盒内部检查

（1）箱盒内部清洁，防尘、防潮设施良好，铭牌齐全、正确，字迹清楚。

（2）箱盒内部螺丝紧固，配线良好、整洁、无破皮及混线可能，焊点焊接良好。

（3）器材类型正确，无过热现象，不超期，印封完整，安装牢固，防震、防脱设施良好。

（4）配线卡、原理图、测试资料保完好，与实物相符，无涂改。

5. 转辙机、转换锁闭器、密贴检查器内部检修

（1）机箱清洁无裂纹，防尘防水良好。

（2）安全接点接触良好，在插入手摇把时，常闭接点应可靠断开，手摇把取出后，非经人工恢复不得接通常闭接点。

（3）电机安装牢固不松动；惰性轮与电机轴摩擦作用良好，接点不得反弹，手动检查不抱死；电机油泵间联轴器配合良好，转动时无卡阻，无过大噪音。

（4）内部配线良好、整洁，无破皮、无混线可能。

（5）接头体、油箱、油泵、焊接处及密封处无泄漏，箱内油量在油标刻度范围内；道岔正常转换时，液压系统有足够的压力，道岔转换结束时，电机应稍有空转，道岔尖轨因故不能到位时，溢流阀应溢流。

（6）动作杆固定良好，螺栓无松动；油缸动作平稳，无颤抖现象，无泄漏；动作杆在圆孔套的旷动量不超过 1 mm，动作杆在圆孔套内应油润；在锁闭位，锁块与锁闭铁的接触面应不小于 2/3，在动作位，锁块与锁闭铁的间隙≤0.6 mm，锁块与锁闭铁间保持油润。

（7）自动开闭器各部及绝缘座安装牢固，完善无裂损，动作正常无卡阻；滚轮动作灵活，轮轴铆接牢固不活动；接点端子螺丝紧固，配线整齐，接点及接点环清洁，动接点打入静接点两边受力均匀，动接点在静接点内接触深度≥4 mm，用手扳动动接点，其摆动量≤2 mm，动接点距静接点座应保持 3 mm 以上间隙，起动片落下前，动接点在静接点内有窜动时，应保证接点接触深度≥2 mm；起动片滚轮在动作板上滚动灵活，起动片离开速动片上平面的间隙为 0.3 ~ 1.3 mm，落下后滚轮不得与动作板或动作板上的盖板相磨卡，并与动作板斜面有 0.5 mm 以上间隙；在动作杆、锁闭杆正常伸出或拉入过程中，弹簧拉力适当，作用良好，保证动接点迅速转接，并带动锁闭柱上升和落下。

（8）锁闭杆打入锁闭缺口的深度≥6 mm，并不锁闭杆缺口底面，锁闭柱与锁闭杆缺口两侧的间隙：外锁闭为（2 ± 0.5）mm；内锁闭为（1.5 ± 0.5）mm；锁闭柱在解锁位，其下平面与锁闭杆上平面的间隙 > 0.5 mm。

（9）检查柱在锁闭位打入表示杆缺口深度≥6 mm，并且不打表示缺口底面，与表示杆缺口两侧间隙为（4.0 ± 1.5）mm；检查柱在解锁位，其下平面与表示杆上平面的间隙 > 0.5 mm。

（10）检查挤脱器是否顶开，标志是否良好；动作板固定良好，螺栓无松动，速动片无卡阻。

（11）接线端子螺丝紧固、配线紧固，无损伤、无混线可能。

（12）各部件清扫注油，螺丝紧固，标记完整，底座无积油，滑动及转动部分适当注油或均匀涂润滑油。

6. 扳动试验与 I 级测试

（1）扳动转辙机动作良好、无异状，机内各部件动作灵活、协调，无机械卡阻。

（2）手摇把转换试验：道岔尖轨密贴，锁闭良好，尖轨无过大反弹力，密贴强度应调整适当。

（3）扳动试验时，道岔尖轨与基本轨、心轨与翼轨间密贴检查。牵引点及密贴检查位置处，道岔尖轨与基本轨、心轨与翼轨间密贴需满足下列要求：

列车运行速度 < 120 km/h 线路上的道岔，单点牵引及多点牵引的第一牵引点处有 4 mm 及其以上间隙时，道岔不能锁闭和接通表示；多点牵引密贴段（刨切段）的其余各牵引点处有 6 mm 以上间隙时，道岔不能锁闭和接通表示；两牵引点间有 10 mm 及以上间隙时，道岔不能接通表示。

列车运行速度在 120 ~ 160 km/h 之间线路上的道岔，密贴段牵引点处有 4 mm 及其以上间隙时，道岔不能锁闭和接通表示；两牵引点间有 10 mm 及以上间隙时，道岔不能接通表示。

列车运行速度大于 160 km/h 线路上的道岔，密贴段牵引点处有 4 mm 及其以上间隙时，道岔不能锁闭和接通表示；两牵引点间有 5 mm 及以上间隙时，道岔不能接通表示。

任务实施

步骤一：领取转辙机检修所需工器具、仪表。

步骤二：完成转辙机（教师指定型号）集中检修与测试，满分 100 分，限时 30 min 完成。

作业风险提示

（1）按轨道穿戴好绝缘鞋和防护服，做好劳动安全防护。

（2）作业前由作业负责人详细布置作业人员分工、作业要求、作业项目、试验内容及安全卡控措施等。

（3）作业前检查工具、仪表，应齐全、良好并正确使用。

（4）严禁超范围作业。

（5）确认道岔号码后，首先断开安全接点（遮断器），并在道岔斥离轨处放置安全木，防止夹伤手脚。

（6）严格按照规定做好室内外防护工作与劳动安全要求，防止作业人员因设备运作、车辆运行造成人身伤害。

（7）作业时做到认真细致，作业后对设备进行认真检查，并对工具、材料进行清点、复核，防止现场遗留物品击打列车，影响设备正常使用。

任务评价

ZD6 转辙机任务评分表见表 4.8，ZY4 转辙机任务评分表见表 4.9，ZYJ7 转辙机任务评分表见表 4.10。

表 4.8 ZD6 电动转辙机集中检修与测试

<table>
<tr><td colspan="6">考试项目：ZD6 电动道岔施工后调整及标准化检修作业（30 min）</td></tr>
<tr><td colspan="6">考试日期：2024 年 月 日 考试时间： 时 分 秒至 时 分 秒</td></tr>
<tr><td colspan="6">考生姓名：______________ 考评人：_______________ 总成绩：_______分</td></tr>
<tr><td colspan="2">项目及流程</td><td>标准</td><td>分数</td><td>扣分</td><td>备注</td></tr>
<tr><td colspan="2" rowspan="4">安全（20 分）</td><td>（1）劳动防护用品穿戴齐全，未做到扣 5 分</td><td>5</td><td></td><td></td></tr>
<tr><td>（2）未联系就上道作业，接室内有车下道通知未及时关闭箱盒、收拾工器具并下道到安全点列队避让列车，扣 5 分</td><td>5</td><td></td><td></td></tr>
<tr><td>（3）未联系就断开和闭合遮断器、放置安全木，机内作业未断开遮断器，每次扣 1 分</td><td>5</td><td></td><td></td></tr>
<tr><td>（4）联系用语不标准，每次扣 0.5 分</td><td>5</td><td></td><td></td></tr>
<tr><td colspan="2" rowspan="3">工器具使用（10 分）</td><td>（1）使用前未校表，操作方法不正确，纠正 1 次，扣 1 分</td><td>3</td><td></td><td></td></tr>
<tr><td>（2）损坏器材，造成设备故障，扣 4 分</td><td>4</td><td></td><td></td></tr>
<tr><td>（3）损坏工具、仪表，扣 3 分</td><td>3</td><td></td><td></td></tr>
<tr><td rowspan="7">操作技能（70 分）</td><td rowspan="7">操作程序（40 分）</td><td>（1）工具（联络工具、照明灯、手摇把、手锤、扳手、克丝钳、尖嘴钳、长嘴钳、套筒扳手、螺丝刀、刮刀、钢卷尺、密贴检查片、塞尺、道岔钥匙、安全木、毛刷、开箱钥匙、万用表等）、相关维修材料（棉纱、白布、机油、1.6 mm 防松铁丝、各种规格开口销，不同规格的螺丝若干等）准备齐全，工器具良好。必要工具缺 1 件扣 1 分</td><td>3</td><td></td><td></td></tr>
<tr><td>（2）在《行车设备检修登记簿》上签到、登销记，缺 1 项扣 2 分。</td><td>3</td><td></td><td></td></tr>
<tr><td>（3）检查转辙机是否方正；各类杆件是否平直、与工务枕木平行；各类螺丝紧固，防松扎线、开口销齐全，各类箱盒、机壳标识齐全，无损伤裂纹，引线无脱落，外部无影响设备正常使用的杂物（如道碴、废弃物等），缺 1 项扣 1 分，回答不出器材名称扣 0.5 分</td><td>2</td><td></td><td>提问外部设备器材名称 2 处</td></tr>
<tr><td>（4）工电结合部检查：尖轨、基本轨状态，滑床板，防跳板，顶铁等，缺 1 项扣 1 分</td><td>2</td><td></td><td></td></tr>
<tr><td>（5）定反位尖基轨各部密贴检查，搬动检查解锁、转换和锁闭过程是否动作顺畅，有否杆件别卡，缺 1 项扣 1 分</td><td>2</td><td></td><td></td></tr>
<tr><td>（6）箱盒、转辙机内部检查：防尘防潮良好，各类设备、器材安装牢固，各类配线无异常，端子紧固，备帽弹垫齐全，缺 1 项扣 1 分，回答不出器材名称扣 0.5</td><td>2</td><td></td><td>提问内部设备器材名称 3 处</td></tr>
<tr><td>（7）箱盒内电缆去向铭牌齐全清楚，配线表、原理图齐全，缺 1 项扣 1 分</td><td>2</td><td></td><td></td></tr>
</table>

续表

考试项目：ZD6 电动道岔施工后调整及标准化检修作业（30 min）					
考试日期：2024 年　月　日　考试时间：　时　分　秒至　时　分　秒					
考生姓名：________　考评人：________　总成绩：______分					
项目及流程		标准	分数	扣分	备注
操作技能（70 分）	操作程序（40 分）	（8）对箱盒、转辙机内部设备进行清扫，对接点座、接点环、接点进行检查并清扫，对电机转子面清洁，缺 1 项扣 1 分	2		
		（9）扳动道岔检查机内转换过程的状态，检查道岔有无反弹，电机有无异响，缺 1 项扣 1 分	2		
		（10）检查转辙机缺口，缺 1 项扣 1 分	3		
		（11）测试动作电流、故障电流、动作电压、电机线圈电阻、杆件绝缘，缺 1 项扣 1 分	4		
		（12）一动 4 mm 试验不锁闭，二动宏观密贴检查，缺 1 项扣 1 分	6		
		（13）填写测试记录，缺一项扣 1 分	2		
		（14）对检修点各部进行全面复查，关闭箱盒并加锁，活动部分适当注油，缺 1 项扣 1 分	2		
		（15）与室内联络员核对该区段情况，清点工具、材料等，做到现场工完料清，填写派工单，缺 1 项扣 1 分	3		
	隐患处置（30 分）	（1）缺口不达标调整	6		
		（2）接点接触深度不达标调整	6		
		（3）机械强度不达标调整	6		
		（4）挤切销主销更换	6		
		（5）机内端子松动紧固，缺 1 处扣 1 分	6		
其他		作业限时 30 min，提前 1 min 加 1 分			
合计			100		

表 4.9　ZY4 电液转辙机集中检修与测试

考试项目：ZY4 电液道岔施工后调整及标准化检修作业（30 min）				
考试日期：2024 年　月　日　考试时间：　时　分　秒至　时　分　秒				
考生姓名：________　考评人：________　总成绩：______分				
项目及流程	标准	分数	扣分	备注
安全（20 分）	（1）劳动防护用品穿戴齐全，未做到扣 5 分	5		
	（2）未联系就上道作业，接室内有车下道通知未及时关闭箱盒、收拾工器具并下道到安全点列队避让列车，扣 5 分	5		
	（3）未联系就断开和闭合遮断器、放置安全木，机内作业未断开遮断器，每次扣 1 分	5		

考试项目：ZY4 电液道岔施工后调整及标准化检修作业（30 min）

考试日期：2024 年　　月　　日　　考试时间：　　时　　分　　秒至　　时　　分　　秒

考生姓名：＿＿＿＿＿＿＿＿　　考评人：＿＿＿＿＿＿＿　　总成绩：＿＿＿＿分

项目及流程		标准	分数	扣分	备注
安全（20 分）		（4）联系用语不标准，每次扣 0.5 分	5		
工器具使用（10 分）		（1）使用前未校表，操作方法不正确，纠正 1 次，扣 1 分。	3		
		（2）损坏器材，造成设备故障，扣 4 分	4		
		（3）损坏工具、仪表，扣 3 分	3		
操作技能（70 分）	操作程序（40 分）	（1）工具（联络工具、照明灯、手摇把、手锤、扳手、克丝钳、尖嘴钳、长嘴钳、套筒扳手、螺丝刀、刮刀、钢卷尺、密贴检查片、塞尺、道岔钥匙、安全木、毛刷、开箱钥匙、万用表等）、相关维修材料（棉纱、白布、机油、1.6 mm 防松铁丝、各种规格开口销，不同规格的螺丝若干等）准备齐全，工器具良好。必要工具缺 1 件扣 1 分	3		
		（2）在《行车设备检修登记簿》上签到、登销记，缺 1 项扣 2 分	3		
		（3）检查转辙机是否方正；各类杆件是否平直、与工务枕木平行；各类螺丝紧固，防松扎线、开口销齐全，各类箱盒、机壳标识齐全，无损伤裂纹，引线无脱落，外部无影响设备正常使用的杂物（如道碴、废弃物等），缺 1 项扣 1 分。回答不出器材名称扣 0.5 分	2		提问外部设备器材名称 2 处
		（4）检查转辙机外部油路有无渗漏油，防护是否良好，缺 1 项扣 1 分	2		
		（5）工电结合部检查：尖轨、基本轨状态，滑床板，顶铁，基本轨工务轨距铁，尖轨根部轨距铁等，缺 1 项扣 1 分	2		
		（6）定反位尖基轨各部密贴检查，搬动检查解锁、转换和锁闭过程是否动作顺畅，有否杆件别卡，缺 1 项扣 1 分	2		
		（7）箱盒、转辙机内部检查：防尘防潮良好，各类设备、器材安装牢固，各类配线无异常，端子紧固，备帽弹垫齐全，缺 1 项扣 1 分。回答不出器材名称扣 0.5 分	2		提问内部设备器材名称 3 处
		（8）箱盒内电缆去向铭牌齐全清楚，配线表、原理图齐全，缺 1 项扣 1 分	2		
		（9）对箱盒、转辙机内部设备进行清扫，对接点座、接点环、接点进行检查并清扫，对电机转子面清洁，缺 1 项扣 1 分	2		
		（10）检查油箱油位是否正常，各转辙机内油路有无渗漏油，缺 1 项扣 1 分	2		

<table>
<tr><td colspan="6">考试项目：ZY4 电液道岔施工后调整及标准化检修作业（30 min）</td></tr>
<tr><td colspan="6">考试日期：2024 年　　月　　日　　考试时间：　　时　　分　　秒至　　时　　分　　秒</td></tr>
<tr><td colspan="6">考生姓名：________　　考评人：________　　总成绩：______分</td></tr>
<tr><td colspan="2">项目及流程</td><td>标准</td><td>分数</td><td>扣分</td><td>备注</td></tr>
<tr><td rowspan="12">操作技能（70 分）</td><td rowspan="7">操作程序（40 分）</td><td>（11）扳动道岔检查机内转换过程的状态，检查惰性轮作用是否正常，油缸有无反弹，电机、油泵有无异响，缺 1 项扣 1 分</td><td>2</td><td></td><td></td></tr>
<tr><td>（12）检查转辙机主副机缺口，缺 1 项扣 1 分</td><td>3</td><td></td><td></td></tr>
<tr><td>（13）测试动作压力、溢流压力、动作电压、电机线圈电阻、杆件绝缘，缺 1 项扣 1 分</td><td>3</td><td></td><td></td></tr>
<tr><td>（14）一动 4 mm 试验不锁闭，二动宏观密贴检查，缺 1 项扣 1 分。</td><td>3</td><td></td><td></td></tr>
<tr><td>（15）填写测试记录，缺 1 项扣 1 分</td><td>2</td><td></td><td></td></tr>
<tr><td>（16）对检修点各部进行全面复查，关闭箱盒并加锁，活动部分适当注油，缺 1 项扣 1 分</td><td>2</td><td></td><td></td></tr>
<tr><td>（17）与室内联络员核对该区段情况，清点工具、材料等，做到现场工完料清。填写派工单，缺 1 项扣 1 分</td><td>3</td><td></td><td></td></tr>
<tr><td rowspan="5">隐患处置（30 分）</td><td>（1）溢流压力调整</td><td>6</td><td></td><td></td></tr>
<tr><td>（2）缺口不达标调整</td><td>6</td><td></td><td></td></tr>
<tr><td>（3）接点接触深度不达标调整</td><td>6</td><td></td><td></td></tr>
<tr><td>（4）机械强度不达标调整。</td><td>6</td><td></td><td></td></tr>
<tr><td>（5）机内端子松动紧固，缺 1 处扣 1 分</td><td>6</td><td></td><td></td></tr>
<tr><td colspan="2">其他</td><td>作业限时 30 min，提前 1 min 加 1 分</td><td></td><td></td><td></td></tr>
<tr><td colspan="3">合计</td><td>100</td><td></td><td></td></tr>
</table>

表 4.10　ZYJ7 电液转辙机集中检修与测试

<table>
<tr><td colspan="5">考试项目：ZYJ7 电液道岔施工后调整及标准化检修作业（50 min）</td></tr>
<tr><td colspan="5">考试日期：2024 年　　月　　日　　考试时间：　　时　　分　　秒至　　时　　分　　秒</td></tr>
<tr><td colspan="5">考生姓名：________　　考评人：________　　总成绩：______分</td></tr>
<tr><td>项目及流程</td><td>标准</td><td>分数</td><td>扣分</td><td>备注</td></tr>
<tr><td rowspan="4">安全（20 分）</td><td>（1）劳动防护用品穿戴齐全，未做到扣 5 分</td><td>5</td><td></td><td></td></tr>
<tr><td>（2）未联系就上道作业，接室内有车下道通知未及时关闭箱盒、收拾工器具并下道到安全点列队避让列车，扣 5 分</td><td>5</td><td></td><td></td></tr>
<tr><td>（3）未联系就断开和闭合遮断器、放置安全木，机内作业未断开遮断器，每次扣 1 分</td><td>5</td><td></td><td></td></tr>
<tr><td>（4）联系用语不标准，每次扣 0.5 分</td><td>5</td><td></td><td></td></tr>
</table>

续表

<table>
<tr><td colspan="6">考试项目：ZYJ7 电液道岔施工后调整及标准化检修作业（50 min）</td></tr>
<tr><td colspan="6">考试日期：2024 年　　月　　日　　考试时间：　　时　　分　　秒至　　时　　分　　秒</td></tr>
<tr><td colspan="6">考生姓名：________　　考评人：________　　总成绩：______分</td></tr>
<tr><td colspan="2">项目及流程</td><td>标准</td><td>分数</td><td>扣分</td><td>备注</td></tr>
<tr><td colspan="2" rowspan="3">工器具使用（10分）</td><td>（1）使用前未校表，操作方法不正确，纠正 1 次，扣 1 分</td><td>3</td><td></td><td></td></tr>
<tr><td>（2）损坏器材，造成设备故障，扣 4 分</td><td>4</td><td></td><td></td></tr>
<tr><td>（3）损坏工具、仪表，扣 3 分</td><td>3</td><td></td><td></td></tr>
<tr><td rowspan="10">操作技能（70分）</td><td rowspan="10">操作程序（40分）</td><td>（1）工具（联络工具、照明灯、手摇把、手锤、扳手、克丝钳、尖嘴钳、长嘴钳、套筒扳手、螺丝刀、刮刀、钢卷尺、密贴检查片、塞尺、道岔钥匙、安全木、毛刷、开箱钥匙、万用表等）、相关维修材料（棉纱、白布、机油、1.6 mm 防松铁丝、各种规格开口销、各种调整插片，不同规格的螺丝若干等）准备齐全，工器具良好，必要工具缺 1 件扣 1 分</td><td>3</td><td></td><td></td></tr>
<tr><td>（2）在《行车设备检修登记簿》上签到、登销记，缺 1 项扣 2 分</td><td>3</td><td></td><td></td></tr>
<tr><td>（3）检查转辙机是否方正；各类杆件是否平直、与工务枕木平行；各类螺丝紧固，防松扎线、开口销齐全，各类箱盒、机壳标识齐全，无损伤裂纹，配线防护胶管无脱落，外部无影响设备正常使用的杂物（如道碴、废弃物等），缺 1 项扣 1 分，回答不出器材名称扣 0.5 分</td><td>2</td><td></td><td>提问外部设备器材名称 2 处</td></tr>
<tr><td>（4）检查转辙机外部油路有无渗漏油，防护是否良好，缺 1 项扣 1 分</td><td>2</td><td></td><td></td></tr>
<tr><td>（5）工电结合部检查：尖轨、基本轨状态，防跳器、辊轮，滑床板，顶铁，基本轨工务轨距铁，尖轨根部轨距铁等，缺 1 项扣 1 分</td><td>2</td><td></td><td></td></tr>
<tr><td>（6）定反位尖基轨各部密贴检查，搬动检查解锁、转换和锁闭过程是否动作顺畅，有否杆件别卡，缺 1 项扣 1 分</td><td>2</td><td></td><td></td></tr>
<tr><td>（7）箱盒、转辙机、密检器内部检查：防尘防潮良好，各类设备、器材安装牢固，各类配线无异常，端子紧固，备帽弹垫齐全，缺 1 项扣 1 分。回答不出器材名称扣 0.5 分</td><td>2</td><td></td><td>提问内部设备器材名称 3 处</td></tr>
<tr><td>（8）箱盒内电缆去向铭牌齐全清楚，配线表、原理图齐全，缺 1 项扣 1 分</td><td>2</td><td></td><td></td></tr>
<tr><td>（9）对箱盒、转辙机、密检器内部设备进行清扫，对接点座、接点环、接点进行检查并清扫，缺 1 项扣 1 分</td><td>3</td><td></td><td></td></tr>
<tr><td>（10）检查油箱油位是否正常，各转辙机内油路有无渗漏油，缺 1 项扣 1 分，</td><td>2</td><td></td><td></td></tr>
</table>

续表

<table>
<tr><td colspan="6">考试项目：ZYJ7 电液道岔施工后调整及标准化检修作业（50 min）</td></tr>
<tr><td colspan="6">考试日期：2024 年　　月　　日　考试时间：　　时　　分　　秒至　　时　　分　　秒</td></tr>
<tr><td colspan="6">考生姓名：____________　　考评人：__________　　总成绩：______分</td></tr>
<tr><td colspan="2">项目及流程</td><td>标准</td><td>分数</td><td>扣分</td><td>备注</td></tr>
<tr><td rowspan="12">操作技能70分</td><td rowspan="7">操作程序（40分）</td><td>（11）扳动道岔检查机内转换过程的状态，检查惰性轮作用是否正常，油缸有无反弹，电机、油泵有无异响，缺 1 项扣 1 分</td><td>2</td><td></td><td></td></tr>
<tr><td>（12）检查转辙机、密检器缺口，缺 1 项扣 1 分</td><td>2</td><td></td><td></td></tr>
<tr><td>（13）测试动作压力、溢流压力、动作电压、三相电机线圈电阻、杆件绝缘，缺 1 项扣 1 分</td><td>3</td><td></td><td></td></tr>
<tr><td>（14）一动 4 mm 试验、二动 6 mm 试验不锁闭，缺 1 项扣 1 分</td><td>3</td><td></td><td></td></tr>
<tr><td>（15）填写测试记录，缺 1 项扣 1 分</td><td>2</td><td></td><td></td></tr>
<tr><td>（16）对检修点各部进行全面复查，关闭箱盒并加锁，活动部分适当注油，缺 1 项扣 1 分</td><td>2</td><td></td><td></td></tr>
<tr><td>（17）与室内联络员核对该区段情况，清点工具、材料等，做到现场工完料清。填写派工单，缺 1 项扣 1 分</td><td>3</td><td></td><td></td></tr>
<tr><td rowspan="5">隐患处置（30分）</td><td>（1）溢流压力调整</td><td>6</td><td></td><td></td></tr>
<tr><td>（2）缺口不达标调整</td><td>6</td><td></td><td></td></tr>
<tr><td>（3）接点接触深度不达标调整</td><td>6</td><td></td><td></td></tr>
<tr><td>（4）机械强度不达标调整</td><td>6</td><td></td><td></td></tr>
<tr><td>（5）机内端子松动紧固，缺 1 处扣 1 分</td><td>6</td><td></td><td></td></tr>
<tr><td colspan="2">其他</td><td>作业限时 50 min，提前 1 min 加 1 分</td><td></td><td></td><td></td></tr>
<tr><td colspan="3">合计</td><td>100</td><td></td><td></td></tr>
</table>

05 项目五 信号基础设备断线故障处理

项目描述

本项目主要依托轨道交通信号工技能鉴定站，对标中级信号工要求，培养信号工针对设备故障应急处理能力，即按照现场标准利用仪表使用电压法快速且正确地完成信号设备断线故障处理，保证信号基础设备正常工作。

微课：铁路信号继电器工作原理

学习目标

◎技能目标

（1）能够熟练完成信号机断线故障处理。

（2）能够熟练完成 50 Hz 微电子项目轨道电路断线故障处理。

（3）能够熟练完成四线制、五线制转辙机断线故障处理。

（4）能够完成屏蔽门部分电路断线故障处理。

（5）具备正确使用万用表进行故障处理的能力。

（6）掌握故障处理流程。

◎知识目标

（1）熟悉信号机、五线制转辙机、轨道电路、屏蔽门。

（2）熟悉各型号继电器性能与底座编号。

（3）熟悉万用表电压法。

微课：继电器断电防护措施——混线防护电路

任务一　信号机断线故障处理

任务导入

通过对城市轨道交通三显示防护信号机断线故障处理方法的学习，让学生掌握信号机断线故障处理方法，能采用电压法独立完成信号机断线故障处理，具备信号机故障判断、故障诊断与故障修复的能力。

相关知识

三显示防护信号机三个灯位从上往下顺序为 U、L、H，其中 U 灯含义为“道岔开通侧线”，L 灯含义为“道岔开通直线”，H 灯含义为“禁止通过”，城市轨道交通引导信号为 HU，其中 H、L、U 灯由 DJ 监督，对于同时点亮 2 个灯位的引导信号，不能用同一个 DJ 监督，所以引导信号中 U 灯由 2DJ 监督，H 灯由 DJ 监督。

一、信号机点灯电路分析

城轨三显示防护信号机电路如图 5.1、图 5.2 所示。整体电路由驱动电路、点灯电路和采集电路三部分组成，其中驱动、采集电路电源电压为 DC 24 V，点灯电路电源电压为交流 110 V。

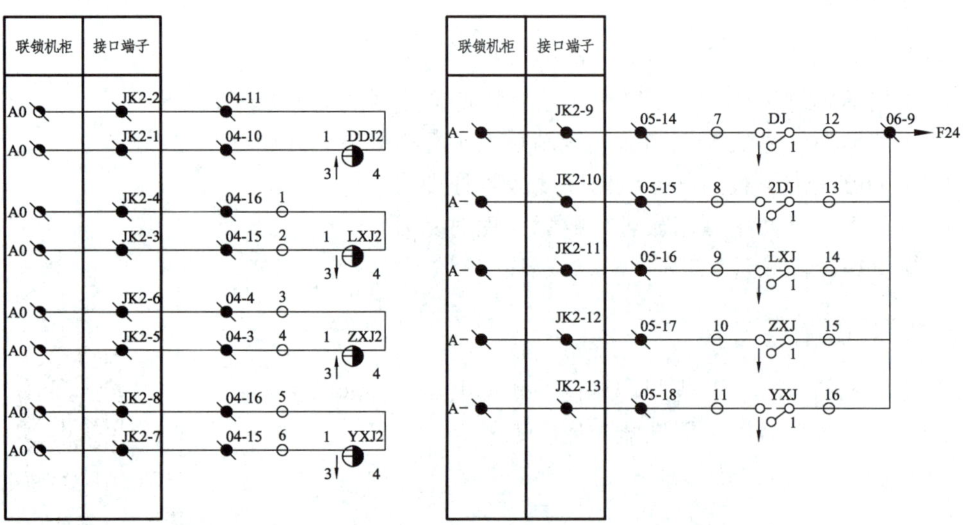

（a）信号机驱动电路　　　　（b）信号机采集电路

图 5.1　信号机驱动、采集电路

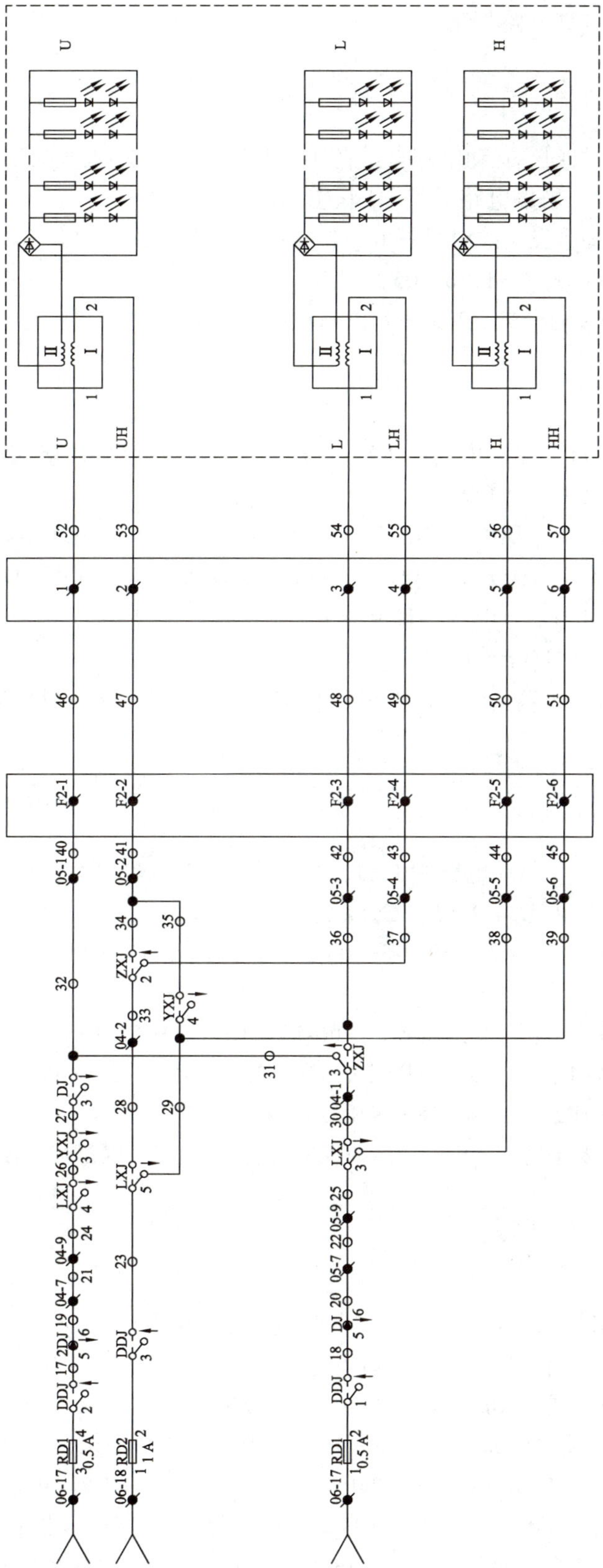
U
L
H
U
UH
L
LH
H
HH
52
53
54
55
56
57
46
47
48
49
50
51
F2-1
F2-2
F2-3
F2-4
F2-5
F2-6
ZXJ
YXJ
LXJ
DJ
DDJ
2DJ
RD1
RD2
0.5 A
1 A
06-17
06-18

图 5.2 信号机点灯电路

各种情况下的点灯电路如下。

微课：继电器接通径路法

（一）H 灯电路

信号机点亮 H 灯时，驱动电路全部落下，点灯电路由 XJZ 至 XJF 接通 H 灯点灯电路，采集电路采集 DJ 状态。

H 灯点灯电路接通公式：XJZ_{110}—06-17—$RD1_{1-2}$—DDJ_{11-13}—DJ_{5-6}—05-7—05-9—LXJ_{31-33}—05-5—F2-5—5—HB_{11-12}—6—F2-6—05-6—LXJ_{51-53}—DDJ_{31-32}—$RD2_{1-2}$—06-18—XJE_{110}

H 灯采集电路接通公式：F_{24}—06-9—DJ_{11-12}—05-14—JK2-9—A-

（二）U 灯电路

信号机点亮 U 灯，驱动电路中 LXJ 吸起，点灯电路由 XJZ 至 XJF 接通 U 灯点灯电路，采集电路采集 DJ、LXJ 状态。

驱动电路接通公式：A0+—JK2-3—01-15—LXJ_{1-2}—01-16—JK2-4—A0-

U 灯点灯电路接通公式：XJZ_{110}—06-17—$RD1_{1-2}$—DDJ_{11-13}—DJ_{5-6}—05-7—05-9—LXJ_{31-32}—04-1—ZXJ_{31-33}—05-1—F2-1—1—UB_{I1-I2}—2—F2-2—05-2—ZXJ_{41-43}—04-2—LXJ_{51-52}—DDJ_{31-32}—$RD2_{1-2}$—06-18—XJF_{110}

U 灯采集电路接通公式：F_{24}—06-9—LXJ_{11-12}—05-16—JK2-11—A-（DJ 采集电路与红灯相同）

（三）L 灯电路

信号机点亮 L 灯，驱动电路中 LXJ、ZXJ 吸起，点灯电路由 XJZ 至 XJF 接通 L 灯点灯电路，采集电路采集 DJ、LXJ、ZXJ 状态。

驱动电路接通公式：A0+—JK2-5—04-3—ZXJ_{1-2}—04-4—JK2-6—A0-（LXJ 驱动电路与 U 灯相同）

L 灯点灯电路接通公式：XJZ_{110}—06-17—$RD1_{1-2}$—DDJ_{11-13}—DJ_{5-6}—05-7—05-9—LXJ_{31-32}—04-1—ZXJ_{31-32}—05-3—F2-3—3—LB_{I1-I2}—4—F2-4—05-4—ZXJ_{41-42}—04-2—LXJ_{51-52}—DDJ_{31-32}—$RD2_{1-2}$—06-18—XJF_{110}

L 灯采集电路接通公式：F_{24}—06-9—ZXJ_{11-12}—05-17—JK2-12—A-（LXJ、DJ 采集电路与 U 灯相同）

（四）引导信号电路

信号机点亮 HU 灯，驱动电路中 YXJ 吸起，点灯电路由 XJZ 至 XJF 接通 H、U 灯点灯电路，采集电路采集 DJ、2DJ、YXJ 状态。

驱动电路接通公式：A0+—JK2-7—04-15—YXJ_{1-2}—04-16—JK2-8—A0-

U 灯点灯电路接通公式：XJZ_{110}—06-17—$RD1_{3-4}$—DDJ_{21-23}—$2DJ_{5-6}$—04-7—04-9—LXJ_{41-43}—YXJ_{31-32}—DJ_{31-32}—05-1—F2-1—1—UB_{I1-I2}—2—F2-2—05-2—YXJ_{41-42}—LXJ_{51-52}—DDJ_{31-32}—$RD2_{1-2}$—06-18—XJF_{110}（H 灯点灯电路与 H 灯信号相同）

引导信号采集电路接通公式：F_{24}—06-9—$2DJ_{11-12}$—05-15—JK2-10—A-；F_{24}—06-9—

YXJ_{11-12}—05-18—JK2-13—A-（DJ 采集电路与 H 灯相同）

二、信号机断线故障现象分析

故障处理前需要进行故障分析，通过现象缩小故障电路范围，方便故障快速准确查找，故障现象总结如下：

（一）H 灯故障现象

红灯故障判断流程如图 5.3 所示。

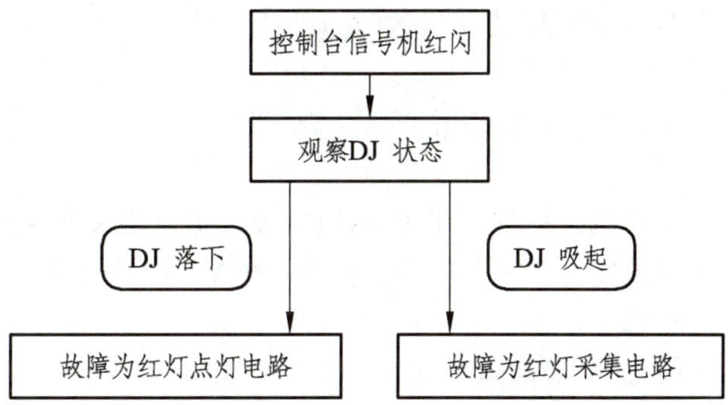

图 5.3　红灯故障判断流程

（二）L 灯故障（U 灯故障原理相同）

绿灯故障判断流程如图 5.4 所示。

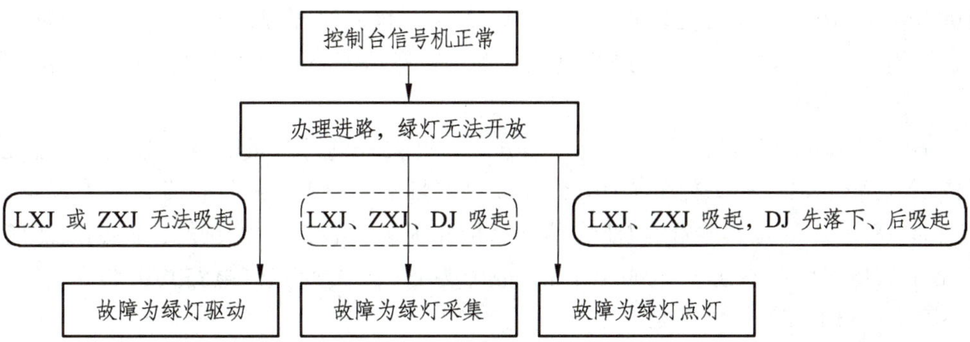

图 5.4　绿灯故障判断流程

（三）引导信号

引导故障判断流程如图 5.5 所示。

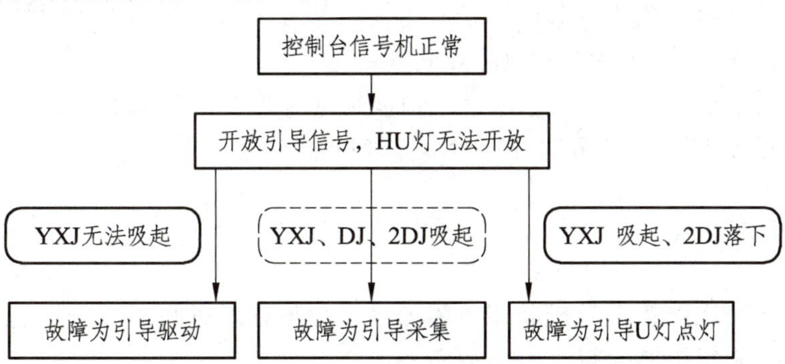

图 5.5　引导故障判断流程

三、驱动电路断线故障处理

以 U 灯驱动电路故障为例，电路标准电压为 DC 24 V，将万用表调整至合适挡位。红表笔放至侧面端子 04-16，黑表笔放至 LXJ 的 2 线圈，控制台开放信号，若万用表数据为 24 V，故障为 1 号故障点断线，若万用表数据为 0 V，故障为 2 号故障点断线。

四、点灯电路断线故障处理

点灯电路标准电压为 AC 110 V，将万用表调整至合适挡位。先测分线盘，确定故障在室内或室外，若万用表数据为 100 V，故障为室外断线，若万用表数据为 0 V，故障为室内断线。

以 28 号故障点为例：

现象：办理进路，开放 L 灯信号，发现 LXJ、ZXJ 正常吸起，DJ 先落下后恢复吸起状态，故障为 L 灯点灯电路。

测量：首先测量 F2-3、F2-4，万用表数据为 0 V，确定为室内断线故障；接下来测量 05-3、05-4，万用表数据继续为 0 V，排除侧面端子至分线盘线路问题（42、43 正常），再测量 06-17、05-4，万用表数据为 0 V，故障在 L 灯回线部分，06-17 上表笔不动，另一支表笔沿着 L 灯回线往 06-18 进行测量，直到测量出 LXJ_{52} 数据为 110 V，判断出故障点为 28 号。

为提高故障处理效率，可以采用“二分之一”方式进行测量，减少数据测量次数；也可总结电路现象，28 号故障点为 L 灯、U 灯点灯电路故障，H 灯正常，故障现象为开放 L 灯，LXJ、ZXJ 正常吸起，DJ 先落下后恢复吸起状态，开放 U 灯，LXJ 正常吸起，DJ 先落下后恢复吸起状态，可判断出现在故障为 U 灯、L 灯点灯电路共用部分故障，故障点只有 28、30、33 三种情况。

五、采集电路断线故障处理

以 H 灯采集为例，电路标准电压为 DC 24 V，将万用表调整至合适挡位。红表笔放至侧面端子 06-9，黑表笔放至 DJ_{12}，若万用表数据为 24 V，故障为 12 号故障点断线，若万用表数据为 0 V，故障为 7 号故障点断线。

L 灯、U 灯、引导信号采集电路表笔测量对应继电器前接点时，可直接读出数据进行判断，不用开放信号。（该方法仅针对本实训设备）

任务实施

利用电压法完成防护信号机断线故障处理，故障处理时间 10 min，包含 3 个故障点，驱动电路、采集电路、点灯电路故障各 1 个。

任务评价

信号机断线故障处理任务评分表见表 5.1。

表 5.1 信号机故障处理评分表

顺序	操作步骤	分数	考核标准	扣分分值
1	办理请点手续 号工请点："您好，我是故障处理的负责人，申请在 X X 对 X X 设备进行检修作业，要点 10 分钟，现办理施工请点。" 考评人员回复："同意请点，可以作业。"	15	办理请点手续	未请点或用语错误，扣 15 分
2	正确使用仪器仪表	10	仪器仪表量程、挡位操作错误 1 次扣 2 分	
3	故障处理	45	正确排查 3 个故障点得 45 分，错查或放弃 1 个故障点扣 15 分	
4	故障处理完毕，做好三清工作	15	人员、工器具已出清，设备复原，漏一处扣 5 分	
5	办理销点手续。 信号工销点："您好，我是故障处理的负责人，检修作业已结束，人员、工器具已出清，设备已恢复正常，现办理施工销点。"	15	缺该步骤，扣 15 分	
合计		100		

注：考试过程中出现损坏仪表、设备等情况，该次考试计 0 分。

任务二 50 Hz 微电子相敏轨道电路断线故障处理

任务导入

通过对城市轨道交通车辆段 50 Hz 微电子相敏轨道电路断线故障处理方法的学习，学生能够掌握 50 Hz 微电子相敏轨道电路断线故障处理方法，能够采用电压法独立完成 50 Hz 微电子相敏轨道电路断线故障处理，具备轨道电路故障判断、故障诊断与故障修复的能力。

相关知识

50 Hz 微电子相敏轨道电路是单轨条式轨道电路，特点是抗干扰能力强、设备简单、维修方便，在直流电力机车牵引区段安全可靠，并且在城市轨道交通车辆段、停车场大量使用。电路图如图 5.6 所示。

微课：微电子相敏轨道电路工作原理

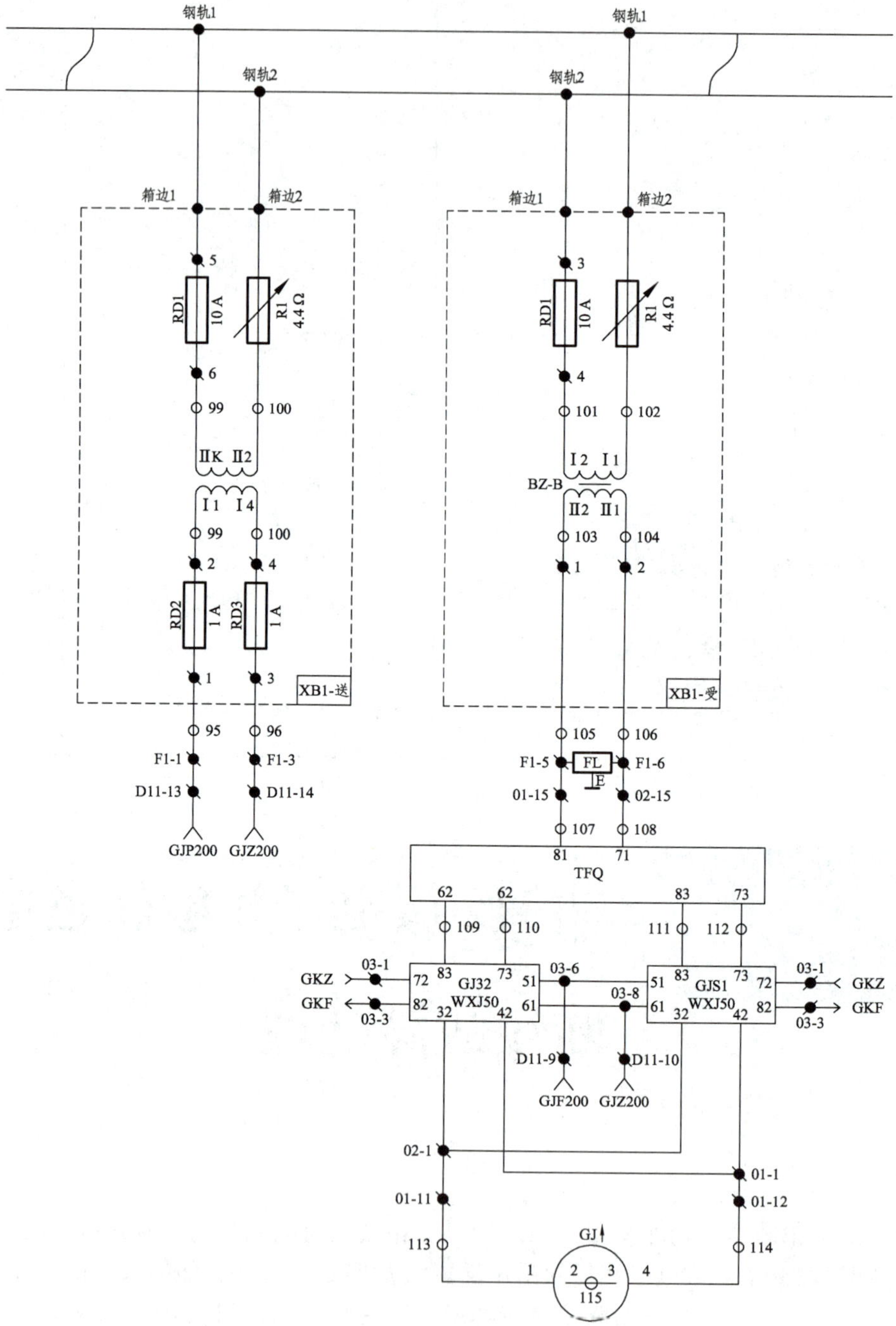

图 5.6　50 Hz 微电子相敏轨道电路电路图

微电子相敏轨道电路核心是两个微电子相敏接收器 WXJ50，微电子项目轨道电路表示灯含义如表 5.2 所示。

表 5.2　微电子接收器表示灯含义

序号	表示灯	含义
1	红灯	红灯常亮表示 DC 24 V 电源工作正常； 红灯灭表示 DC 24 V 电源断电
2	绿灯	绿灯常亮表示轨道区段空闲； 绿灯灭灯表示轨道区段占用
3	红绿灯交替闪烁	局部电源断电

根据电路工作原理，故障现象对应问题电路总结如下：

一、轨道电路送电端至调相防雷器（TFQ）部分断线（交流）

现象：控制台对应轨道区段出现红光带，GJS1、GJS2 绿灯同时灭灯。

测量：万用表调至合适挡位，先测 F1-5、F1-6 和 F1-1、F1-3，根据数据判断故障为室内还是室外，如表 5.3 所示。

表 5.3　分线盘数据对应故障

分线盘	数据	故障范围
F1-5、F1-6	0 V	GJZ\GJF 至 F1-1\F1-3 部分
F1-1、F1-3	0 V	
F1-5、F1-6	0 V	室外部分故障
F1-1、F1-3	220 V	
F1-5、F1-6	18 V	F1-5\F1-6 至 TFQ 部分
F1-1、F1-3	220 V	

确定故障范围后采用交叉测量方式确定故障点，以 103 故障点为例：

测量 F1-5、F1-6，万用表数据为 0 V，测量 F1-1、F1-3，万用表数据为 220 V，判断故障为室外断线。测量任一箱盒箱边电压，若有电压，为送端故障，无电压，为受端故障。测受端 XB 箱内轨道变压器I次侧电压，有电压，故障点在 103 或 104，最后测量 XB 箱内轨道变压器Ⅱ1 和 1 端子，数据为 0 V，判断故障点为 103。

二、调相防雷器（TFQ）至接收器（GJS1、GJS2）部分断线（交流）

现象：GJS1、GJS2 有一个绿灯灭灯，另一个正常。

测量：依据现象分析，接收器绿灯灭灯，表示该接收器电路出现故障。以 110 故障点为例，GJS1 绿灯正常，GJS2 绿灯灭灯，测量 TFQ_{62} 与 $GJS2_{73}$，万用表数据为 0 V，则判断 110 出现断线故障。

（三）接收器向 GJ 部分断线（直流）

现象：GJS1、GJS2 绿灯均正常，控制台对应轨道区段出现红光带，GJ 落下。

测量：以 115 故障点为例，先测量 01-11、GJ_4，万用表数据为 0 V，再测 01-12、GJ_1，万用表数据为 0 V，则判断 115 出现断线故障。

任务实施

利用电压法完成轨道电路断线故障处理，故障处理时间 10 min，包含 3 个故障点。

任务评价

轨道电路断线故障处理任务评分表见表 5.4。

表 5.4　轨道电路故障处理评分表

顺序	操作步骤	分数	考核标准	扣分分值
1	办理请点手续。 号工请点："您好，我是故障处理的负责人，申请在 X X 对 X X 设备进行检修作业，要点 10 分钟，现办理施工请点。" 考评人员回复："同意请点，可以作业。"	15	未请点或用语错误，扣 15 分	
2	正确使用仪器仪表	10	仪器仪表量程、挡位操作错误 1 次扣 2 分	
3	故障处理	45	正确排查 3 个故障点得 45 分，错查或放弃 1 个故障点扣 15 分	
4	故障处理完毕，做好三清工作	15	人员、工器具已出清，设备复原，出现一处扣 5 分	
5	办理销点手续。 信号工销点："您好，我是故障处理的负责人，检修作业已结束，人员、工器具已出清，设备已恢复正常，现办理施工销点。"	15	缺该步骤，扣 15 分	
合计		100		

注：考试过程中出现损坏仪表、设备等情况，该次考试计 0 分。

任务三　屏蔽门电路断线故障处理

任务导入

通过对城市轨道交通车站屏蔽门电路断线故障处理方法的学习，让学生掌握屏蔽门电路断线故障处理方法，能采用电压法独立完成屏蔽门电路断线故障处理，具备屏蔽门电路故障判断、故障诊断与故障修复的能力。

相关知识

设置屏蔽门的主要目的是防止人员跌落轨道发生意外事故，降低车站空调通风系统的运行能耗，同时减少列车运行噪声和活塞风对车站的影响，为乘客提供一个安全、舒适的候车环境，避免因站台事故而延误运营，提高轨道交通的服务水平，为轨道交通系统实现无人驾驶创造必要条件。

屏蔽门电路分为驱动采集电路和动作电路，如图 5.7、图 5.8 所示。

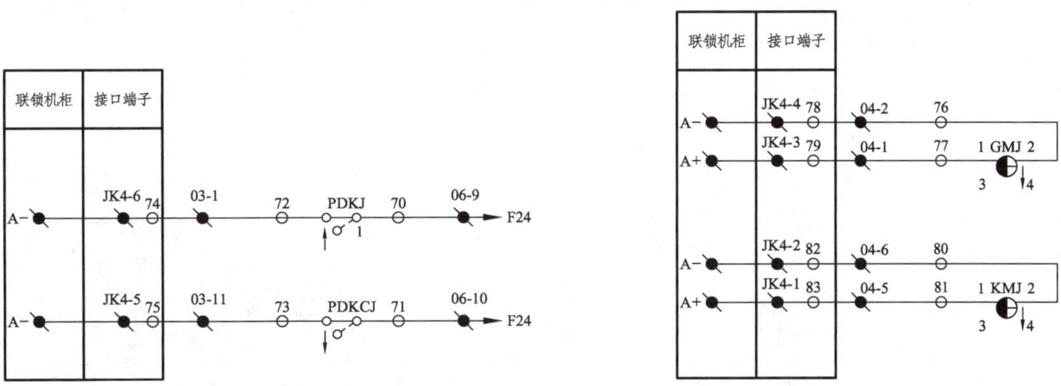

（a）屏蔽门采集电路　　　　（b）屏蔽门驱动电路

图 5.7　屏蔽门驱动采集电路

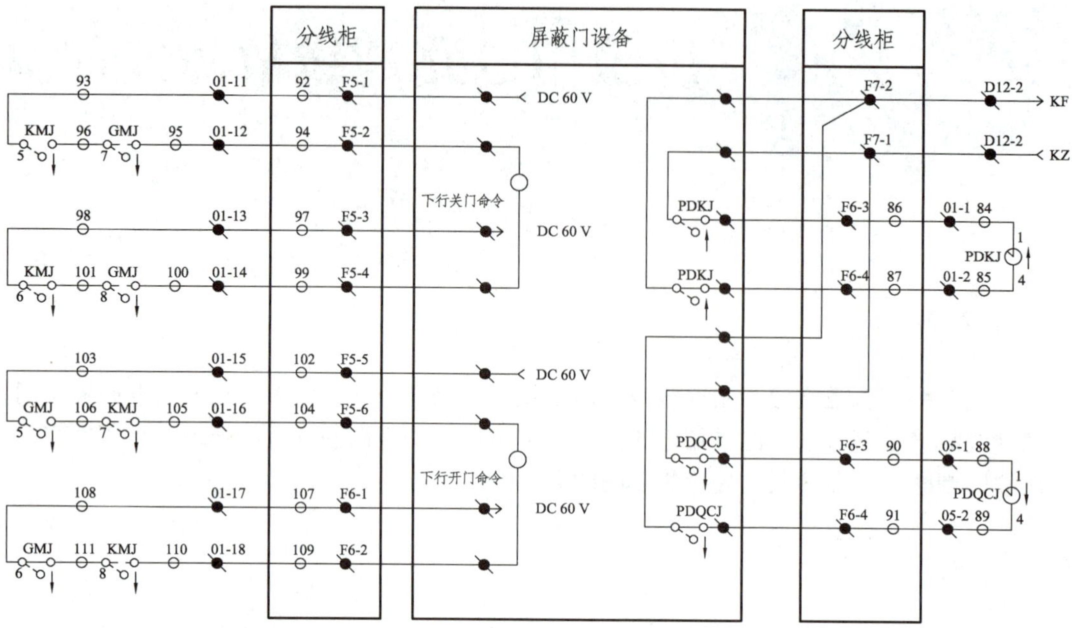

图 5.8 屏蔽门动作电路

一、屏蔽门电路断线故障现象

屏蔽门正常情况下与车门开关联动，在故障修复时可以在 IBP 盘上通过开门、关门按钮操作。正常电路动作顺序为：按压关门按钮→GMJ（关门继电器）吸起→关门命令电路接通→屏蔽门关门。

屏蔽门继电器缩写词与名称对照如表 5.5 所示。

表 5.5 屏蔽门继电器缩写词与名称对照

缩写词	名称
KMJ	开门继电器
GMJ	关门继电器
PDKJ	关门且锁紧继电器
PDQCJ	屏蔽门切除继电器

屏蔽门故障现象如表 5.6 所示。

表 5.6 屏蔽门故障现象

序号	操作	现象	故障电路
1	屏蔽门处于关门状态	PDKJ 继电器落下	PDKJ 电路
2	按压开门/关门按钮	KMJ/GMJ 未动作	驱动电路
3	按压开门/关门按钮	KMJ/GMJ 吸起，但屏蔽门未动作	KMJ/GMJ 命令电路
4	将地控制盘 PSL 上就地控制开关旋转至就地状态	PDQCJ 落下	PDQCJ 电路

续表

序号	操作	现象	故障电路
5	按压开门/关门按钮	开关门均正常动作且关门状态下PDKJ 继电器正常吸起	采集电路

二、屏蔽门电路分析

GMJ 驱动电路：A+—JK4-3—04-1—GMJ_{1-2}—04-2—JK4-4—A-。

KMJ 驱动电路：A+—JK4-1--04-5—KMJ_{1-2}—04-6—JK4-2—A-。

关门命令电路：DC 60 V—F5-1—01-11—KMJ_{51-53}—GMJ_{71-72}—01-12—F5-2—关门命令—F5-4—01-14—GMJ_{82-81}—KMJ_{63-61}—01-13—F5-3—DC 60 V。

开门命令电路：DC60V—F5-5—01-15—GMJ_{51-53}—KMJ_{71-72}—01-16—F5-6—开门命令—F6-2—01-18—KMJ_{82-81}—GMJ_{63-61}—01-17—F6-1—DC 60 V。

PDKJ 自闭电路：KZ—D12-1—F7-1—PDKJ—F6-3—01-1—$PDKJ_{1-4}$—01-2—F6-4—PDKJ—F7-2—KF。

PDQCJ 自闭电路：KZ—D12-1—F7-1—PDQCJ—F6-5—05-1—$PDQCJ_{1-4}$—05-2—F6-6—PDQCJ—F7-2—KF。

PDKJ 采集电路：F24—06-9—$PDKJ_{11-12}$—03-1—JK4-6—A-。

PDQCJ 采集电路：F24—06-10—$PDQCJ_{11-12}$—03-11—JK4-5—A-。

三、屏蔽电路故障处理

通过操作按钮对屏蔽门进行开关门操作，对照表 5.6 观察继电器与屏蔽门动作状态，确认故障电路范围后用电压法进行故障处理。

以 96 号故障点为例：

现象：屏蔽门处于开门状态时，按压关门按钮，GMJ 正常吸起，屏蔽门未动作，确定故障电路为关门命令电路。

测量：万用表调整至合适挡位，用万用表测量需一直按压关门按钮（混合采用电阻法则不需要，但本次培训为了保证设备正常，统一采用电压法进行故障处理）。首先测 F5-1、F5-2，万用表数据为 60 V，接下来测量 01-11、01-12，万用表数据为 60 V，再测量 01-11、GMJ_{71}，万用表数据为 60 V，再测量 01-11、KMJ_{51}，万用表数据为 0 V，确认故障点为 96 号。

任务实施

利用电压法完成屏蔽门电路断线故障处理，故障处理时间 10 min，包含 3 个故障点。

任务评价

屏蔽门电路断线故障处理任务评分表见表 5.7。

表 5.7　屏蔽门电路故障处理评分表

顺序	操作步骤	分数	考核标准	扣分分值
1	办理请点手续。 号工请点："您好，我是故障处理的负责人，申请在 X X 对 X X 设备进行检修作业，要点 10 分钟，现办理施工请点。" 考评人员回复："同意请点，可以作业。"	15	未请点或用语错误，扣 15 分	
2	正确使用仪器仪表	10	仪器仪表量程、挡位操作错误 1 次扣 2 分。	
3	故障处理	45	正确排查 3 个故障点得 45 分，错查或放弃 1 个故障点扣 15 分	
4	故障处理完毕，做好三清工作	15	人员、工器具已出清，设备复原，出现一处扣 5 分	
5	办理销点手续。 信号工销点："您好，我是故障处理的负责人，检修作业已结束，人员、工器具已出清，设备已恢复正常，现办理施工销点。"	15	缺该步骤，扣 15 分	
合计		100		

注：考试过程中出现损坏仪表、设备等情况，该次考试计 0 分。

任务四　四线制转辙机控制电路断线故障处理

任务导入

通过对四线制转辙机电路断线故障处理方法的学习，让学生掌握四线制转辙机电路断线故障处理方法，能采用电压法独立完成四线制转辙机电路断线故障处理，具备四线制转辙机电路故障判断、故障诊断与故障修复的能力。

相关知识

我们常见的直流转辙机就是四线制转辙机，例如 ZD6、ZD9、ZY4 等。四线制转辙机电路由启动电路和表示电路两部分组成，电路图如图 5.9 所示。

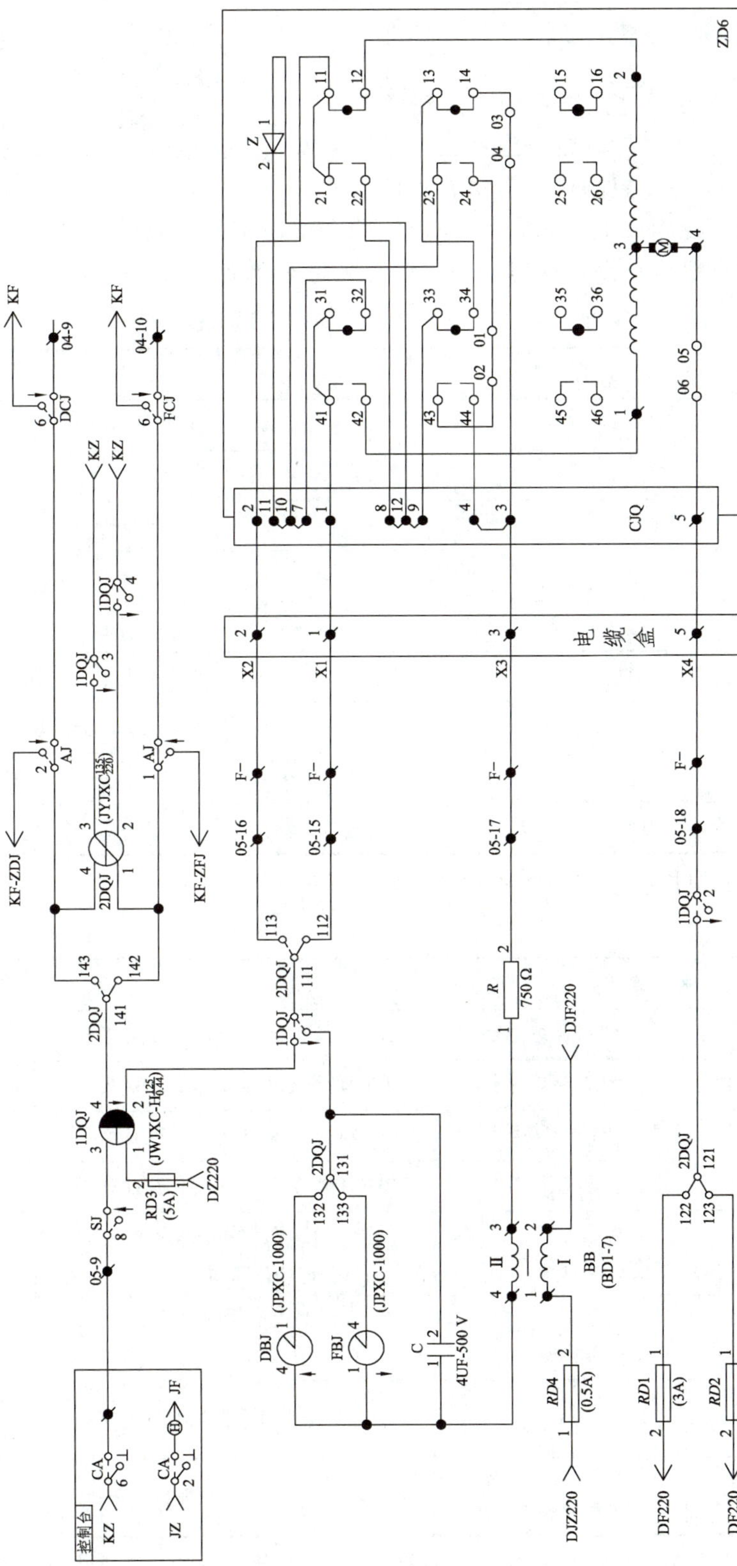

图 5.9　四线制转辙机控制电路

一、四线制转辙机电路断线故障现象

微课：偏极继电器动作原理　　微课：有极继电器工作原理

转辙机状态可通过控制台观察。正常情况下，转辙机处于定位，控制台上道岔编号显示绿色，转辙机处于反位，控制台上道岔编号显示黄色，可通过操作控制台上“总定”“总反”两个按钮实现转辙机在定反位之间转换。

四线制转辙机电路涉及继电器缩写词与名称对照如表 5.8 所示。

表 5.8　转辙机控制电路继电器缩写词与名称对照

缩写	名称
1DQJ	1 道岔启动继电器
2DQJ	2 道岔启动继电器
DCJ	定操继电器
FCJ	反操继电器
SJ	锁闭继电器
DBJ	定位表示继电器
FBJ	反位表示继电器
BB	表示变压器
BD	表示电源

四线制转辙机控制电路断线故障现象如表 5.9 所示。

表 5.9　故障现象表

序号	操作	现象	故障电路
1	未操作转辙机，控制台编号红闪	2DQJ 处于定位状态，DBJ 吸起	DBJ 采集电路
2	未操作转辙机，控制台编号红闪	2DQJ 处于反位状态，FBJ 吸起	FBJ 采集电路
3	未操作转辙机，控制台编号红闪	2DQJ 处于定位状态，DBJ 落下	DBJ 电路
4	未操作转辙机，控制台编号红闪	2DQJ 处于反位状态，FBJ 落下	FBJ 电路
5	道岔处于定位（反位），利用总反（总定）按钮单操道岔	控制台上道岔编号未变化，且 FCJ/DCJ 未动作	驱动电路
6	道岔处于定位（反位），利用总反（总定）按钮单操道岔	控制台上道岔编号无变化，且 1DQJ 未动作	1DQJ 励磁电路
7	道岔处于定位（反位），利用总反（总定）按钮单操道岔	控制台上道岔编号先红闪后恢复正常	2DQJ 电路
8	道岔处于定位（反位），利用总反（总定）按钮单操道岔	控制台上道岔编号一直红闪不恢复	1DQJ 自闭电路

2DQJ 继电器是有极型继电器，具有极性保持特点。2DQJ 定位状态时接通前接点，反位状态时接通后接点。

二、四线制转辙机控制电路分析

微课：继电器自闭电路

（一）启动电路分析

（1）定转反时，转辙机初始状态为定位状态，此时转辙机 2DQJ 处于定位状态（接通前接点），自动开闭器接通 1、3 组接点。

1DQJ 励磁电路：KZ—CA$_{61-62}$—05-9—SJ$_{81-82}$—1DQJ$_{3-4}$—2DQJ$_{141-142}$—AJ$_{11-13}$—FCJ$_{61-62}$—KF。

2DQJ 电路：KZ—1DQJ$_{41-42}$—2DQJ$_{1-2}$—AJ$_{11-13}$—FCJ$_{61-62}$—KF。

1DQJ 自闭电路：DZ220—RD3$_{1-2}$—1DQJ$_{1-2}$—1DQJ$_{12-11}$—2DQJ$_{111-113}$—05-16—F—HZ-2—2—11-12—2—3—4—05-06—5—HZ-5—F—05-18—1DQJ$_{21-22}$—2DQJ$_{121-123}$—RD2$_{1-2}$—DF220。

（2）反转定时，转辙机初始状态为反位状态，此时转辙机 2DQJ 处于反位状态（接通后接点），自动开闭器接通 2、4 组接点。

1DQJ 励磁电路：KZ—CA$_{61-62}$—05-9—SJ$_{81-82}$—1DQJ$_{3-4}$—2DQJ$_{141-143}$—AJ$_{21-23}$—DCJ$_{61-62}$—KF。

2DQJ 电路：KZ—1DQJ$_{31-43}$—2DQJ$_{3-4}$—AJ$_{21-23}$—DCJ$_{61-62}$—KF。

1DQJ 自闭电路：DZ220—RD3$_{1-2}$—1DQJ$_{1-2}$—1DQJ$_{12-11}$—2DQJ$_{111-112}$—05-15—F—HZ-1—1—41-42—1—3—4—05-06—5—HZ-5—F—05-18—1DQJ$_{21-22}$—2DQJ$_{121-122}$—RD1$_{1-2}$—DF220。

（二）表示电路分析

表示电路电源为表示电源，其中 DJZ、DJF 是交流 220 V，送到 BB 上，经过 2∶1 的降压，将 AC 110 V 电压从 3、4 端子送到表示电路中，四线制转辙机表示电路中二极管与继电器串联。

DBJ 电路：BD1-7 端子 3—R$_{1-2}$—05-17—F—HZ-3—3—04-03—14-13—34-33—9—12—Z_{1-2}—11—7—32-31—41—1—HZ-1—F—05-15—2DQJ$_{112-111}$—1DQJ$_{11-13}$—2DQJ$_{131-132}$—DBJ$_{1-4}$—BD1-7 端子 4。

FBJ 电路：BD1-7 端子 4—FBJ$_{1-4}$—2DQJ$_{133-131}$—1DQJ$_{11-13}$—2DQJ$_{111-113}$—05-16—F—HZ-2—2—11—21-22—8—12—Z$_{1-2}$—11—10—23-24—01-02—43-44—4—3—HZ-3—F—05-17—R$_{2-1}$—BD1-7 端子 3。

三、四线制转辙机控制电路断线故障处理

（一）启动电路故障处理

可通过表 5.9 通过故障现象确定故障电路，然后利用电压法进行故障处理。以定转反 2DQJ 电路断线故障为例，红表笔放至 KZ，黑表笔放至 1DQJ$_{42}$ 接点，控制台操作道岔，万用表数据为 0 V，将黑表笔移动至 2DQJ$_{2}$，控制台操作道岔，万用表数据为 24 V，故障为 1DQJ$_{42}$ 至 2DQJ$_{2}$ 连接导线开路。

（二）表示电路故障处理

可通过表 5.9 通过故障现象确定故障电路，然后利用电压法进行故障处理。以 DBJ 电路断线故障为例，首先测分线盘 1、3 线，万用表数据为 110 V，故障为室外断线，万用表数据为 0 V，故障为室内断线，后续测量方法与启动电路一致，确定室内外后，借表示电源进行测量，直至最终确定断线位置。

任务实施

利用电压法完成四线制转辙机控制电路断线故障处理，故障处理时间 10 min，包含 3 个故障点。

任务评价

四线制转辙机控制电路断线故障处理任务评分表见表 5.10。

表 5.10　四线制转辙机控制电路故障处理评分表

顺序	操作步骤	得分	考核标准	扣分分值
1	办理请点手续。 号工请点：“您好，我是故障处理的负责人，申请在ＸＸ对ＸＸ设备进行检修作业，要点 10 分钟，现办理施工请点。” 考评人员回复：“同意请点，可以作业。”	15	未请点或用语错误，扣 15 分。	
2	正确使用仪器仪表	10	仪器仪表量程、挡位操作错误 1 次扣 2 分。	
3	故障处理	45	正确排查 3 个故障点得 45 分，错查或放弃 1 个故障点扣 15 分。	
4	故障处理完毕，做好三清工作	15	人员、工器具已出清，设备复原，出现一处扣 5 分。	
5	办理销点手续。 信号工销点：“您好，我是故障处理的负责人，检修作业已结束，人员、工器具已出清，设备已恢复正常，现办理施工销点。”	15	缺该步骤，扣 15 分。	
合计		100		

注：考试过程中出现损坏仪表、设备等情况，该次考试计 0 分。

任务五　五线制转辙机控制电路断线故障处理

任务导入

通过对五线制转辙机电路断线故障处理方法的学习，让学生掌握五线制转辙机电路断线故障处理方法，能采用电压法独立完成五线制转辙机电路断线故障处理，具备五线制转辙机电路故障判断、故障诊断与故障修复的能力。

相关知识

五线制转辙机电路由驱动采集电路、启动电路和表示电路组成，电路图如图 5.10 ~ 图 5.12 所示。本设备转辙机为反转转辙机，转辙机在定位时，自动开闭器接通 2、4 组接点，转辙机在反位时，自动开闭器接通 1、3 组接点。

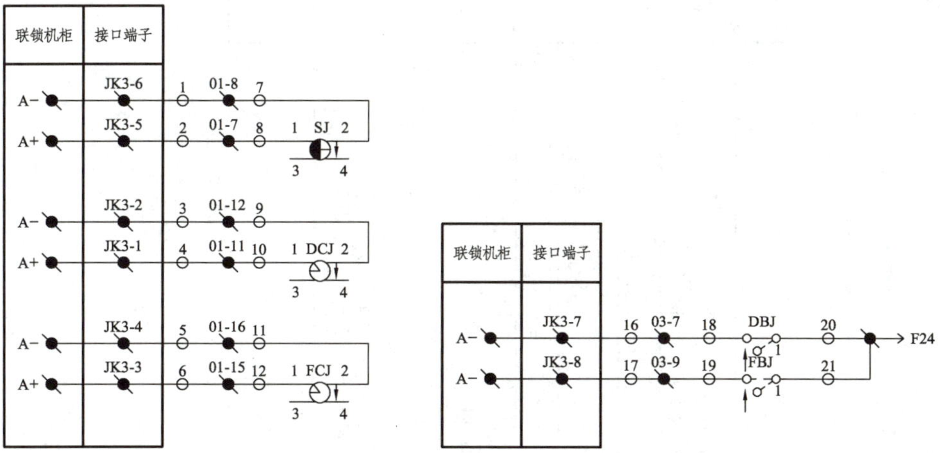

图 5.10　五线制转辙机驱动采集电路

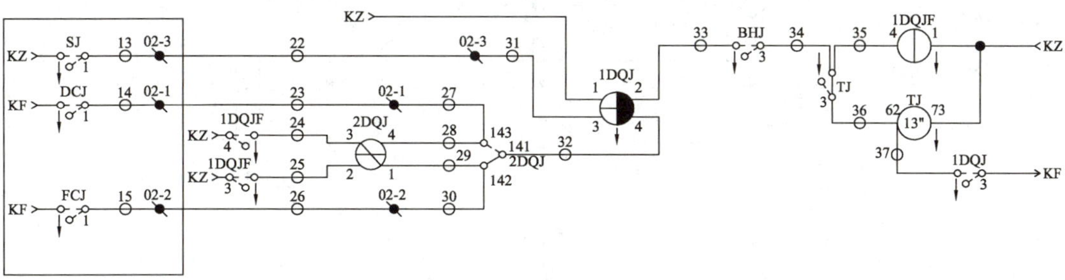

图 5.11　五线制转辙机启动电路（部分）

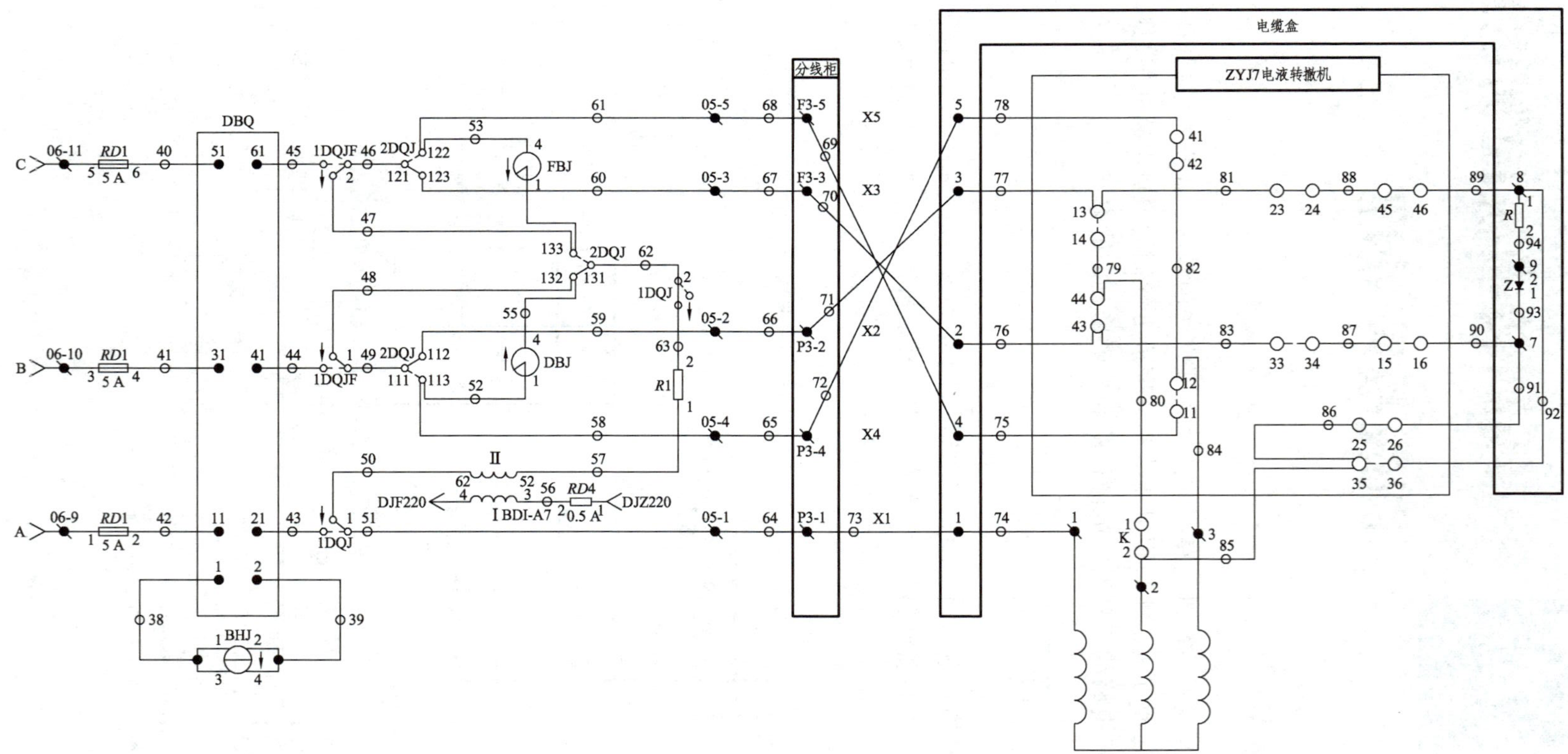

图 5.12 五线制转辙机启动电路与表示电路

一、五线制转辙机电路断线故障现象

转辙机状态可通过控制台观察。正常情况下，转辙机处于定位，控制台上道岔编号显示绿色，转辙机处于反位，控制台上道岔编号显示黄色，可通过操作控制台上“总定”“总反”两个按钮实现转辙机在定反位之间转换。五线制转辙机控制电路相对于四线制转辙机控制电路多了 1DQJF、TJ 与 DBQ，其中 TJ 是时间型继电器，通电以后开始计时，不会立即吸起，计时 13 s 后才会吸起，其作用是在转辙机转换受阻时，切断 1DQJ 自闭电路，保证电动机不会损坏。

线制转辙机控制电路断线故障现象如表 5.11 所示。

表 5.11　故障现象表

序号	操作	现象	故障电路
1	未操作转辙机，控制台编号红闪	2DQJ 处于定位状态，DBJ 吸起	DBJ 采集电路
2	未操作转辙机，控制台编号红闪	2DQJ 处于反位状态，FBJ 吸起	FBJ 采集电路
3	未操作转辙机，控制台编号红闪	2DQJ 处于定位状态，DBJ 落下	DBJ 电路
4	未操作转辙机，控制台编号红闪	2DQJ 处于反位状态，FBJ 落下	FBJ 电路
5	道岔处于定位（反位），利用总反（总定）按钮单操道岔	控制台上道岔编号无变化，且 FCJ/DCJ 未动作	驱动电路
6	道岔处于定位（反位），利用总反（总定）按钮单操道岔	控制台上道岔编号未变化，且 1DQJ 未动作	1DQJ 励磁电路
7	道岔处于定位（反位），利用总反（总定）按钮单操道岔	控制台上道岔编号先红闪后恢复，且 1DQJ 正常动作、1DQJF 未动作	1DQJF 励磁电路
8	道岔处于定位（反位），利用总反（总定）按钮单操道岔	控制台上道岔编号先红闪后恢复正常，且 1DQJF 正常动作、2DQJ 未转极	2DQJ 电路
9	道岔处于定位（反位），利用总反（总定）按钮单操道岔	控制台上道岔编号一直红闪不恢复，且 BHJ 未动作	A、B、C 三相电断相
10	道岔处于定位（反位），利用总反（总定）按钮单操道岔	控制台上道岔编号一直红闪不恢复，且 BHJ 先吸起后落下	1DQJ 自闭电路

二、五线制转辙机控制电路分析

（一）启动电路分析

定位向反位启动由 X_1、X_3、X_4 三线控制，反位向定位启动由 X_1、X_2、X_5 三线控制。

（1）定转反时，转辙机初始状态为定位状态，此时转辙机 2DQJ 处于定位状态（接通前接点），自动开闭器接通 2、4 组接点。

SJ 驱动电路：A+—JK3-5—01-7—$SJ_{1\text{-}2}$—01-8—JK3-6—A-。

FCJ 驱动电路：A+—JK3-3—01-15—FCJ_{1-2}—01-16—JK3-4—A-。

1DQJ 励磁电路：KZ—SJ_{12-11}—02-3—02-3—$1DQJ_{3-4}$—$2DQJ_{141-142}$—02-2—02-2—FCJ_{11-12}—KF。

1DQJF 励磁电路：KZ—$1DQJF_{1-4}$—TJ_{33-31}—TJ_{62}—$1DQJ_{32-31}$—KF。

TJ 电路：KZ—TJ_{73-62}—$1DQJ_{32-31}$—KF。

2DQJ 电路：KZ—$1DQJF_{31-32}$—$2DQJ_{1-2}$—$2DQJ_{142}$—02-2—02-2—FCJ_{11-12}—KF。

A 相：A 相—06-9—$RD1_{1-2}$—DBQ_{11-21}—$1DQJ_{12-11}$—05-1—F3-1—1—电动机线圈 W。

B 相：B 相—06-10—$RD1_{3-4}$—DBQ_{31-41}—$1DQF_{12-11}$——$2DQJ_{111-113}$—05-4—F3-4—5—41-42—12—电动机线圈 V。

C 相：C 相—06-11—$RD1_{5-6}$—DBQ_{51-61}—$1DQJF_{22-21}$——$2DQJ_{121-123}$—05-3—F3-3—2—43-44—K_{1-2}—电动机线圈 U。

1DQJ 自闭电路：KZ—$1DQJ_{1-2}$—BHJ_{32-31}—TJ33-31—TJ_{62}—$1DQJ_{32-31}$—KF。

A、B、C 三相电开始送电，电动机开始工作时，经 DBQ 的 1、2 端子送出一个 DC 24 V 电至 BHJ 线圈，让 BHJ 吸起，再经过 BHJ 前接点去接通 1DQJ 自闭电路。

（2）反转定时，转辙机初始状态为反位状态，此时转辙机 2DQJ 处于反位状态（接通后接点），自动开闭器接通 1、3 组接点。

SJ 驱动电路：A+—JK3-5—01-7—SJ_{1-2}—01-8—JK3-6—A-。

DCJ 驱动电路：A+—JK3-1—01-11—DCJ_{1-2}—01-12—JK3-2—A-。

1DQJ 励磁电路：KZ—SJ_{12-11}—02-3—02-3—$1DQJ_{3-4}$—$2DQJ_{141-143}$—02-1—02-1—DCJ_{11-12}—KF。

1DQJF 励磁电路：KZ—$1DQF_{1-4}$—TJ_{33-31}—TJ_{62}—$1DQF_{32-31}$—KF。

TJ 电路：KZ—TJ_{73-62}—$1DQJ_{32-31}$—KF。

2DQJ 电路：KZ—$1DQJF_{41-42}$—$2DQJ_{3-4}$—$2DQJ_{143}$—02-1—02-1—DCJ_{11-12}—KF。

A 相：A 相—06-9—$RD1_{1-2}$—DBQ_{11-21}—$1DQJ_{12-11}$—05-1—F3-1—1—电动机线圈 W。

B 相：B 相—06-10—$RD1_{3-4}$—DBQ_{31-41}—1DQJF12-11—2DQJ111-112—05-2—F3-2—3—13-14—44—K_{1-2}—电动机线圈 U。

C 相：C 相—06-11—$RD1_{5-6}$—DBQ_{51-61}—$1DQJF_{22-21}$—$2DQJ_{121-122}$—05-5—F3-5—4—11-12—电动机线圈 V。

1DQJ 自闭电路：KZ—$1DQJ_{1-2}$—BHJ_{32-31}—TJ_{33-31}—TJ_{62}—$1DQJ_{32-31}$—KF。

（二）表示电路分析

定位表示电路由 X_1、X_2、X_4 三线控制，反位表示电路由 X_1、X_3、X_5 三线控制，五线制转辙机表示电路中二极管支路与继电器支路并联。

（1）定位表示电路。

继电器支路：BD1-A7 端子 62—$1DQJ_{13-11}$—05-1—F3-1—1—电动机线圈 W—电动机线圈 V—3—12—42-41—5—F3-4—05-4—$2DQJ_{113}$—DBJ_{1-4}—$2DQJ_{132-131}$—$1DQJ_{21-23}$—$R1_{2-1}$—BD1-A7 端子 52。

二极管支路：BD1-A7 端子 52—$R1_{1-2}$—$1DQJ_{23-21}$—$2DQJ_{131-132}$—1DQJF13-11—$2DQJ_{111-}$

$_{112}$—05-2—F3-2—3—13—23-24—45-46—8—R_{1-2}—9—Z_{2-1}—7—26-25—35—K_2—电动机线圈 U—电动机线圈 W—1—F3-1—05-1—$1DQJ_{11-13}$—BD1-A7 端子 62。

（2）反位表示电路。

继电器支路：BD1-A7 端子 52—$R1_{1-2}$—$1DQJ_{23-21}$—$2DQJ_{131-133}$—FBJ_{1-4}—$2DQJ_{122}$—05-5—F3-5—4—11-12—电动机线圈 V—电动机线圈 W—1—F3-1—05-1—$1DQJ_{11-13}$—BD1-A7 端子 62。

二极管支路：BD1-A7 端子 62—$1DQJ_{13-11}$—05-1—F3-1—1—电动机线圈 W—电动机线圈 U—K_2—35-36—8—R_{1-2}—9—Z_{2-1}—7—16-15—34-33—43—2—F3-3—05-3—$2DQJ_{123-121}$—$1DQJF_{21-23}$—$2DQJ_{133-131}$—$1DQJ_{21-23}$—$R1_{2-1}$—BD1-A7 端子 52。

三、五线制转辙机控制电路断线故障处理

五线制转辙机控制电路断线故障处理方法与四线制一致，本书不再赘述，但以下几点不同需特别注意。

（1）当定位表示电路故障时，需在分线盘分别测量 X_1-X_2、X_1-X_4 和 X_2-X_4 三个电压值，将电压值与表 5.12 对比，得出故障线路。

表 5.12　定位表示电路电压对照表

故障点	测试电压/V					
	X_1-X_2		X_1-X_4		X_2-X_4	
	交流	直流	交流	直流	交流	直流
室外 X_1 断	110	0	110	0	0	0
室外 X_2 断	110	0	0	0	110	0
室外 X_4 断	75	35	75	35	0	0
室内 X_1 断	0	0	0	0	0	0
室内 X_2 断	0	0	0	0	110	0
室内 X_4 断	75	35	0	0	75	35

当反位表示电路故障时，在分线盘分别测量 X_1-X_3、X_1-X_5 和 X_3-X_5 三个电压值，将电压值与表 5.13 对比，得出故障线路。

表 5.13　反位表示电路电压对照表

故障点	测试电压/V					
	X_1-X_3		X_1-X_5		X_3-X_5	
	交流	直流	交流	直流	交流	直流
室外 X_1 断	110	0	110	0	0	0
室外 X_3 断	110	0	0	0	110	0
室外 X_5 断	75	35	75	35	0	0
室内 X_1 断	0	0	0	0	0	0

续表

故障点	测试电压/V					
	X_1-X_3		X_1-X_5		X_3-X_5	
	交流	直流	交流	直流	交流	直流
室内 X_3 断	0	0	0	0	110	0
室内 X_5 断	75	35	0	0	75	35

（2）当启动电路故障出现在 A、B、C 三项送电部分，测试分线盘得出 12 V 或 24 V 数据时，故障点出现在 DBQ 前后，此时测量出来电压值为转辙机线圈绕阻电压。

任务实施

利用电压法完成五线制转辙机控制电路断线故障处理，故障处理时间 10 min，包含 3 个故障点。

任务评价

五线制转辙机控制电路断线故障处理任务评分表见表 5.14。

表 5.14　五线制转辙机控制电路故障处理评分表

顺序	操作步骤	得分	考核标准	扣分分值
1	办理请点手续。 号工请点："您好，我是故障处理的负责人，申请在 X X 对 X X 设备进行检修作业，要点 10 分钟，现办理施工请点。" 考评人员回复："同意请点，可以作业。"	15	未请点或用语错误，扣 15 分。	
2	正确使用仪器仪表	10	仪器仪表量程、挡位操作错误 1 次扣 2 分。	
3	故障处理	45	正确排查 3 个故障点得 45 分，错查或放弃 1 个故障点扣 15 分。	
4	故障处理完毕，做好三清工作	15	人员、工器具已出清，设备复原，出现一处扣 5 分。	
5	办理销点手续。 信号工销点："您好，我是故障处理的负责人，检修作业已结束，人员、工器具已出清，设备已恢复正常，现办理施工销点。"	15	缺该步骤，扣 15 分。	
合计		100		

注：考试过程中出现损坏仪表、设备等情况，该次考试计 0 分。

06 项目六 现场施工及配线

项目描述

本项目是整个信号工程中的施工环节，它是指根据设计文件和相关规定对站内及区间信号设备进行安装和调试等工作，并且满足其技术要求。信号施工质量将直接影响车站甚至是整条线路的运行安全和效率。

学习目标

◎技能目标

（1）能够读懂信号标识、能够统计信号设备数量。

（2）能够认识室外信号设备，进行信号设备位置定测，能够进行设备安装。

（3）能够根据电缆径路图进行站场电缆布放及室外箱盒配线。

（4）能够认识室内信号设备，设计室内信号设备布置图，能够进行设备安装、布线及配线。

◎知识目标

（1）掌握双线图和信号设备平面布置的原则。

（2）掌握信号设备施工的标准、施工方法及安全注意事项。

（3）掌握电缆径路图的设计原则及箱盒配线方法。

（4）掌握室内配线图的识图方法。

任务一 信号图册识图

任务导入

通过对图册的学习掌握车站双线轨道图、车站信号设备平面布置图、信号平面布置图、车站电缆径路图、室内机柜布置图的设计原则。能够通过图册了解室内外信号设备，实现信号设备数量的核算、安装、位置的定测、电缆统计及布放。

相关知识

施工图纸和设计说明书是施工过程最重要的依据。收到施工蓝图后，首先要认真核对图纸，对设计图纸和有关标准图的内容、施工说明及各张图纸之间的关系，要进行从个别到综合的熟悉，以充分掌握设计意图、了解工程全貌。

在读图过程中，对图纸的疑点、矛盾、差错等问题，要随时做好记录，以便在图纸会审时提出，求得妥善解决。读图的同时，还要熟悉施工组织设计，并深入施工现场，了解现场实际情况，例如区间线路类型、车站位置、站房位置等。

微课：调车信号机的设置

一、站场图识图

（一）车站信号设备平面图

车站信号设备平面布置图是车站信号工程施工的基础性图纸（图纸见本书附图I-01）。依照规定，北京方向绘制在图纸左侧，其他方向绘制在图纸右侧；北京方向为小里程，其他方向为大里程；离开北京为下行，去往北京为上行。

（1）信号楼标注在平面图上方或下方，信号楼坐标为车站中心里程，其里程标为距离起点站的距离，以举例站为例，车站中心里程为 K76 + 106，距离起点站北京北站 76.106 km。

（2）车站线路应以箭头表示其接车方向，双向运行时，实心箭头为正方向，空心箭头为反方向。

（3）平面图中道岔为定位状态，并标出每组道岔的编号及岔尖距离信号楼中心里程的距离；本站所用的道岔为 18 号道岔（客专线〔07〕009），钢轨类型为 60 kg/m，所用转辙机类型：尖轨部分为 ZYJ7 + SH6 + SH6，心轨部分为 ZYJ7 + SH6。

（4）信号机包括其编号、灯光配置、机构类型、高柱或矮柱及其坐标。

（5）车站轨道区段划分通过机械绝缘节实现，绝缘节坐标参考信号机，对于不与信号机并置的绝缘节需单独标注其距离信号楼中心里程的坐标；如绝缘节为侵限绝缘，应用圆圈标出，将其纳入联锁。

（6）如果警冲标与信号机位置及侵限绝缘位置有关，需标注其坐标。

（7）如果进站信号机外方制动距离内接车方向为平均换算坡度大于 6‰的下坡道，办理进路需增加延续进路。

（8）平面图中还包括站台位置、宽度、长度、线路距离及信号楼外墙距最近线路的中心距离。

（9）空心三角为无源应答器，实心三角为有源应答器，每个应答器组或单独应答器标注了其距离信号楼中心里程的距离；应答器组内，有源应答器和无源应答器之间相距 5 m（正方向偏差最大 0.5 m，负方向 0 m）。

（10）平面图中所标注长度 L 为相邻近的绝缘节到绝缘节、绝缘节到道岔岔尖及道岔岔尖之间的距离；各股道长度为出站信号机对应绝缘节之间的距离。

（11）进站信号机距离最近的道岔岔尖不少于 50 m，本站出站信号机距离警冲标距离为 30 m。

（12）坐标计算。

① 例：3 号道岔坐标岔尖距离信号楼中心里程 381 m，3 号道岔在信号楼的北京方向，属小里程，其岔尖坐标为 K75＋725（76.106 千米减 0.381 千米）。

② 例：XI 出发信号机距离信号楼中心里程 395 m，XI 信号机在信号楼的张家口方向，属大里程，其坐标为 K76＋501（76106 米加 395 米）。

③ 一般规定：X、XN 方向为下行咽喉，道岔号及信号机编号为奇数，越靠近信号楼编号越大；同理 S、SN 方向为上行咽喉，道岔号及信号机编号为偶数，越靠近信号楼编号越大。

（二）车站双线轨道图

车站双线轨道图主要展示站内轨道电路设备的型号、位置，电容、跳线分支并联线的布置原则，道岔牵引点组成，线路走向等。双线图是电务工作人员核对信号设备数量的依据，用于指导电务工程的设计和施工。（图纸见本册附图I-02）。

图例说明：

（1）BE：带适配器（需与所在轨道区段载频一致）的扼流变压器，用于站内轨道电路的发送、接收端及需要设置空扼流变压器导通牵引电流的无道岔分支末端。其作用是降低不平衡牵引电流在扼流变压器两端产生的 50 Hz 电压，并导通钢轨内的牵引电流。适配器与扼流变压器配套使用，对于牵引电流呈现较低的阻抗，在最大的不平衡牵引电流条件下，牵引电流在扼流变压器上产生的 50 Hz 电压不大于 2.4 V，而对于移频信号呈现较高阻抗，在规定的使用条件下小于 17 Ω。

（2）BEK：空扼流变压器，主要用于区间 ZPW-2000A 无绝缘轨道电路区段，需要将牵引回流线或保护线引入钢轨的地方，及其上、下行线路间横向连接线的地方，以平衡牵引电流，使之不影响轨道电路的正常工作。在不大于规定的不平衡牵引电流条件下，空扼流变压器对于轨道电路信号的阻抗不小于 17 Ω。

（3）BP：匹配单元，全称无绝缘移频自动闭塞防雷匹配变压器（以下简称匹配单元），适用于 ZPW-2000A 型无绝缘移频自动闭塞区段，用于实现 SPT 铁路数字信号电缆与钢轨之间的匹配连接及钢轨和室内设备之间的电气隔离。匹配变压器设有防雷单元，对钢轨引入的雷电进行横向防护。

（4）XP：调谐匹配单元和机械绝缘节空心线圈。

① 调谐匹配单元的作用是实现相邻区段信号的隔离和本区段信号的稳定输出。这是通过调谐部分形成相邻区段载频的短路，与调谐区内钢轨电感（或机械绝缘节处的机械绝缘节扼流空心线圈）形成并联谐振来实现的。此外，匹配部分则主要实现钢轨阻抗和电缆阻抗的连接，以确保轨道电路信号的有效传输。

② 机械绝缘节空心线圈，设置于无绝缘移频自动闭塞设备区段的机械绝缘节处，用于平衡钢轨中的牵引电流，减少工频谐波对轨道电路设备的影响，保证调谐区的工作稳定性。

③ 当相同频率的机械绝缘节空心线圈和调谐匹配单元相并联时，其等效电路对本频率构成并联谐振，呈现较高阻抗，获得与电气绝缘节“极阻抗”相同的效果，减少了对本区段信号的衰耗。

（5）TB：补偿调谐单元，由于调谐设备故障在区段占用时无法检查，可能出现防护功能丧失的情况，因此需在股道内设置第二道防护措施：增设补偿调谐单元，对邻区段信号呈零阻抗、实现“短路”功能，对本区段信号等效为 25 μF 电容，可替代股道内的首、末补偿电容器。

（6）轨道设备连接。

轨道区段（调谐）匹配单元、空心线圈连接钢轨的引接线均为有绝缘护套的 95 mm² 的钢包铜引接线，引接线与钢轨采用塞钉安装；扼流变压器钢轨引接线为扼流等阻线。

（7）补偿电容设置。

① 站内各道岔区段或无岔区段长度≥300 m 时均需按等间隔装设补偿电容，设置方式如图 6.1 所示。补偿电容实际安装数量以及安装间距，应根据现场实际轨道区段长度及道砟电阻进行调整。道岔轨道区段≥300 m 时，需要根据道岔位置情况综合考虑。

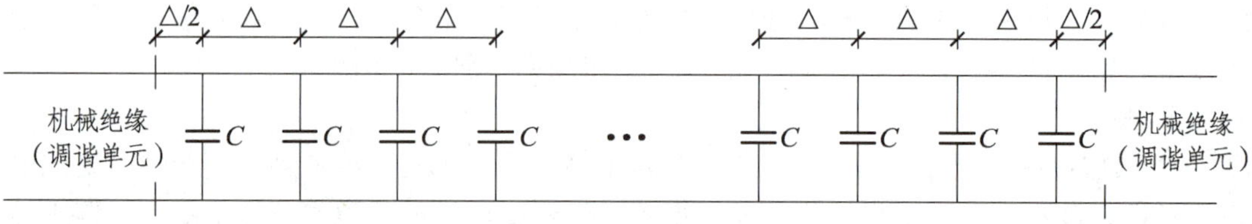

图 6.1 补偿电容布置说明图

补偿电容用于保证轨道电路传输距离，钢轨相当于电感负载，有较高的感抗值，通过分段补偿电容，减弱电感影响，保证轨道电路可靠传输距离。一般载频频率低，补偿电容容量大，最小道砟电阻低，补偿电容大。客专铁路选用 25 μF 的全密封补偿电容。

补偿电容在主轨道内采用“等间距法”布置，轨道电路两端按半步长（$\Delta/2$），中间采用全步长（Δ），安装位置的允许公差为：半间距 ± 0.25 m；全间距 ± 0.5 m；道岔岔心处 ± 10.0 m。

电容损坏可影响到轨道电路的安全性。电容在电路中还具有隔离作用，能够将不同电压之间的电路进行隔离，避免发生电压突变。如果电容损坏，这种隔离作用将减弱，可能导致电路中的电压不稳定，甚至引发电压突变，从而增加了电路故障的风险。此外，电容损坏还可能影响到轨道电路的工作状态。例如，在补偿电容的应用场景中，电容用于补偿因轨道电路过长及钢轨电感所造成的衰耗，改善轨道电路在钢轨上的传输性能。如果补偿电容损坏，将导致轨道电路的传输距离缩短，信号传输质量下降，甚至可能影响到机车信号的工作状态。

② 根据《中国铁路总公司关于开展 ZPW-2000A 站内一体化轨道电路绝缘破损防护安全专项整治工作的通知》要求，股道采取绝缘破损防护措施，具体做法如下：

股道区段配置的站内匹配单元更换为相应载频频率的机械节空芯线圈和调谐匹配单元。

取消各股道两端的第一个补偿电容，改为 TB 补偿调谐单元，其他补偿电容保持不变，如图 6.2 所示。

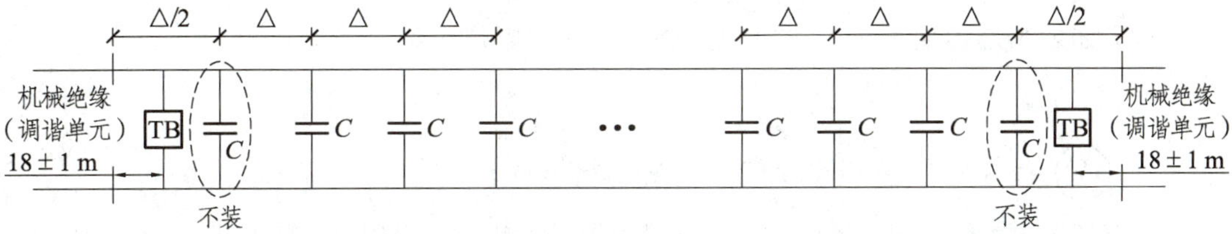

图 6.2　股道内增加 TB 电容布置说明图

（8）图中“ ”为 ZPW-2000 轨道电路道岔跳线示意，具体应按《客专轨道电路站内道岔区段跳线及分支并连线安装要求》（通设技术[2013]269 号）文执行。跳线及分支并连线设置方式如图 6.3 所示。

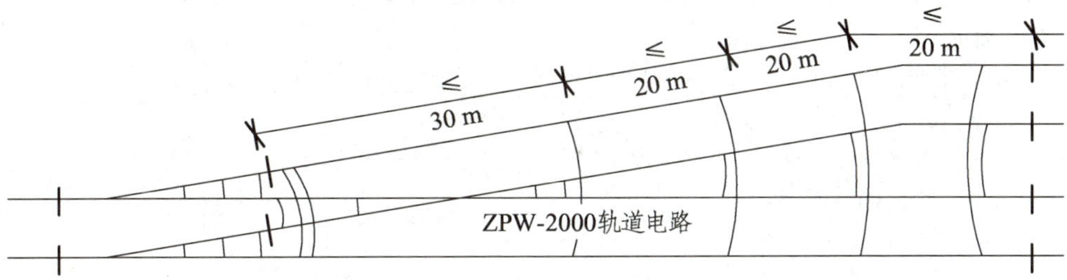

图 6.3　跳线及分支并连线图

道岔跳线和分支并联线是轨道电路中的重要连接线。它连接道岔防护部件和轨道电路，构成轨道电路的一个完整的闭合回路系统，确保信号能够准确、稳定地传输到轨道电路中，防止信号干扰和短路等故障的发生同时能够确保信号在传输过程中的稳定性和准确性，防止信号干扰和丢失。

（三）车站电缆径路图

通过电缆径路图我们可以了解轨道电路的发送与接收设备的布置，室外电缆网络连接的信号设备，电缆串接方式，电缆类型、芯数、长度等，是室外电缆工程的依据，其布置原则见图纸（本册附图 I-03）。

1. 电缆径路图说明

— ++ — +：表示移频受端及送端电缆。

—— ——：表示道岔电缆。

——···——：表示信号机电缆。

————————：表示应答器电缆，采用 LEU-BSYL23 型点式应答器数据传输电缆。

2. 电缆型号说明

（1）带“SPL”符号表示电缆采用 SPTYWLH23 型数字铝护套信号电缆。

（2）带“SPA”符号表示电缆采用 SPTYWAH23 型数字综合护套信号电缆。

（3）带“L”符号表示电缆采用 PTYLH23 型铝护套信号电缆。

（4）带“%”符号表示电缆采用 LEU-BSYL23 型点式应答器数据传输电缆。

（5）其余电缆采用 PTYA23 型综合护套信号电缆。

（6）如果车站为地下车站，电缆采用低烟无卤阻燃电缆。

3. 图例说明

（1）Ⓕ 表示为 ZPW-2000 型移频轨道电路的发码端。

（2）Ⓙ 表示为 ZPW-2000 型移频轨道电路的发码端，发码端、接收端均为平时状态，如改方则发送变接收，接收变发送。

（3）图中④⑦⑥⑫㉔分别对应 HF4、HF7、HZ6、HZ12、HZ24 终端盒，JCX 为道岔综合监测中继箱，采用 XB2。

（4）道岔均采用三相交流电液转辙机牵引，图 6.4 为五点牵引道岔电缆布置图，本图道岔均设置密贴检查器，每束道岔电缆设置两对道岔“缺口”检查芯线。

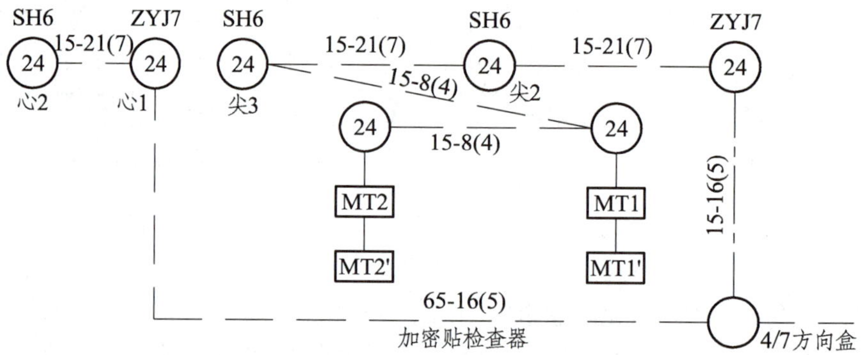

图 6.4　五点牵引加密贴检查器道岔电缆布置图

4. 站内电缆工程施工原则

（1）电缆敷设前，应严格按程序对相关工程施工的接口、作业面验收交接，并检查是否符合下列进场条件：

① 桥、隧、路基地段，同一区间的电缆槽及衔接部分的槽道（包括防水层）已同步建成并贯通。

② 同一区间预留的手孔（井）已完成，过轨管道与手孔（井）之间已连通，并预留钢丝保持管道畅通。

③ 桥、隧、路基地段，经过手孔、水沟、路堑、边坡到设备房电缆井的电缆槽、管道应贯通，并在路基、护坡形成前已完成。

④ 站台电缆槽及出口与相关通道同步建成并贯通；车站站台电缆槽至机械室电缆间

的引入槽道（或防护钢管）已同步形成。

⑤ 电缆引入信号设备机房（包括电缆井、引入通道等）具备电缆敷设。

⑥ 桥梁上预留的锯齿孔、电缆槽用爬架滑道齐全。

⑦ 信号设备房屋楼层间电缆爬架已完成。

（2）信号电缆敷设时应符合下列要求：

① 信号电缆与通信电缆同槽敷设时，信号电缆应敷设在靠线路一侧。

② 敷设前应清除沟、槽内杂物，对整个敷设区间电缆盖板进行排查，对电缆盖板进行整理，防止砸伤电缆。

③ 电缆敷设前，应再次确认电缆规格、型号及端别。敷设时引入室内侧为 B 端，室外设备侧 A 端，电缆按 A、B 端相接进行敷设。

④ 掀开盖板时，应将盖板堆放整齐、稳固，严禁侵入铁路建筑限界，恢复盖板时，应平搬平放，防止盖板砸伤电缆。

⑤ 采用人工敷设电缆时，严禁在地面拖拽电缆，不得出现背扣、急弯现象。

⑥ 防护管为钢管时，敷设前管口处应打磨光滑，防止电缆穿越时损伤电缆外护套。电力电缆、贯通地线和信号电缆应分管敷设。

⑦ 槽内同时敷设多条线缆时应互不交叉。

（3）信号电缆敷设的弯曲半径应符合下列要求：

① 综合护套信号电缆弯曲半径不得小于电缆外径的 15 倍。

② 内屏蔽数字电缆弯曲半径不得小于电缆外径的 20 倍。

③ 应答器数据传输电缆弯曲半径不得小于电缆外径的 20 倍。

④ 应答器尾缆弯曲半径不得小于电缆外径的 10 倍。

（4）室外电缆余留量应符合下列要求：

① 室外主干电缆采用直埋方式时每端余留量不得小于 2 m，采用电缆槽道时，留足一次做头余留量。50 m 以下的分支电缆长度可不作余留。

② 室外电缆进入室内的余留量不得小于 5 m。

③ 电缆地下接续时，接续点每端电缆留足一次接续的余留量。

④ 桥隧两端及线路两侧的手孔、人井处不留余留量。

⑤ 室外电缆余留采用专用模具进行盘留，应成“∽”形布放，轨道电路用数字电缆和应答器电缆严禁盘成闭合圈。

5. 电缆网络图

信号电缆网络图包含了大量的信息，如电缆的型号、规格、长度、连接方式，以及各个信号设备之间的连接关系等。对于铁路信号系统的安装、调试、维护和故障排查都至关重要。电缆网络图主要包含转辙机电缆网络图、信号机电缆网络图、轨道电路电缆网络图、应答器电缆网络图。

（1）转辙机电缆网络图以附图Ⅰ-03 中 C4 电缆为例，其型号为 PTYLH23 型铝护套信号电缆，长度 745 m，芯数 33 芯，实际使用 26 芯备用 7 芯。经信号楼出来后接 D-8 分线盒（7 方向），其距信号楼的中心里程 527 m，经 HF7 方向分线盒通过支线支线连接室外转辙机设备。支线电缆 1 为长 10 m、12 芯的 PTYA23 型电缆，连接缺口检测箱；支线电缆 2 为长 65 m、24 芯的 PTYA23 型电缆，连接 D-6 分线盒（4 方向）；支线电缆 3 为长 15 m、16 芯的 PTYA23 型电缆，连接 6#道岔尖轨 ZYJ7 终端盒（HZ24）；支线电缆 4 为长 65 m、16 芯的 PTYA23 型电缆，连接 6#道岔心轨 ZYJ7 终端盒（HZ24）。实际施工中 D-8 分线盒可以安装在心 1 轨位置，但是需注意增加支线电缆 3 的长度。

（2）信号机电缆网络图以附图I-03 中 X3 电缆为例，其型号为 PTYLH23 型铝护套信号电缆，长度 405 m，芯数 37 芯，实际使用 28 芯备用 9 芯，经信号楼出来后接 X-3 分线盒（7 方向），其距信号楼的中心里程 195 m，经 HF7 方向分线盒通过支线支线连接室外信号机设备。支线电缆 1 为长 15 m、14 芯的 PTYA23 型电缆，连接 S3 信号机 HF4 箱盒；支线电缆 2 为长 25 m、14 芯的 PTYA23 型电缆，连接 SI 信号机 HF4 箱盒；支线电缆 3 为长 30 m、24 芯的 PTYA23 型电缆，连接 SⅡ信号机 HF4 箱盒。

（3）ZPW-2000A 轨道电路电缆网络图以附图 I-03 中 Y1 电缆为例，其型号为 SPTYWLH23 型数字铝护套信号电缆，长度 405 m，芯数 8 芯，实际使用 4 芯备用 4 芯，经信号楼出来后接 Y-1 分线盒（4 方向），其距信号楼的中心里程 195 m，经 HF4 方向分线盒通过支线支线连接室外轨道设备。支线电缆 1 为长 400 m、8 芯的 SPTYWLH23 型电缆，连接 3-5DG 接收端；支线电缆 2 为长 450 m、8 芯的 SPTYWLH23 型电缆，连接 1-7DG 发送端。

（4）应答器电缆网络图以附图I-03 中 S4 电缆为例，其型号为 LEU-BSYL23 型点式应答器数据传输电缆，长度 400 m，芯数 4 芯，实际使用 2 芯备用 2 芯，经信号楼出来后，接对应 S4 出站信号机的应答器的终端盒 HZ6。

6. 电缆长度计算

$L=(L_1+L_2\cdot X+a)\times 1.02$

L——电缆长度，m；

L_1——电缆通道长度，从机械室防雷分线盘或者防雷综合柜至电缆箱盒，m；

L_2——电缆穿越过轨长度，根据实际间距计算（一般为 5 m）；

X——过轨数量；

a——电缆备用量，包括电缆间备用量（最少 5 m），室内配线所需长度（机柜高度 3 m），室外配线量（2 m），室外电缆 S 弯备用量（2 m）。

1.02——电缆自然弯曲系数。

二、箱盒配线图

通过箱盒配线图我们可以了解室外电缆网络连接的信号设备，电缆串接方式，电缆类型、芯数、长度及电缆芯线使用原则，同时需要核对与电缆径路图标注的信息是否一致，核对箱盒配线图纸标注的芯线使用情况与设备实际使用的电缆芯数是否一致，如不一致以实际使用情况修改配线图及电缆径路图。

（一）电缆芯线使用原则

综合扭绞信号电缆的芯线由四芯组、对绞组、单芯线组成，芯线使用原则以 A 端为例介绍，先外层后内层，四芯为一组，按照顺时针的顺序分为红组、绿组、白组、蓝组、二白组、二蓝组……的顺序编组序，每一组内四芯芯线根据绝缘外皮的颜色，以红、白、蓝、绿的顺序排列。对绞组序从四芯组红组旁开始，每一组由两根芯线对绞组成，按顺时针的方向依次是红白、绿白、蓝绿、蓝白。单芯线在箱盒配线时以红、绿、白、蓝、白……的顺序使用，先外层后内层，如图 6.5 所示。

数字信号电缆使用原则与信号电缆一致，采用 A 端为顺时针、B 端为逆时针的顺序排列。

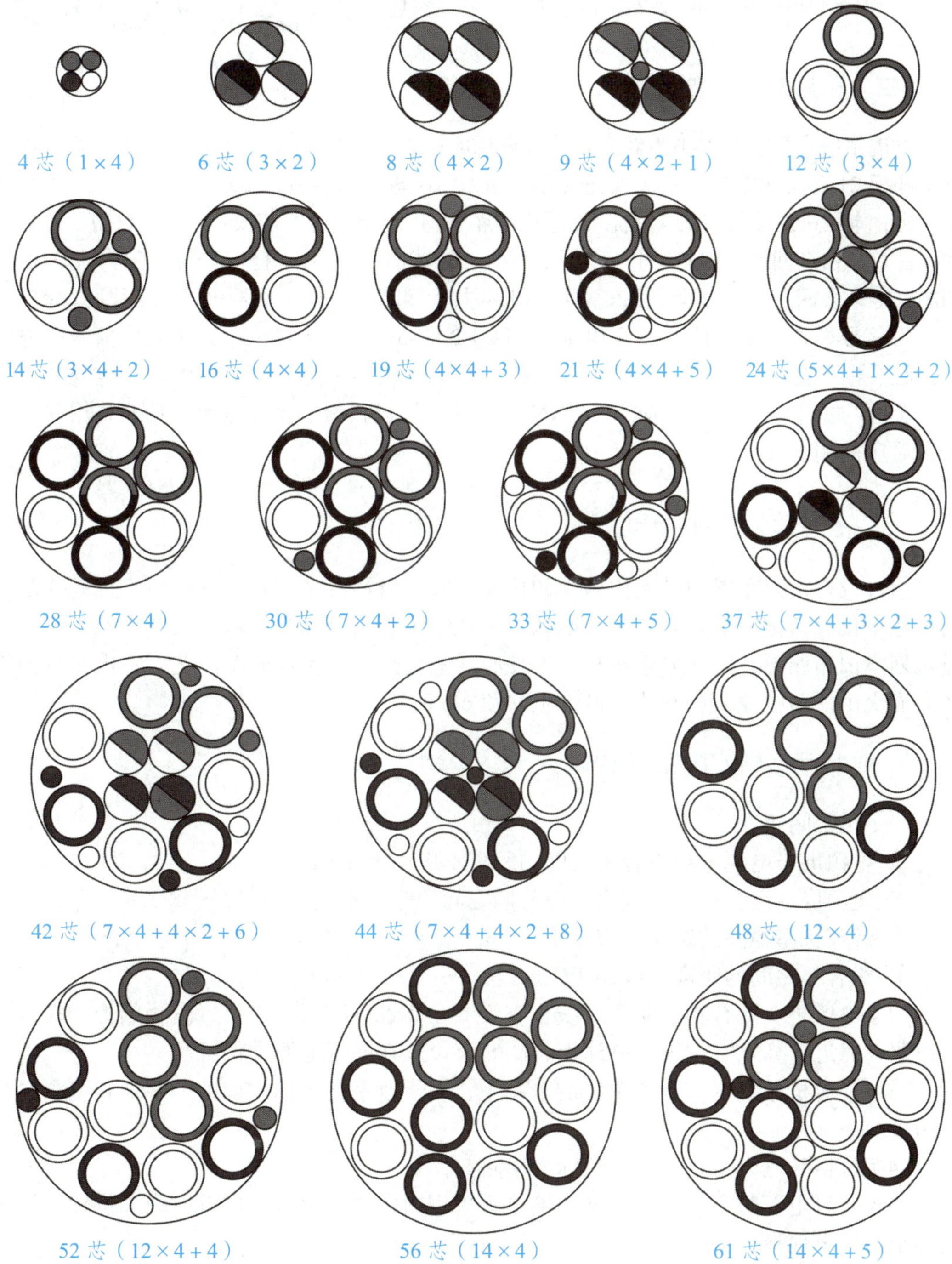

图 6.5　信号电缆的芯线排列图谱

注：

（1）绝缘单线色标顺序为红、绿、白、蓝：。

（2）对绞组绝缘线芯色标顺序为红白、绿白、蓝绿、蓝白：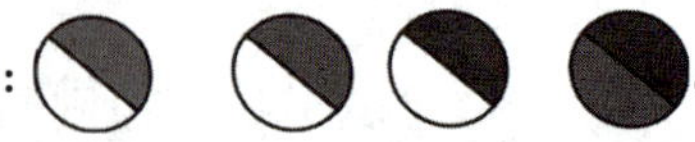。

（3）星型四线组扎丝色标顺序为红、绿、白、蓝、彩：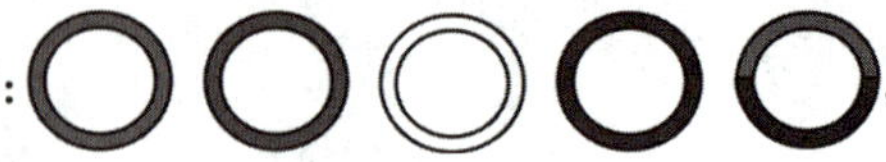。

（二）箱盒配线图说明

以进站信号机箱盒 X-1 为例（本册附图 I-04），自信号楼出来的电缆为 28 芯，经 X-1 箱盒由两根 21 芯支线电缆分别接 X 进站信号机及 XN 进站信号机，电缆使用原则与电缆径路图一致，本站进站信号机的电缆芯线使用情况为，控制点灯电缆芯线：分别为红灯、红灯回线，白灯、白灯回线、绿灯、1 黄灯、2 黄灯、绿黄回线八芯，灯丝报警：灯丝、灯丝回线两芯，电话线两芯，两芯交流 220 V 备用电源共十四芯，与进站信号机箱盒配线图一致。

由信号楼到 X-1 电缆为主干电缆，I-1、I-2、I-3、I-4、Ⅱ-1……分别对应信号电缆红组的红、白、蓝、绿，绿组的红、白、蓝、绿等。X、XN 进站信号机的支线电缆的控制点灯芯线与主干电缆一一对应，X、XN 的电话、灯丝报警、备用电源、贯通备用并联安装在对应的端子。

三、室内信号机柜布置图

信号设备室内布置图是室内施工的依据，收到设计单位下发的图纸后，首先要复核与房建单位设备室布置是否一致，确认机柜数量是否满足实际需求。后续由施工技术人员规划室内布线图，同时调整机柜位置使布线避免交叉，保证施工工艺。室内布置图修改完成交由铁路电务人员确认，最终版如图 6.6 所示。

（一）信号设备室内布置规定

（1）机柜间距。

① 电源屏与电源屏或组合柜之间的距离不应小于 1.5 m。

② 电源屏、组合柜、系统设备等与墙之间的距离不应小于 1.2 m。

③ 计算机室柜间的距离不应小于 1.2 m。

④ 组合柜之间的距离不应小于 1 m。

（2）电缆柜、综合柜、防雷分线柜宜设置在靠近电缆引入口位置，移频柜、接口柜应设置在靠近计算机室位置，电池柜、UPS 宜设置在靠近电源屏位置。

（3）信号机械室内应设置单独的电缆柜，用于数字电缆二次成端、接地和电源电缆的引上。

（4）机柜颜色应一致，一般色标采用 428 C。

（5）信号电源防雷箱、外电网监测箱宜采用内嵌式，设置在靠近电源屏位置，箱体底面距防静电地板 1.5 m。

（6）室内布线应采取强、弱电分离，上、下分别走线方式，信号电源电缆、联锁列控驱采电缆、ZPW-2000 轨道电路采集线缆、室内应答器尾缆、引入室内光电缆采用下走线方式，其他线缆应采用上走线方式。

（7）下走线应采用铝合金走线架安装在瓷砖地面上，线缆采用绝缘固线器固定。

（8）上走线应采用走线槽，走线槽颜色应与机柜颜色一致，走线架与地面、走线槽与机柜之间应绝缘，走线架、走线槽不应形成闭环。

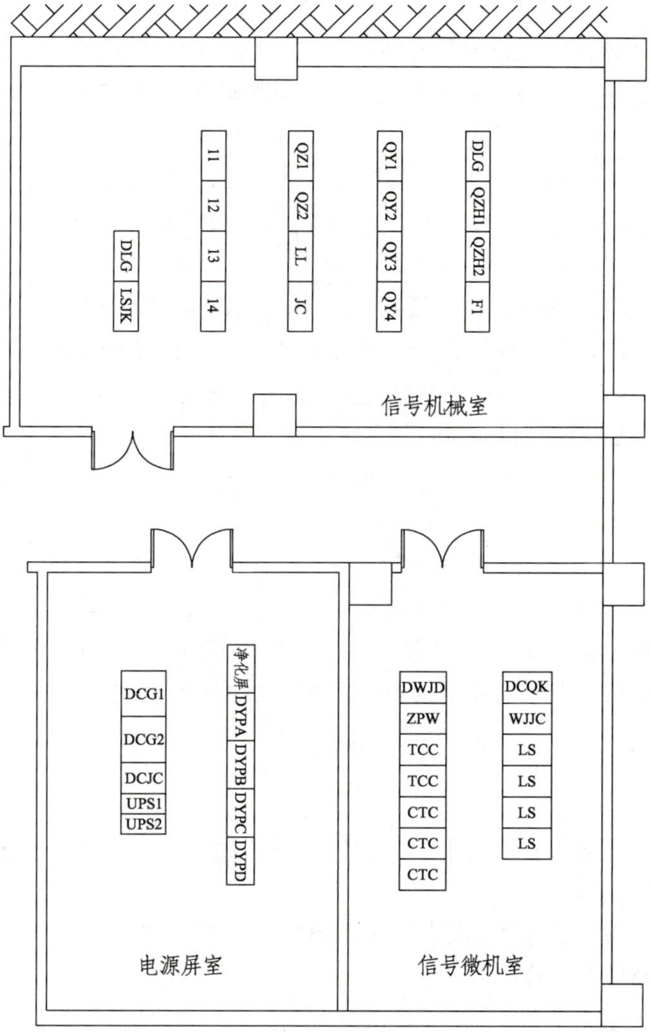

图 6.6　室内总体布置示意图

（二）图例说明

QZ1-2 为区间组合柜作为信号系统的一部分，负责铁路信号的接收、处理和转发，确保信号在铁路网络中稳定、准确地传输。区间组合柜包含改方组合（GFJ）、方向切换组合（FQJ）、轨道继电器组合（GJ）、零层电源等。

11～14 为站内组合柜，包含各种信号设备如继电器、电源、终端电阻等，其都被有序地安装和连接在一起，形成了一个完整的信号控制系统。站内组合柜内部设备还具备故障检测和报警功能，能够实时监测信号设备的运行状态，一旦发现故障或异常情况，会立即触发报警机制。站内组合柜包含道岔控制组合（TDC、TDF）、信号机组合（DXJ、CZ、JZ、USU）、零散组合（LS）、报警组合、零层电源等。

LL 与 JC 为漏流监测柜，用于安装集中检测所需继电器及监测传感器。

LSJK 接口柜为列控和联锁驱动、采集的接口柜。

QY1～4 为移频柜，主要安装 ZPW-2000 轨道设备的发送器、接收器、衰耗器。

F1 为防雷分线盘，用于连接信号机与道岔等信号设备的电缆与室内控制组合。

QZH1～2 为防雷综合柜，用于安装 ZPW-2000 轨道的防雷模拟网络盘及连接室外轨道控制电缆。

DYPA～D 为信号设备的供电系统电源屏，DCG1、2 为电池柜，当信号设备接入电源出现故障后由电池供电，通过 UPS 将直流转为交流 380 V 为信号设备暂时供电，但是不允许转动道岔。

LS（CBI）为信号联锁系统，主要是保证车站内列车和调车作业安全，提高车站通过能力的一种信号设备。利用计算机对车站作业人员的操作命令及现场设备状态表示的信息进行逻辑运算，从而实现对信号机及道岔、进路等进行集中控制，使其达到相互制约，以保证行车安全的车站联锁设备。

TCC 及 ZPW 机柜为列控系统，主要对列车运行方向、运行间隔和运行速度进行控制，使列车能够安全运行并提高运行效率，

CTC 为调度集中系统，主要用于控制中心（调度员）对某一调度区段的信号设备进行集中控制，是一种对列车运行进行直接指挥、管理的技术设备。

WJJC、DCQK、DWJD、DCJC 分别为集中检测系统、道岔缺口监测柜、电务监督系统机柜、电池监测系统柜，主要辅助电务维护人员进行信号系统工作状态监测。

任务实施

步骤一：读懂车站信号设备平面布置图、双线轨道图、电缆径路图显示内容，掌握信号设备布置原则。

步骤二：掌握电缆芯线使用原则、箱盒配线图配线原则。

步骤三：掌握机柜布置原则。

任务评价

任务评分表见表 6.1。

表 6.1　识图能力考核

序号	项目	评价内容与要求	配分	扣分点	得分
1	平面图识读	（1）车站上下行、大小里程区分； （2）信号设备里程计算； （3）信号设备型号介绍	10		

续表

序号	项目	评价内容与要求	配分	扣分点	得分
2	双线轨道图识读	根据电容布置原则及区段长度、电容个数画出电容布置说明图	20		
3	电缆径路图识读	(1)掌握不同信号设备所用电缆型号； (2)区分电缆AB端； (3)电缆长度计算	20		
4	箱盒配线图识读	(1)掌握电缆芯线使用原则； (2)掌握箱盒配线图中配线端子含义、电缆芯线的选用	40		
5	机柜布置图识读	掌握不同类型的机柜间的距离要求与各机柜与墙壁的间距	10		
合计			100		

任务二　室内设备布置及配线

任务导入

通过对组合排列表、继电器类型表的学习，依据信号设备机柜布置图能够完成信号机械室的设备安装。通过对轨道电路、信号机电灯电路、道岔控制电路等信号设备原理图的学习，结合驱动、采集电路图，组合内部配线及侧面端子配线图，分线盘配线图等能够完成信号机械室的配线。

相关知识

信号设备机柜布置图的设计在信号室内施工属于宏观层面，机柜配线为施工中的微观层面，合理机柜的布置能够使室内布线美观，针对微观层面的机柜配线图，我们需要更加严谨，认真核对信号设备原理图，驱动、采集电路图，接口柜、组合柜、分线盘等机柜配线，尤其是零散电路和联锁与列控的接口电路，发现图纸中的错误或遗漏的配线，在施工前进行修改，保证工程的一次成功率。一份准确的施工配线图，可以减少施工的工作量及使模拟试验或联锁试验的工作量，节约施工成本。

一、室内设备安装

（一）室内机柜安装施工工艺质量要点

（1）根据设计图纸确认机柜数量、规格、安装位置、排列顺序。

（2）采用激光测距仪测量安装位置。

（3）采用红外线垂准仪控制机柜垂直度及间距。

（4）机柜安装应采取减震措施。

（5）底座采用膨胀螺栓安装在瓷砖地面上，排列整齐，底座顶面加环氧树脂板后与防静电地板标高平齐。

（6）电源设备采用高强尼龙螺栓固定在底座上，连接牢固。

（7）电源设备间加装 1 mm 厚环氧树脂板，并用连接板连接紧密。机柜与底座以及相邻机柜间采用高强尼龙螺栓连接；

（8）机柜、层、位及设备应设置完整清晰的标识；

（9）走线槽安装应横平竖直，不应形成闭环，槽内铺绝缘阻燃垫；

（10）槽与槽、槽与盖、盖与盖之间应连接严密，槽与机柜应连接牢固。

机柜安装示意图如图 6.7 所示。

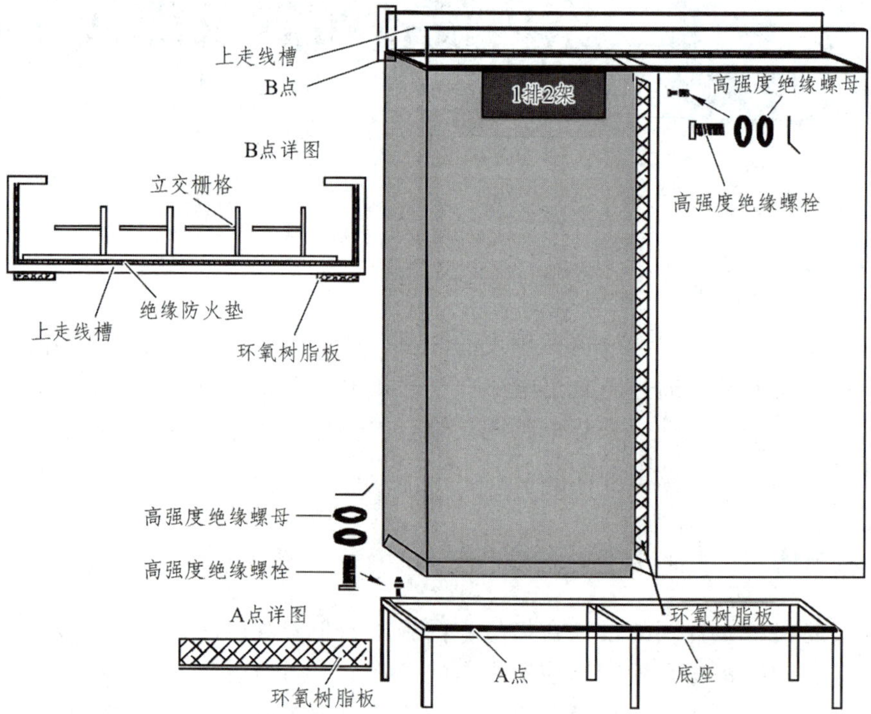

图 6.7　机柜安装示意图

（二）下走线槽布置工艺标准及质量要点

（1）下走线架安装应采用 BIM 技术进行碰撞试验，避开防静电地板支架。

（2）下走线布线应采用 BIM 技术进行碰撞试验。

（3）走线架支腿使用单孔拐角固定，并用环氧树脂板与底面隔开。

（4）走线架支撑间距不宜大于 1 000 mm。

（5）走线架横撑间距不宜大于 400 mm，拐角处应加装对角横撑，横撑上加装绝缘固线器。

（6）线缆根据用途、去向分层布放，分段设置电缆铭牌。

（7）设备预制电缆应定长生产，不留余量。

下走线支架安装示意图如图 6.8 所示。

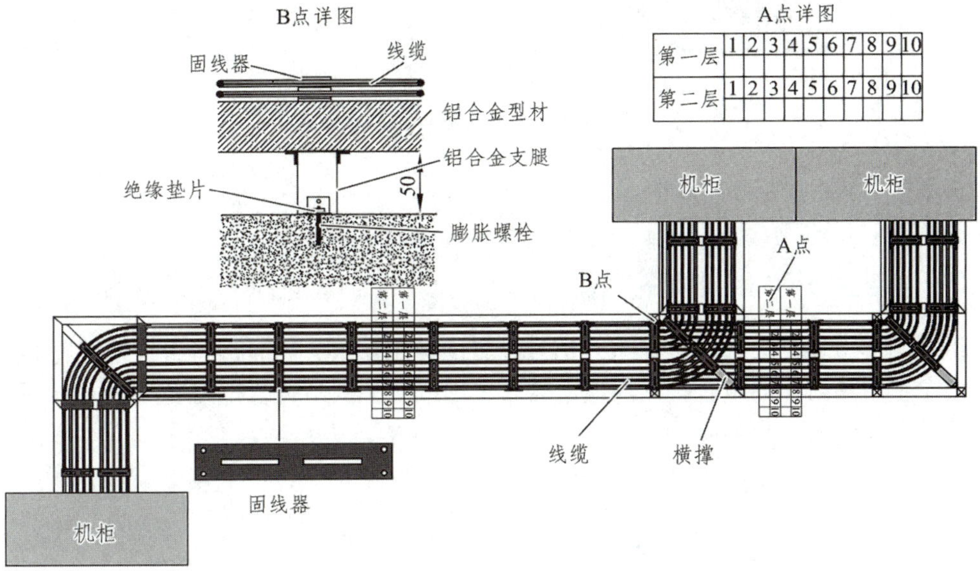

图 6.8　下走线支架安装示意图

（三）上走线槽布置工艺标准及质量要点

（1）布线均采用阻燃带护套线缆，禁止出现环状。

（2）走线槽内设置立交栅格，间距不宜超过 1 000 mm，拐角处应加密。

（3）布线采用扎带绑扎，间距均匀，与相邻线束绑扎位置一致。

上走线槽布置如图 6.9 所示。

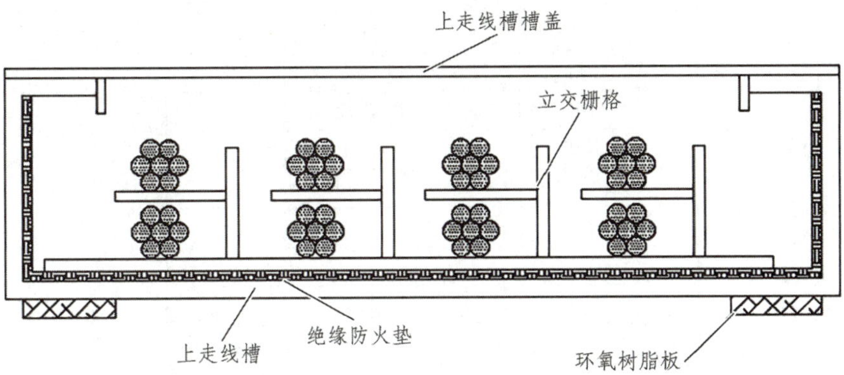

（a）侧视图

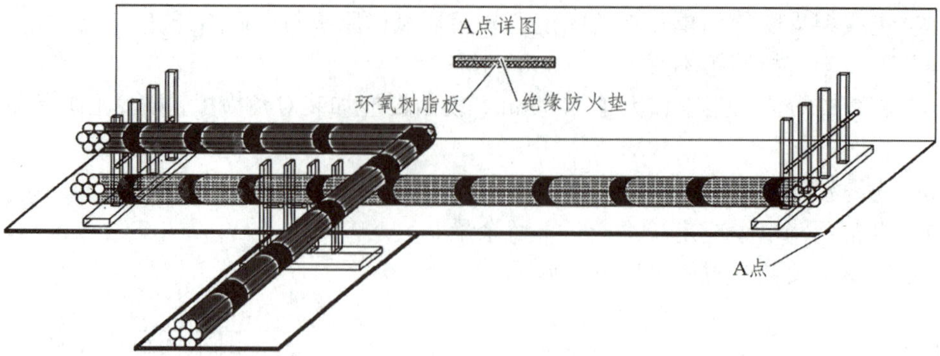

（b）俯视图

图 6.9　上走线槽布置图

二、图纸审核

（一）组合排列与继电器布置图

组合与继电器的设计需满足室外信号设备的使用需求，同时进行组合柜继电器安装时需要参考本站对应的组合排列与继电器布置图纸，举例站组合排列表如图 6.10 所示。

位置 \ 类型 \ 架别名称	I1	I2	I3	I4
10	X	SII	S	XII
	JZZ	CZZ	JZZ	CZZ
9	XN	S3	SN	X3
	JZZ	CZZ	JZZ	CZZ
8	X, XN	S4	S, SN	X4
	USUZ	CZZ	USUZ	CZZ
7	SI	5	XI	6
	CZZ	TDC	CZZ	TDC
6	1/3	5-X	L2	6-X
	TDC	TDFI	DS/RSBJ	TDFI
5	1-X	5-J	L1	6-J
	TDFI	TDFI	LSBJ	TDFI
4	1-J	7	2-X	8
	TDFI	TDC	TDFI	TDC
3	3-X	7-X	2-J	8-X
	TDFI	TDFI	TDFI	TDFI
2	3-J	7-J	4-X	8-J
	TDFI	TDFI	TDFI	TDFI
1			4-J	2/4
			TDFI	TDC

图 6.10　组合排列表

（1）举例站转辙机及道岔的布置情况：单动道岔四组（5#、7#、6#、8#），双动道岔两组（1/3#、2/4#）。每组单动道岔 2 个 ZYJ7 主机，3 个 SH6 副机，需要 1 个道岔控制组合（TDC），2 个提速道岔辅助组合（TDF1）；每组双动道岔由 2 组道岔组成渡线，需要 1 个道岔控制组合（TDC），4 个提速道岔辅助组合（TDF1）。

（2）举例站进站及出站信号机的布置情况：出站信号机 8 架，进站信号机 4 架，且进站信号机对应 18 号道岔，需要增加黄闪黄组合。

（3）根据车站实际需求，需增加监测组合、区间轨道继电器组合及其改方电路组合。

（4）固定组合的继电器型号及位置排列如表 6.2 所示。

表 6.2　继电器型号及位置排列表

序号	类型	1	2	3	4	5	6	7	8	9	10
1	TDC	DCJ	FCJ	YCJ	DBJ	FBJ					
		JWXC-1700	JWXC-1700	JWXC-1700	JPXC-1000	JPXC-1000					
2	TDF1	BB	1DQJ	2DQJ	DBJ	FBJ	1DQJF	BHJ		BDQ	R1
		BD1-7	JWJXC-H125/80	JYJXC-160/260	JPXC-1000	JPXC-1000	JWJXC-480	JWXC-1700			
3	LSBJ	ZDYJ	FDYJ	XGDJ	SGDJ	DYBJ				DZBJ1	DZBJ2
		JWXC-1700	JWXC-1700	JWXC-1700	JWXC-1700	JWXC-1700				JWXC-1700	JWXC-1700
4	DS/RSBJ	XDSBJ	SDSBJ	RSBJ					PB3		
		JSBXC-850	JSBXC-850	JWXC-1700					智能显示终端		
5	USUZ	SNJ(1)	SNJJ(1)	SNKJ(1)	HR1	HR2	SNJ(2)	SNJJ(2)	SNKJ(2)	HR3	HR4
		JWXC-1700	JWXC-1700	JWXC-1700			JWXC-1700	JWXC-1700	JWXC-1700		
6	CZZ	LXJ		YXJ	DJ	2DJ	KDJ				
		JWXC-1700		JWXC-1700	JZXC-H18	JZXC-H18	JWXC-1700				
7	JZZ	LXJ	ZXJ	TXJ	YXJ		DJ	2DJ	KDJ		
		JWXC-1700	JWXC-1700	JWXC-1700	JWXC-1700		JZXC-H18	JZXC-H18	JWXC-1700		

（二）组合排列表说明

（1）提速道岔操作组合包括道岔定位操作继电器、反位操作继电器、允许操作继电器、定位表示继电器、反位表示继电器。

（2）提速道岔辅助组合包含表示变压器、道岔一启动继电器、道岔二启动继电器、定表继电器、反表继电器、一启动复示继电器、保护继电器、断相保护器、电阻盒。

（3）零散报警组合包含主电源报警、副电源报警、下行轨道停电监督报警、上行轨道监督报警、电源报警、地震报警继电器 1 与 2。

（4）灯丝、熔丝报警组合包含下行咽喉灯丝报警继电器、上行咽喉灯丝报警继电器、熔丝报警继电器，灯丝报警智能显示终端。

（5）黄闪黄组合包含两组闪光继电器、闪光检查继电器、闪光开始继电器、阻容盒 1、2。

（6）出站信号机组合包含列车信号继电器、引导信号继电器、一灯丝继电器、二灯丝继电器、开灯继电器。

（7）进站信号机组合包含列车信号继电器、正线信号继电器、通过信号继电器、引导信号继电器、一灯丝继电器、二灯丝继电器、开灯继电器。

（8）根据图 6.10、表 6.2 所示，我们可以精准定位继电器位置，例如 6#道岔 YCJ 继电器安装。

（9）通过组合排列表找到 6#道岔 TDC 组合所在位置——14 组合架 7 层，再通过继电器类型表找到 YCJ 在 TDC 组合第 3 位，6#道岔 YCJ 继电器位置在 14-7-3，我们选取 JWXC-1700 型继电器，完成继电器安装操作。

（三）组合内部配线图

信号机进站点灯电路以及调车、出站、道岔控制电路等每种都有相对固定的定型图和组合内部配线图。在进行组合内部配线施工前，需要核对组合内部配线图。

以道岔组合内部配线图为例：交流五线制道岔控制电路包含提速道岔操作（TDC）组合和提速道岔辅助（TDF1）组合，信号设备控制原理图是组合内部配线图核对的依据。

（1）通过继电器类型表（表 6.2），核对 TDC 组合内部配线图（附图II-03）的继电器名称及型号是否正确。

（2）在继电器接点的核对前，我们需要了解在电路原理图中每个继电器接点或线圈在图纸中的位置及其意义。我们通过道岔控制原理图（附图II-01），我们可以知道 YCJ-21 接侧面端子 03-18，YCJ-22 接 KZ 电源；DCJ-21 接侧面端子 02-4，DCJ-22 接 KF 电源；DBJ 线圈接点 1 接侧面端子 03-7，线圈接点 4 接侧面端子 03-8；FCJ 及 FBJ 接点参考前文分析。

（3）通过对比道岔控制原理图与 TDC 组合内部配线图，数据不完整，我们还需要参考道岔驱动、采集原理图（附图II-02），通过图纸我们可以知道 DCJ、FCJ、YCJ 线圈由 PIO-OUT 提供 IOZ\IOF（DC-24 V）电源，线圈接点 1 分别接在侧面端子 01-1、2、3 端子，线圈接点 4 并联接至 01-18，PIO-OUT 代表联锁驱动模块。

（4）PIO-IN 代表联锁采集模块，道岔默认在定位，所以 DBJ 常态励磁，联锁通过侧面端子 02-1 经 DBJ-11、12 接点采集到侧面端子 01-17（IOZ），则证明道岔在定位，联锁界面显示此道岔为定位；当道岔扳动至反位时，FBJ 励磁，联锁通过侧面端子 02-2 经 FBJ-11、12 接点采集 IOZ，则道岔在反位；如果道岔在四开位置或者表示电路出现故障，IOZ 经侧面端子 01-17→FBJ21-23→DBJ21-23→侧面端子 02-10 再经接口组合柜回到联锁柜，则此道岔在联锁界面闪红，禁止排列相关进路。

（5）综上，TDC 组合内部配线图通过道岔控制原理图和道岔驱动、采集原理图核对配线是否正确，现在车站都包含信号集中监测系统，此系统也需要采集继电器状态，继电器节点需增加监测配线，内部配线图需增加监测部分，保证图实相符。

（6）TDF 内部配线图核对方法与 TDC 一致，以道岔控制原理图和道岔驱动、采集原理图（TDF 不含驱动）、信号集中监测系统配线图作为依据，保证内部配线正确。

注：组合内部配线图继电器接点连接侧面端子的背面。

（四）组合侧面端子配线图

组合侧面配线是施工中的重要组成部分，信号设备控制组合需要与联锁系统、室外信号设备、信号集中监测系统、电源系统、列控系统、报警系统等连接，搭建完整信号系统。侧面端子由 3×18 柱组成，有万可侧面端子和焊接侧面端子，目前为节约成本及设备的安全考虑，多采用焊接方式。

在进行组合侧面端子配线施工前，需要核对组合侧面配线图是否正确。下面以组合侧面配线图—— 12 架（附图II-04）为例进行说明。

（1）每个组合架有 10 层，从 12 架 1 层至 10 层分别是空组合、7 号道岔尖轨 TDF1 组合、7 号道岔心轨 TDF1 组合、7 号道岔 TDC 组合、5 号道岔尖轨 TDF1 组合、5 号道岔心轨 TDF1 组合、5 号道岔 TDC 组合、S4 出发信号机组合、S3 出发信号机组合、SII 出发信号机组合。

（2）侧面端子配线表以 7 号道岔 TDC 为例，其组合所在位置为 12 架 4 层，简写为 12-4。粗线方框示意每个组合的侧面端子板数量，框内细线画出 6 列 18 行长方形格子示意 TDC 组合包含两块 3×18 柱端子。在长方形格子的顶部从右向左标出“01～06”的序号，长方形格子左侧从上向下依次标出“1～18”的行号。列号和行号之间用短横线“-”连接，便成了每个侧面端子的编号，比如 01 列第 17 个端子简写为 01-17。

（3）组合柜侧面端子的连线。侧面端子配线表采用双向填写方式，首先以空组合为例，为方便学习我们给空组合 12 架 1 层增加了举例端子。

① 同层同列的连接线，其配线图只需标记去向的端子号即可，如“8”。假设 12 架 1 层 01 列 8 号端子与 9 号端子有连接线（8～9），侧面端子配线图需要在 01 列 8 号端子位置填写 9，9 号端子位置填写 8。

② 同层不同列的连接线，其配线图需要在端子号前面标注列的位置，如“01-7”。假设 12 架 1 层 01 列 7 号端子与 02 列 7 号端子有连接线（01-7～02-7），侧面端子配线图需要在 01 列 7 号端子位置填写 02-7，02 列 7 号端子位置填写 01-7。

③ 不同层的连接线，其配线图需要在端子号前标注列与层，如“206-1”。以 12 架 3 层组合配线为例，06 列 1 号端子需要 KZ（直流+24 V）电源，2 层 06-1 与 10 层 06-1 分别作为侧面配线中的 KZ 电源环线起点，而 3 层 06-1 的配线图有“206-1”和“406-1”两根连接线，分别连接 2 层与 4 层的 06-1 端子。

④ 不同架的连接线，其配线图需要标注连接线的去向，包括端子号、列、层及架，如“JKL-1006-14”。以 12 架 3 层为例，03-2 标注的连接线的去向为“JKL-1006-14”，即接口柜 10 层第 6 块航空插头的 14 号端子，同时 JKL-1006-14 所对应的端子为 12-303-2。

（4）侧面端子配线核对。

在进行组合侧面配线施工前，需要核对配线的准确性，以 7 号道岔 TDC 为例核对

12-4 层配线，参考依据主要为道岔控制原理图（附图II-01）、道岔驱动、采集原理图（附图II-02）。

① 根据道岔控制原理图核对组合侧面端子到端子的连接线，例如 TDC 中的 02-4 连接到尖轨 TDF1 中的 01-1，7 号道岔尖轨 TDF1 在 12 架 2 层，此连接线属于同架不同层，所以 7 号道岔 TDC 侧面端子配线图中 02-4 处去向的端子号为 201-1。

图中 03-18 的配线图没有具体的数据，应怎么处理呢？首先 DGJ 为轨道继电器，其含义是道岔扳动是需要检查所在轨道是否空闲，由于检查轨道继电器选用的接点与区间组合柜侧面端子号不一致，所以我们需要参考道岔 1DQJ 电路图（附图II-05），找到在 12-4 的 YCJ，其 03-18 接 07-4，由于两个端子属于不同的组合架，所以 7 号道岔 TDC 侧面端子配线图中 03-18 处去向的端子号为 QZ2-1007-4，即 7 号道岔需要联锁操作时，需要保证 1-7DG 轨道继电器励磁。

② 根据道岔驱动、采集原理图核对组合侧面到接口组合柜的连接线，例如：01-3 连接到 PIO-OUT 即联锁驱动，我们需要查找左侧的图表，找到“输出接口（OUT）”下的“YCJ”和“组合位置”列表下的“12-4”，其对应的端子号为接口组合柜 9 层第一块航空插头的 9 号端子即 JKL-901-9，联锁机柜可以通过 JKL-901-9 经侧面端子输出电信号（IOZ）控制 YCJ 励磁；02-9 连接到 PIO-IN 即联锁采集，我们需要查找左侧的图表，找到“输出接口（IN）”下的“YCJ”和“组合位置”列表下的“12-4”，其对应的端子号为接口组合柜 10 层第一块航空插头的 30 号端子即 JKL-1001-30，当 YCJ 励磁后，联锁机柜可以通过 JKL-1001-30 经侧面端子及继电器前接点采集到电信号（IOZ）以检查 YCJ 是否励磁。

③ 为保证侧面配线完整性及正确性，还需要核对信号集中监测图纸及电源环线图。

三、室内配线

（一）组合侧面配线

1. 组合侧面焊接配线

组合柜侧面采用焊接方式时，使用组合柜专用卡尺量出配线长度，剥线长度为 8 mm，线头穿入焊线孔，绝缘线皮距端子片 1 mm，使用 75 W 电烙铁焊接，要求焊点光滑饱满无硬脖，焊点为三分之二焊片大小，使用白色 4 × 25 mm 打字套管，字面朝向组合柜中心。正常情况从左往右依次焊接，防止烙铁烫伤已完配线。组合柜侧面焊接配线如图 6.11 所示。

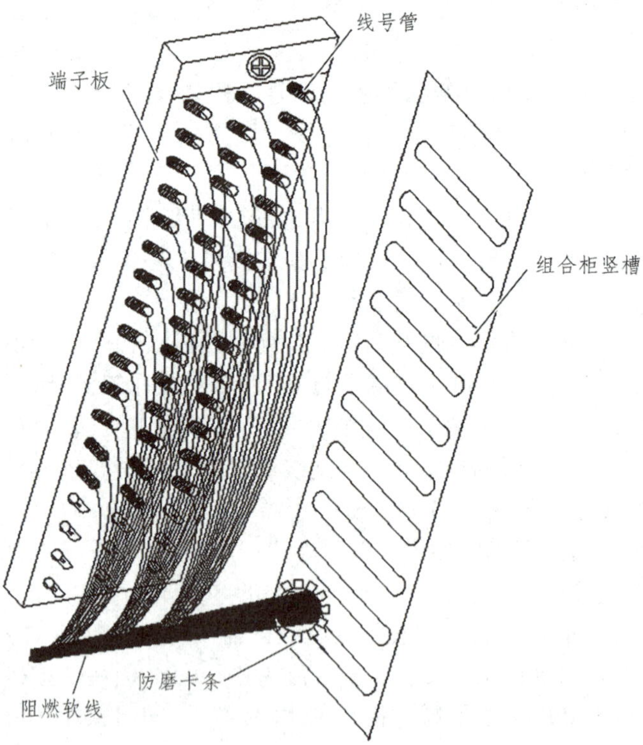

图 6.11 组合柜侧面焊接配线

施工工艺质量要点：

（1）机柜线缆引入口应进行防护。

（2）剥切线缆外护套后，切口处应使用热缩管进行热缩处理。

（3）焊接配线应采用穿焊方式，焊接牢固，焊点光滑、饱满，无毛刺、假焊、虚焊，严禁使用带有腐蚀性的焊剂。

（4）配线应采用线号管标明去向，线号管长度一致。

（5）配线无应力，弧度一致，整齐美观。

2. 组合柜侧面压接配线

组合柜侧面采用弹簧接线端子时，使用组合柜专用卡尺量出配线长度，剥线长度为 8 mm，线头穿入管式接线端子并采用管式端子压线钳压接，使用白色 4×25 mm 打字套管，字面朝向组合柜中心，使用万科螺丝刀将芯线安装在弹簧接线端子。组合柜侧面压接配线如图 6.12 所示。

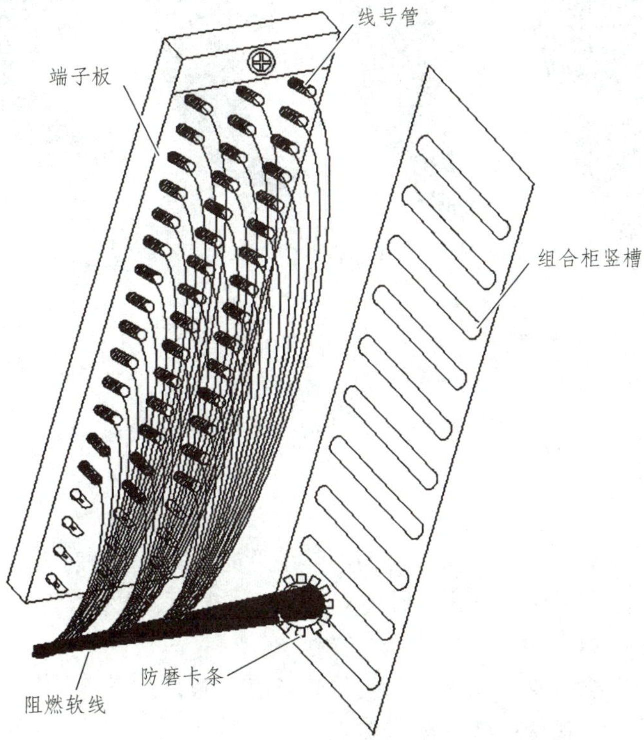

图 6.12　组合柜侧面压接配线

施工工艺质量要点：

（1）机柜线缆引入口应进行防护。

（2）剥切线缆外护套后，切口处应使用热缩管进行热缩处理。

（3）配线应采用线号管标明去向，线号管长度一致。

（4）配线无应力，弧度一致，绑扎均匀，整齐美观。

（5）接线端子安装应牢固、紧凑，端子外壳无污渍、开裂及变形，弹簧夹无锈蚀。

（二）接口柜端子配线

见接口柜端子配线图（附图II-06），接口柜上 1001 ~ 1006 为采集端子，每一个接插件都有 32 个接线端子；901 ~ 903 为驱动端子，每个端子根据使用可接入对应的端子，接口柜上的接插件配线一般都为焊接。接口柜配线示意图如图 6.13 所示。

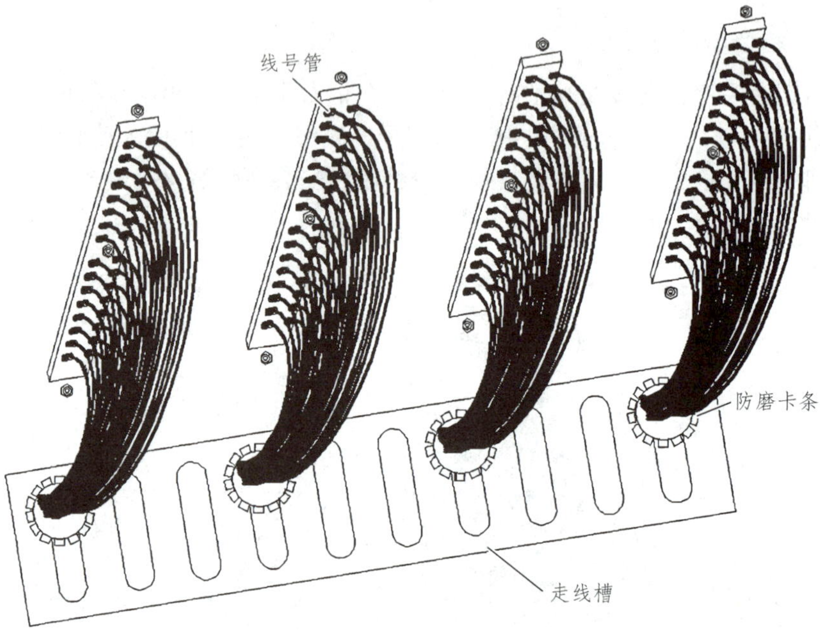

图 6.13　接口柜配线示意图

施工工艺质量要点：

（1）机柜线缆引入口应进行防护。

（2）剥切线缆外护套后，切口处应使用热缩管进行热缩处理。

（3）焊接配线应采用穿焊方式，焊接牢固，焊点光滑、饱满，无毛刺、假焊、虚焊，严禁使用带有腐蚀性的焊剂。

（4）配线应采用线号管标明去向，线号管长度一致。

（5）配线无应力，弧度一致，整齐美观。

（三）防雷分线柜端子配线

防雷分线柜一般为 10 层，每层 13 块端子。分线柜端子配线图（附图II-07）为分线盘 2 层与 3 层，用于轨道电路、信号机、转辙机等信号设备室内外连接的柜子，一般采用插接方式。分线盘配线示意图如图 6.14 所示。

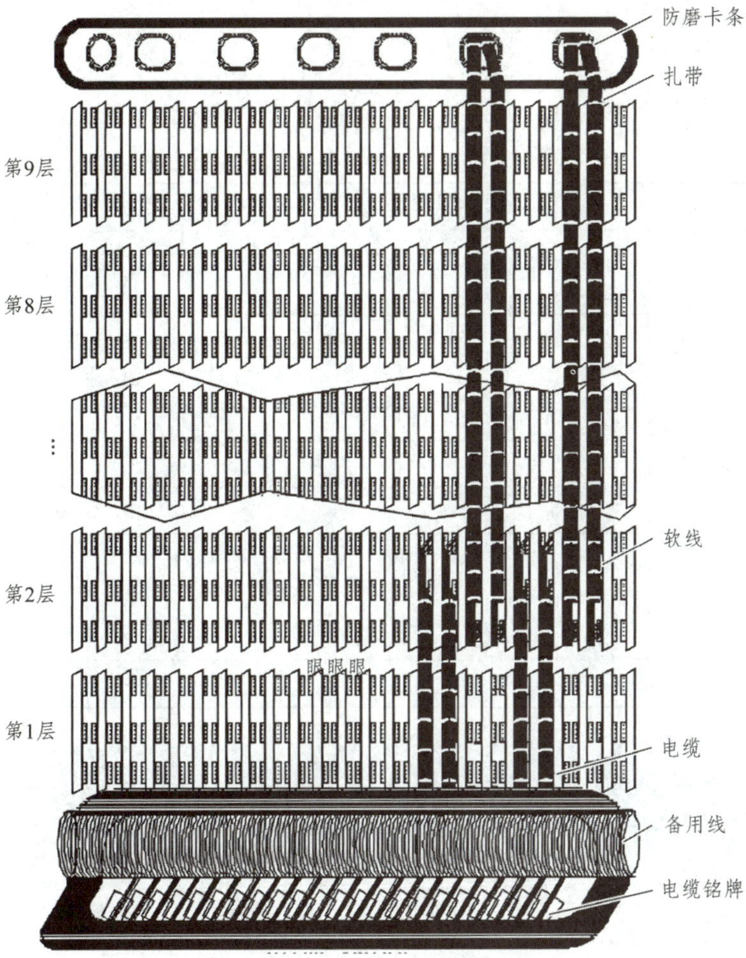

图 6.14　分线盘配线示意图

任务实施

步骤一：领取 23 × 0.15 蓝线 200 m、75 W 烙铁、剥线钳、焊锡丝、套管、万用表等配线施工工具。

步骤二：2 h 内完成施工配线，并完成继电器插接及导通测试。

作业风险提示

（1）上道作业必须按规定登记要点，按规定穿戴好绝缘鞋和防护服，做好劳动安全防护。

（2）施工做作业前必须断电。

（3）安装继电器时其型号与图纸应保持一致。

（4）导通测试前需要进行导通测试。

（5）作业过程中认真细致，作业后需要对作业设备进行认真检查，并对材料、工具进行复核，保证工完场地清。

任务评价

任务评分表见表 6.3。

表 6.3　室内配线施工评分表

序号	项目	评价内容与要求	配分	扣分点	得分
1	工器具及材料准备	1. 领取的器材类型准确； 2. 检查仪表是否完好	10		
2	组合焊接	1. 焊接牢固，焊点饱满、光滑、无毛刺，禁止假焊、虚焊； 2. 线头铜丝不得出现明显缺失	30		
3	继电器插接	继电器插接正确	20		
4	导通测试	导通测试成功	30		
5	安全操作	1. 按规定着装及佩戴，操作熟练，用时合理； 2. 清点仪器仪表，做到工完料清	10		
合计			100		

任务三　室外电缆成端配线

任务导入

室外电缆成端制作及配线是室外施工的重要组成部分，与电缆工程的质量好坏与信号设备能否稳定运行直接相关，电缆出现质量问题或者电缆施工出现失误会造成绝缘不良、短路，将直接危害行车安全。

本次任务主要介绍电缆单盘测试、电缆成端制作与箱盒配线的注意事项。

相关知识

信号电缆是车站信号室内外设备联系的通道，室内设备对室外设备控制及对室外信号设备的检查都是通过电缆完成数据传输的。因此电缆工程中的电缆测试、成端制作、箱盒配线等施工工作必须注意施工质量，严格按照施工工序施工，确保信号电缆的电气特性在施工阶段和整个使用阶段符合要求。

为保证信号电缆在整个施工阶段的电气特性，必须在施工前、中、后三个不同的阶段进行电缆特性测试。电缆敷设前必须进行电缆单盘测试，并填写记录表，交建设单位存档。电缆穿入箱盒灌胶后进行二次测试，电缆箱盒配线完成后进行电缆导通及绝缘测试，并填写阻值记录表。

子任务一　电缆单盘测试

一、电缆单盘测试介绍

电缆单盘测试前核对电缆的型号、规格、长度、端别，检查包装有无破损，缆线有无损坏、压扁等情况，并详细记录。对包装受损、外护层损伤的单盘，应进行重点检测。电缆测试的结果需符合表 6.4 ~ 表 6.6 的要求。

表 6.4　综合护套、铝护套信号电缆单盘测试项目

序号	项目	单位符号	标准	换算公式
1	导体直流电阻（芯线直径 1.0 mm）	Ω/km	≤23	L/1 000
2	绝缘电阻率（芯线间，芯线对金属护套间）	MΩ · km	≥3 000	1 000/L

表 6.5　铁路内屏蔽数字信号电缆单盘测试项目

序号	项目	单位符号	标准	换算公式
1	导体直流电阻（芯线直径 1.0 mm）	Ω/km	22.5±1	L/1 000
2	温度 20 ℃时，工作线对导体电阻不平衡率		≤1%	
3	绝缘电阻率（芯线间，芯线对金属护套间）	MΩ · km	≥10 000	1 000/L
4	工作电容（0.8 ~ 1.0 kHz）	nF/km	28 ± 2	L/1 000

表 6.6　应答器电缆单盘测试项目

序号	项目	单位符号	标准	换算公式
1	导体直流电阻（芯线直径 1.53 mm）	Ω/km	≤9.9	L/1 000
2	绝缘电阻率（线间，芯线对金属护套间）	MΩ · km	≥10 000	1 000/L
3	工作电容（0.8 ~ 1.0 kHz）	nF/km	≤42.3	L/1 000

注：实际测量时，电缆长度 L 以米（m）为单位。

表中的指标为 20 ℃时的测试数据。测量经曝晒后的电缆所得的数据，不得作为电缆电气特性的结论。当周围环境温度变化较大时，需考虑环境温度的变化，将测试值换算成 20 ℃时电阻值，温度为 20 ℃时每千米长度芯线直流电阻值（R_{20}）换算公式：

$$R_{20} = \frac{R_x}{1 + a_{20}(t - 20)} \cdot \frac{1\,000}{L}$$

式中　R_{20}——20 ℃时每千米长度电阻值，Ω/km；

L——电缆长度，m；

t——测量时的环境温度，℃；

a_{20}——电阻温度系数，1/℃（0.003 93）；

R_x——实测电阻值。

根据实测值填写电缆检查记录表及电缆单盘电气特性测试记录表（注：按站测试填写），见附表 1、2、3。记录表格及时上报施工单位工程部存档。

二、电缆单盘测试步骤

步骤：施工准备→开剥电缆，确认 A、B 端→绝缘测试→直流电阻测试，不平衡电阻计算→电容测试→电缆封端→清理现场。

三、电缆单盘测试方法

（1）施工准备：检查电缆盘进场外包装及电缆外观，并填写电缆检查记录表。收集、整理、保存每盘电缆产品合格证，对电缆进行统一编号，并标注在电缆盘两侧。

（2）开剥电缆：将电缆盘外端电缆开剥，长度为 150 ~ 250 mm。将电缆盘内端电缆开剥，长度为 60 ~ 100 mm。

（3）确认电缆端别的方法：面对电缆端头，红、绿、白、蓝四芯组扎纱色标按顺时针方向排列的为 A 端；逆时针方向排列的为 B 端。

（4）在电缆盘明显位置标注电缆盘外端的电缆端别并做记录，当电缆外端别为 A 端时，标写“外 A”字样；当电缆外端别为 B 端时，标写“外 B”字样。

（5）绝缘电阻测试：将电缆外端所有的芯线连接、钢带、铝护套、内屏蔽层及排流线用一端带有鳄鱼夹的导线连接，连接后接到高阻计（或兆欧表）测试端。从连接后的电缆芯线中任意取出一根与高阻计（或兆欧表）的另一个测试端连接。将电缆盘内端电缆的芯线全部开路。

（6）进行单根芯线对其他芯线及金属护层的绝缘电阻测试，测试后的电缆芯线与未测试芯线应相互分开。全部芯线测试完成后，芯线应对地放电，填写测试记录。

（7）直流电阻测试：将待测芯线的两端分别连接到直流电桥的测试端子，测量电阻值，如图 6.15 所示，并填写测试记录。全部测试完成后在电缆盘上做已测试的标识，并对测试仪表进行校核。

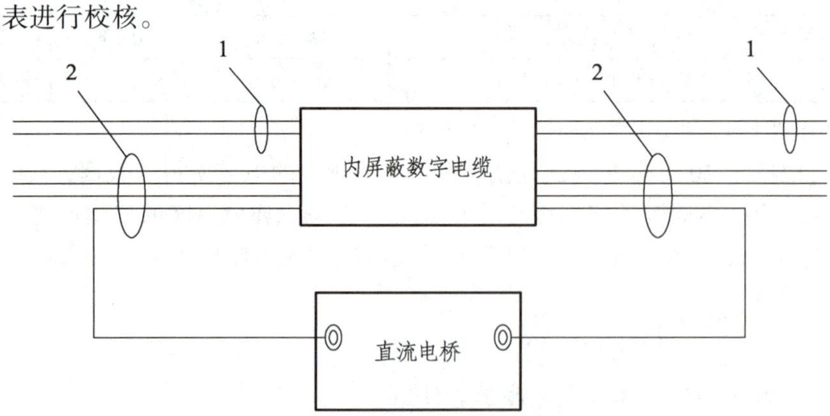

1——普通信号电缆芯线；2——为数字四芯组。

图 6.15　直流电阻测试

（8）工作线对导体电阻不平衡：工作线对导体电阻不平衡是指数字四芯组内每个工作线对的电阻不平衡，即在 1 个数字四芯组内，红、白芯线为 1 个工作线对，蓝、绿芯线为 1 个工作线对。根据芯线直流电阻测试值，计算工作线对导体电阻不平衡值并记录。工作线对导体电阻不平衡值为工作线对两根导体的电阻之差的绝对值与其电阻之和的比值。

（9）电容测试：测试数字四芯组工作线对的电容，即在一个数字四芯组内，分别对红、白芯线工作线对和蓝、绿芯线工作线对进行测试。将电缆盘内端电缆的芯线全部开路，将电缆盘外端电缆的钢带、铝护套、全部屏蔽层及排流线用一端带有鳄鱼夹的导线连接，连接后接到测试仪表的接地端。将电缆外端头任意一组内屏蔽四芯组的红、白线对或蓝、绿线对连接到电容测试仪的测试端子上，测试电容值，填写测试记录，如图 6.16 所示。

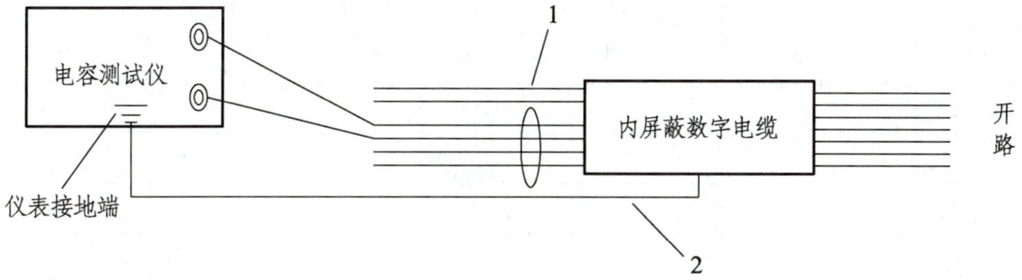

1——红、白或蓝、绿工作线对；2——钢带、铝护套、全部屏蔽层及排流线。

图 6.16　电容测试

（10）电缆封端：用钢锯将电缆测试端整齐锯断，去掉已开剥的部分。用砂布条将电缆端头外护套 100 mm 部分打磨干净，将与电缆外径相适合的热缩端帽套在电缆端头上。用喷灯对热缩端帽均匀加热，当热缩端帽均匀地包裹在电缆上且热熔胶流出后停止加热，如图 6.17 所示。待热缩端帽冷却后，将电缆端头绑扎固定在电缆盘上。

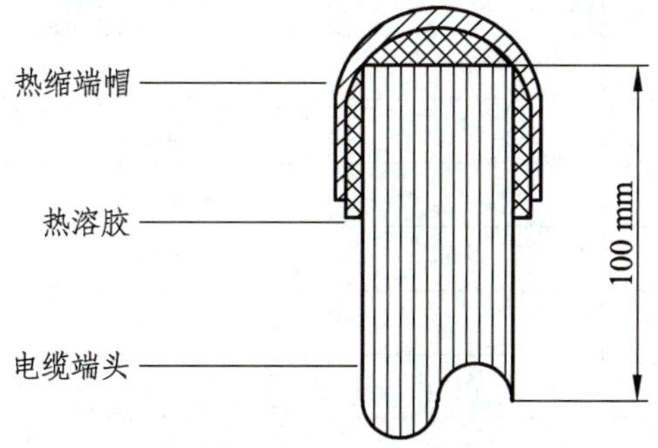

图 6.17　电缆封端示意图

（11）清理现场：整理各种仪器仪表，将废弃电缆头统一回收，清理现场杂物，做到场清料净。

所需工具及材料：钢锯、喷灯、毛笔、油漆、高阻计（或兆欧表）、直流电桥、电容测试仪、热缩端帽、个人小工具（1 套）。

任务实施

步骤一：领取高阻计、电容测试仪、剥线钳、割刀等工器具、仪表。

步骤二：完成电缆测试，满分 100 分，限时 15 min 完成，并根据电缆型号选取并填写表 6.7 或表 6.8。

表 6.7　数字综合护套信号电缆测试记录卡

<table>
<tr><td colspan="8">电缆自编号：XF22-XF26　　　　型号：SPTYWAH23　　　　规格：8C</td></tr>
<tr><td colspan="4">普通四线组</td><td colspan="4">普通四线组</td></tr>
<tr><td>组别</td><td>芯线颜色</td><td>直流电阻/Ω</td><td>绝缘电阻/MΩ</td><td>组别</td><td>芯线颜色</td><td>直流电阻/Ω</td><td>绝缘电阻/MΩ</td></tr>
<tr><td rowspan="4">Ⅰ</td><td>红</td><td>实测值</td><td>实测值</td><td rowspan="4">Ⅶ</td><td>红</td><td></td><td></td></tr>
<tr><td>白</td><td>实测值</td><td>实测值</td><td>白</td><td></td><td></td></tr>
<tr><td>蓝</td><td>实测值</td><td>实测值</td><td>蓝</td><td></td><td></td></tr>
<tr><td>绿</td><td>实测值</td><td>实测值</td><td>绿</td><td></td><td></td></tr>
<tr><td rowspan="4">Ⅱ</td><td>红</td><td></td><td></td><td rowspan="4">Ⅷ</td><td>红</td><td></td><td></td></tr>
<tr><td>白</td><td></td><td></td><td>白</td><td></td><td></td></tr>
<tr><td>蓝</td><td></td><td></td><td>蓝</td><td></td><td></td></tr>
<tr><td>绿</td><td></td><td></td><td>绿</td><td></td><td></td></tr>
<tr><td rowspan="4">Ⅲ</td><td>红</td><td></td><td></td><td rowspan="8">对绞组</td><td>红</td><td></td><td></td></tr>
<tr><td>白</td><td></td><td></td><td>白</td><td></td><td></td></tr>
<tr><td>蓝</td><td></td><td></td><td>绿</td><td></td><td></td></tr>
<tr><td>绿</td><td></td><td></td><td>白</td><td></td><td></td></tr>
<tr><td rowspan="4">Ⅳ</td><td>红</td><td></td><td></td><td>蓝</td><td></td><td></td></tr>
<tr><td>白</td><td></td><td></td><td>绿</td><td></td><td></td></tr>
<tr><td>蓝</td><td></td><td></td><td>蓝</td><td></td><td></td></tr>
<tr><td>绿</td><td></td><td></td><td>白</td><td></td><td></td></tr>
<tr><td rowspan="4">Ⅴ</td><td>红</td><td></td><td></td><td rowspan="8">单线</td><td>红</td><td></td><td></td></tr>
<tr><td>白</td><td></td><td></td><td>绿</td><td></td><td></td></tr>
<tr><td>蓝</td><td></td><td></td><td>白</td><td></td><td></td></tr>
<tr><td>绿</td><td></td><td></td><td>蓝</td><td></td><td></td></tr>
<tr><td rowspan="4">Ⅵ</td><td>红</td><td></td><td></td><td>白</td><td></td><td></td></tr>
<tr><td>白</td><td></td><td></td><td>蓝</td><td></td><td></td></tr>
<tr><td>蓝</td><td></td><td></td><td>白</td><td></td><td></td></tr>
<tr><td>绿</td><td></td><td></td><td>蓝</td><td></td><td></td></tr>
<tr><td>直流电阻最大值换算</td><td colspan="3">实测值 Ω/km</td><td colspan="4"></td></tr>
<tr><td colspan="8">检测日期：__________　环境温度：__________　天气：__________
绝缘检测仪：__________　电阻检测仪：__________
检测人：__________　技术负责人：__________　负责人：__________</td></tr>
</table>

表 6.8　数字铝护套屏蔽信号电缆测试记录卡

电缆自编号： XF1-XF5				型号： SPTYWPL23					规格：8B
屏蔽四线组						普通四线组			
组别	芯线颜色	直流电阻/Ω	电阻不平衡/%	工作电容（nF）	绝缘电阻/MΩ	组别	芯线颜色	直流电阻/Ω	绝缘电阻/MΩ
ⅠP	红	实测值	实际值	实测值	实测值	Ⅰ	红		
	白	实测值			实测值		白		
	蓝	实测值	实际值	实测值	实测值		蓝		
	绿	实测值			实测值		绿		
ⅡP	红					Ⅱ	红		
	白						白		
	蓝						蓝		
	绿						绿		
ⅢP	红					Ⅲ	红		
	白						白		
	蓝						蓝		
	绿						绿		
ⅣP	红					Ⅳ	红		
	白						白		
	蓝						蓝		
	绿						绿		
ⅤP	红					Ⅴ	红		
	白						白		
	蓝						蓝		
	绿						绿		
ⅥP	红					单线	红		
	白						绿		
	蓝						白		
	绿						蓝		
直流电阻最大值换算		实测值 Ω/km		工作电容换算	最大值实测值 nF/km，最小值实测值 nF/km				
检测日期：________			环境温度：________			天气：________			
绝缘检测仪：________			电阻检测仪：________			电容检测仪：________			
检测人：________			技术负责人：________			负责人：________			

作业风险提示

（1）电缆测试前，按规定穿戴好绝缘鞋和防护服，做好劳动安全防护。

（2）作业前严格检查工具、仪表，保证齐全良好，作业过程中做到正确使用。

（3）严格按照规定做好防护工作及相关劳动安全要求，防止电缆轧伤、割伤手脚，保证人身安全。

（4）电缆测试完毕，将电缆芯线放电处理，同时电缆头通过热缩帽封闭，防止水蒸气进入电缆。

（5）作业完成，做到工完场地清。

任务评价

任务评分表见表 6.9。

表 6.9 电缆测试任务评分表

序号	项目	评价内容与要求	配分	扣分点	得分
1	仪表准备	（1）领取的器材类型准确； （2）检查仪表是否完好	10		
2	绝缘测试	（1）仪表选用正确； （2）测试方法正确； （3）绝缘值正确记录并填入对应表格	20		
3	电容测试	（1）仪表选用正确； （2）测试方法正确； （3）电容值正确记录并填入对应表格	20		
4	导体直流电阻	（1）仪表选用正确； （2）测试方法正确； （3）电阻值正确记录并填入对应表格	20		
5	电缆参数计算	（1）直流电阻最大值换算正确； （2）工作电容换算正确	20		
6	安全操作	（1）按规定着装及佩戴，操作熟练，用时合理； （2）电缆密封良好； （3）清点仪器仪表，做到工完料清	10		
合计			100		

子任务二 电缆成端制作

一、电缆成端制作

（1）电缆穿入保护管和密封套后，用棉纱清洁电缆做成端部分外护套。

（2）使用电缆刀开剥电缆外护套，长度满足箱盒配线要求。

（3）用钢锯割切钢带、铝护套及内屏蔽层，切割口距电缆外护套端口的长度分别为 10 mm、20 mm 和 60 mm，如图 6.18 所示。

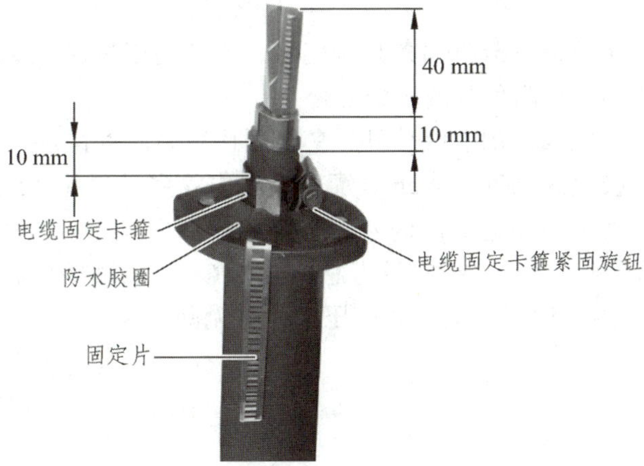

图 6.18　电缆成端制作示意图

（4）安装防水胶圈、固定片、电缆固定卡箍并锁紧。

（5）用砂纸将铝护套和钢带打毛。

（6）去除 25 ~ 30 mm 内屏蔽层上绝缘层，将屏蔽压接管内衬管置于电缆芯线与屏蔽层间，再将外部压接管置于屏蔽层外。

（7）电缆根部增加长度 5 mm、$\phi 6$ 黄色束号管，用作电缆芯线分组。

二、屏蔽连接

（1）钢带、铝护套的屏蔽连接：钢带和铝护套分别用 U 型屏蔽连接夹固定牢固，按环接方式引出两根截面面积为 1.5 mm^2的扁平铜网或 7 × 0.52 mm 多股芯线作为屏蔽引出线，如图 6.19 所示。

图 6.19　钢带、铝护套连接示意图

（2）屏蔽四线组的屏蔽连接：将截面面积为 1.5 mm^2 的扁平铜网和屏蔽四线组内的排流线置于屏蔽压接管和屏蔽四线组的屏蔽层之间，用专用压接钳压接后引出，再将引出线与其他屏蔽四线组环连压接，最后引出两根屏蔽引出线，屏蔽引出线长度根据接地端子排的位置确定，如图 6.20 所示。

（3）主管预留地线，配线时绕完线环后绑扎整齐置于号码牌底部并做好防护。

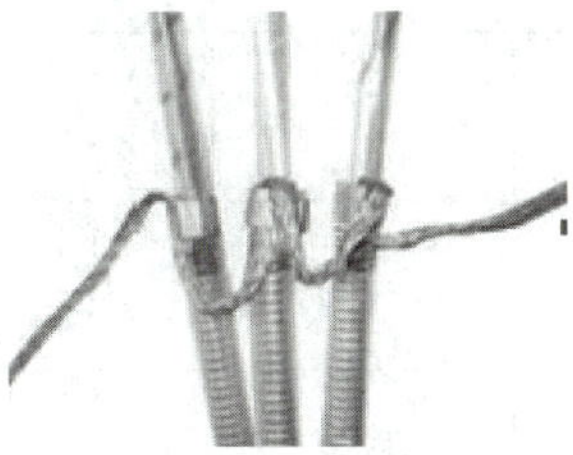

图 6.20　屏蔽连接示意图

三、电缆及地线固定

（1）将密封套推回到灌胶位置。

（2）将电缆及地线引入箱盒并将保护管与箱盒连接牢固。

四、成端密封

（1）灌胶前用脱脂棉或白布带将芯线和电缆护套之间的缝隙填塞严密，防止灌胶时胶液渗漏。

（2）检查冷封胶包装袋及分隔离条是否完好，严禁使用过保质期产品。

（3）开袋前应将 A、B 两种胶液充分混合。

（4）灌胶前将电缆四线组内芯线分开，芯线间用冷封胶灌注。

（5）七方向盒：胶室总高度为 4 cm，灌胶超出内胶室沿顶部 0.5 cm，胶面距外胶室顶面约 2 cm。四方向盒：胶室总高度为 4 cm，灌胶超出内胶室沿顶部 0.5 cm，胶面距外胶室顶面约 2 cm。信号机、道岔 HZ24：胶室总高度为 6 cm，胶面距外胶室顶面约 3.5 cm。

（6）灌胶后 12 h 内电缆不应受外力挤压，检查无漏胶现象。

任务实施

步骤一：领取电缆刀、钢锯、砂纸、扁平铜网、地线、螺丝刀、保护管、兆欧表等。

步骤二：按照施工流程完成成端制作，通过兆欧表测试电缆线间绝缘及对地绝缘，限时 20 min 完成。

作业风险提示

（1）施工作业按规定穿戴好绝缘鞋和防护服，做好劳动安全防护。

（2）作业前严格检查工具、仪表，保证齐全良好，作业过程中做到正确使用。

（3）使用工具过程中注意人身安全。

（4）成端制作需按照施工流程完成。

（5）施工完成后进行线缆对地绝缘、线间绝缘测试，做到工完场地清。

任务评价

任务评分表见表 6.10。

表 6.10　成端制作任务评分表

序号	项目	评价内容与要求	配分	扣分点	得分
1	仪表准备	（1）领取的器材类型准确； （2）检查仪表是否完好	10		
2	电缆开剥	（1）开剥电缆外护套，长度满足箱盒配线要求； （2）钢带、铝护套及内屏蔽层长度满足要求	20		
3	接地	（1）钢带、铝护套接地； （2）屏蔽层接地	20		
4	保护管安装	（1）胶室安装固定； （2）保护管安装	20		

序号	项目	评价内容与要求	配分	扣分点	得分
5	绝缘测试	使用兆欧表完成电缆对地测试、线间绝缘测试，满足绝缘要求	20		
6	安全操作	（1）按规定着装及佩戴，操作熟练，用时合理； （2）清点仪器仪表，做到工完料清	10		
合计			100		

子任务三　箱盒配线

一、箱盒配线注意事项

（1）箱盒配线电缆成端保护管应安装紧固，电气性能可靠，整体美观、标识清晰、内部清洁、密封良好，芯线余留量满足维护需要。

（2）在配线前先进行电缆绝缘测试，然后对每一根电缆进行导通、确认，挂电缆铭牌。

（3）核对箱盒内电缆型号及条数是否与图纸相符。

（4）配线前应清除箱盒内杂物，保持内部清洁。

二、屏蔽引出线的接地连接

（1）钢带及铝护套的屏蔽引出线、屏蔽四线组的屏蔽引出线端头分别压接 $\phi 6\ mm^2$ 冷压线环后，接至箱盒内地线汇流铜排。

（2）地线引接线在箱盒内一侧压接 $\phi 12\text{-}50\ mm^2$ 冷压线环后接至箱盒内地线汇流铜排，另一侧与综合接地系统连接。

（3）灌胶后的箱盒成端、接地如图 6.21 所示。

（4）挂电缆去向牌。

（5）在电缆两端要挂去向牌，使用打号机打印相关电缆信息。

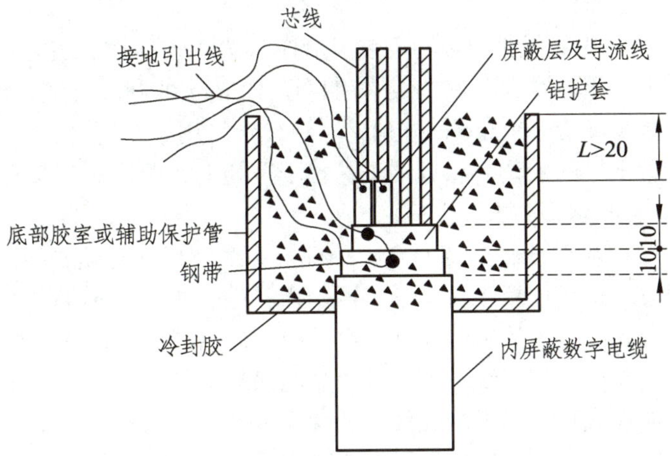

图 6.21　箱盒成端、接地示意图

（6）去向牌中注明：电缆型号、规格、电缆始终端、长度。

（7）填写质量跟踪卡和限界检查表。

（8）施工人员根据工作项目自检合格后，在质量跟踪卡上签名，将质量跟踪卡妥善置于箱盒中。

（9）根据设备安装的实际尺寸，填写信号设备限界检查表。

三、标　识

采用反光标识牌标注方向盒、终端盒、信号用变压器箱的名称，安装在基础上。

（1）屏蔽网敷在黄绿地线上方，黄绿地线线环脖子用 $\phi2.5$ 热缩管热缩并套 $\phi4$ 白色胶管，长度为 15 mm，扁平铜网线环脖子用 $\phi6$ 胶管防护。

（2）主管黄绿地线绕弹簧圈预留，屏蔽网绕圈绑在主管线把旁，线环用热缩管热缩防护，副管黄绿地线的线环接一个地线端子，屏蔽网的线环接一个地线端子。有两根及以上芯线时，芯线间必须用铜垫片隔开，双螺母紧固。

（3）把使用的电缆芯线分线到相应的端子，用尼龙扎带均匀绑扎，扎带绑扎位置对齐相应的端子，端子板和端子板中间位置加一道扎带，芯线不能交叉。扎带扣拉紧后多余部分从根部剪断，将锁扣部分转到线把下部。应特别注意，数字电缆不得出现闭环。

（4）主管配线在出胶室前按上线端子位置进行电缆排列，出线呈扇形，分到相应端子上，出线处位置排列整齐，不交叉。

（5）加强线环不做热缩处理。

（6）方向盒配线要求。

① 主管要求。

a. 主管出线高度与副管鹅头弯高度一致，四方向盒芯线开剥长度高于瓷六柱端子板顶面 125 mm 开始做环，七方向盒芯线开剥长度高于瓷六柱端子板顶面 180 mm 开始做环，线环距离芯线绝缘层预留 10 mm 线脖，压接加强线环，靠近加强线环的两个耳朵压接芯线，远离加强线环的两个耳朵压接芯线绝缘层，出线弧度一致，主副管芯线上端子在一条直线上。

b. 主管线把出胶室后绑扎 3 道，第 1 道与第 2 道之间套黄色分组胶管，第 3 道绑扎后出备用芯线，备用芯线采用直径 12 mm 的圆管缠绕，四方向盒长度为 300 mm，七方向盒长度为 400 mm，排列整齐；胶管采用 $\phi3$，长度为 15 mm，字体采用 2 mm 半角，胶管字号的个位数靠近端子，端子号朝上，顺序排列整齐。

② 副管要求。

a. 副管线把距离箱盒壁 10 mm，线把顶部与端子板高度相平，扎带绑扎对准端子柱侧边，出线位置正对端子，两个六柱端子板之间加绑扎一道，芯线从线把外侧出线，鹅头弯高度与主管出线高度一致，四方向盒芯线长度高于瓷六柱端子板顶面 100 mm 开始剥线并压接加强线环，七方向盒芯线长度高于瓷六柱端子板顶面 110 mm 开始剥线并压接加强线环，靠近加强线环的两个耳朵压接芯线，远离加强线环的两个耳朵压接芯线绝缘层，主副管芯线上端子在一条直线上。

b. 副管线把出胶室后绑扎 3 道，第 1 道与第 2 道之间套黄色分组胶管，第 3 道绑扎后出备用芯线，备用芯线采用直径 12 mm 的圆管缠绕，四方向盒长度为 600 mm，七方向盒长度为 700 mm，排列整齐；胶管采用 $\phi 3$，长度为 15 mm，字体采用 2 mm 半角，胶管字号的十位数靠近端子，端子号朝上，顺序排列整齐。

③ 方向盒电缆芯线加强线环安装如图 6.22 所示。

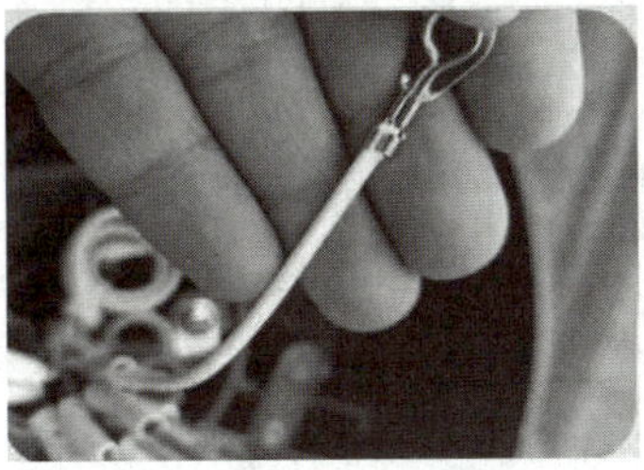

图 6.22　加强线环及箱盒配线效果

④ 方向盒配线效果如图 6.23、图 6.24 所示。

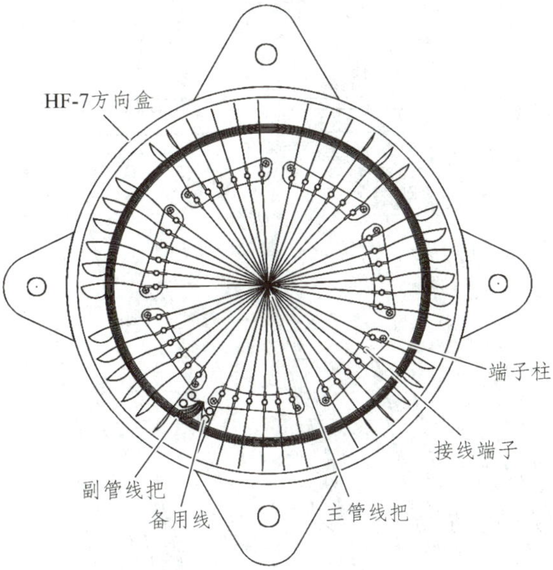

（a）俯视图

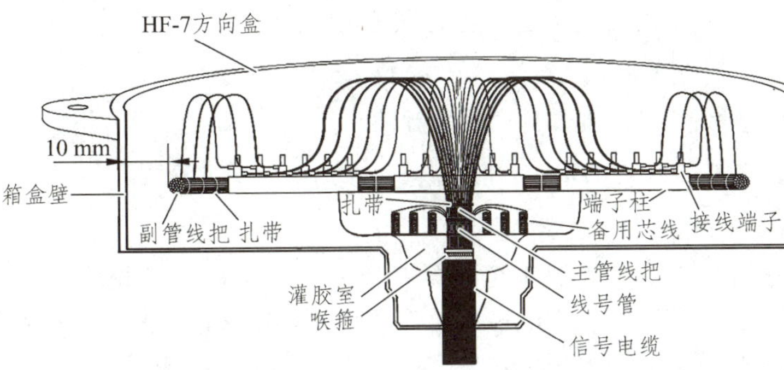

（b）正视图

图 6.23　方向盒配线效果图一

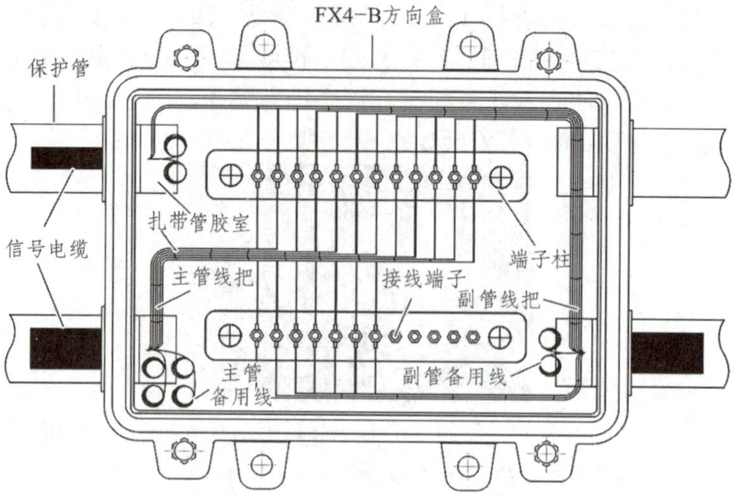

（a）俯视图

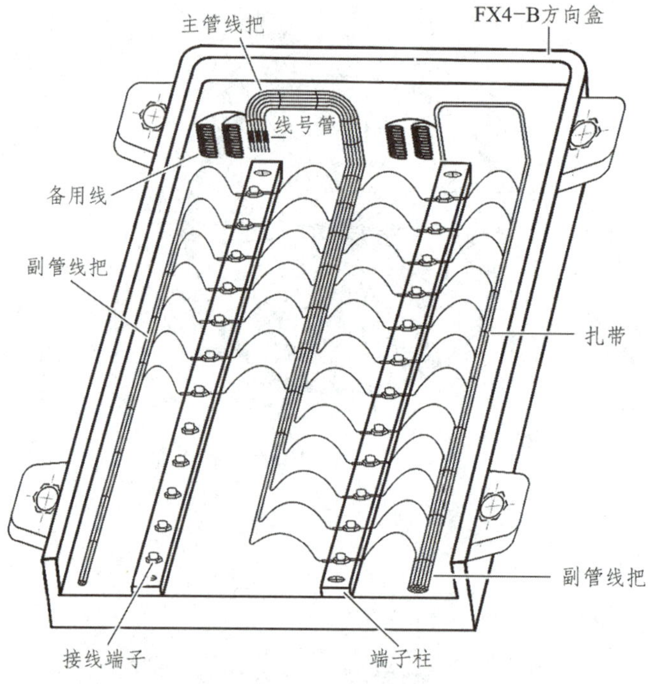

（b）正视图

图 6.24　方向盒配线效果图二

（7）信号机 XB 箱配线（直二柱）。

① 线把出胶室后绑扎 3 道，第 1 道与第 2 道之间套黄色分组胶管，第 3 道绑扎后出备用芯线，备用芯线采用直径 12 mm 的圆管缠绕，长度 800 mm，排列整齐。电缆线把居中，设备线把与信号机线把分列两侧，绑扎间距为 25 mm，电缆线出线长度为瓷六柱端子板顶面向上 160 mm，做下鹅头上线。线环距离芯线绝缘层预留 10 mm 线脖，压接加强线环，靠近加强线环的两个耳朵压接芯线，远离加强线环的两个耳朵压接芯线绝

缘层，主副管芯线上端子在一条直线上。胶管采用 $\phi3$，长度为 15 mm，字体采用 2 mm 半角，胶管字号的个位数靠近端子，端子号朝上，顺序排列整齐。

② 点灯单元：电源线和主副回线距点灯单元侧面 30 mm 处做直角向下直至线把处，芯线长度为瓷六柱端子板顶面 130 mm 处开始剥线绕环做“Z”字形，横平竖直。报警线长度为 110 mm 处开剥做直角插线。胶管采用 $\phi3$，长度为 15 mm，字体采用 2 mm 半角，胶管字号的个位数靠近端子，端子号朝上，顺序排列整齐。

③ 信号机 XB 箱配线效果如图 6.25 所示。

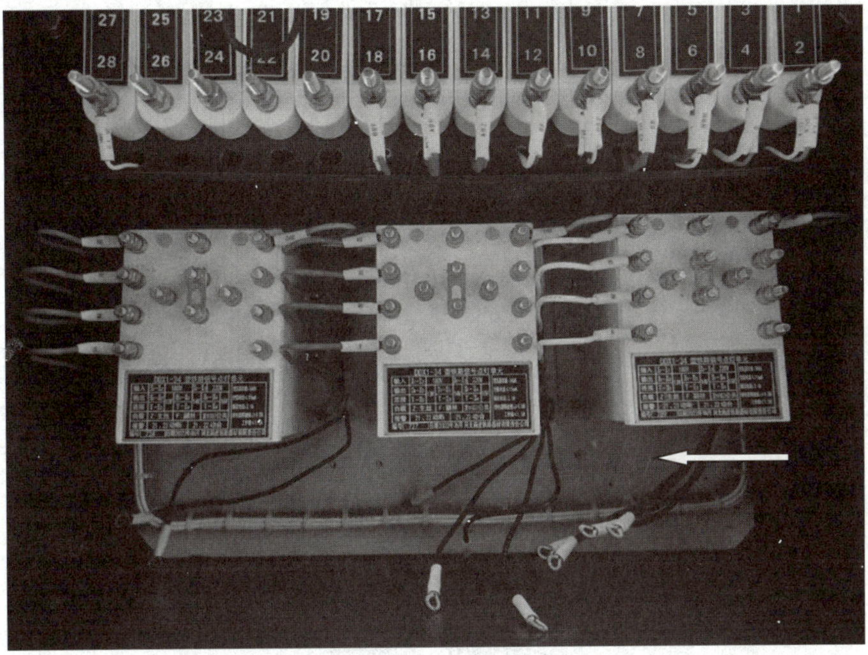

图 6.25 信号机 XB 箱配线效果

（8）HZ24 配线（弯六柱）。

① 主管线把出胶室后绑扎 3 道，第 1 道与第 2 道之间套黄色分组胶管，第 3 道绑扎后出备用芯线，备用芯线采用直径 12 mm 的圆管缠绕，长度 400 mm，排列整齐。主管出线高度高于瓷六柱端子板顶面 55 mm 处开始做环，1、12、13、24 号端子芯线开剥长度高于瓷六柱端子板面 145 mm 处开始做环，2、11、14、23 号端子芯线开剥长度高于瓷六柱端子板面 140 mm 开始做环，3、10、15、22 号端子芯线开剥长度高于瓷六柱端子板面 135 mm 处开始做环，4、9、16、21 号端子芯线开剥长度高于瓷六柱端子板面 130 mm 处开始做环，5、8、17、20 号端子芯线开剥长度高于瓷六柱端子板面 125 mm 处开始做环，6、7、18、19 号端子芯线开剥长度高于瓷六柱端子板面 120 mm 处开始做环，线环距离芯线绝缘层预留 10 mm 处线脖，压接加强线环，靠近加强线环的两个耳朵压接芯线，远离加强线环的两个耳朵压接芯线绝缘层，主副管芯线上端子在一条直线上。胶管采用 $\phi3$，长度为 15 mm，字体采用 2 mm 半角，胶管字号的个位数靠近端子，端子号朝上，顺序排列整齐。

② 副管：线把顶部与端子板高度相平，绑扎间距为 20 mm，扎带绑扎对准端子柱侧边，出线位置正对端子，鹅头弯高度高于瓷六柱端子板顶面 40 mm，芯线长度高于瓷

六柱端子板顶面 95 mm 开始剥线绕环。线环距离芯线绝缘层预留 10 mm 线脖，压接加强线环，靠近加强线环的两个耳朵压接芯线，远离加强线环的两个耳朵压接芯线绝缘层，主副管芯线上端子在一条直线上。副管线把出胶室后绑扎 3 道，第 1 道与第 2 道之间套黄色分组胶管，第 3 道绑扎后出备用芯线，备用芯线采用直径 12 mm 的圆管缠绕，长度 500 mm，排列整齐；胶管采用 $\phi3$，长度为 15 mm，字体采用 2 mm 半角，胶管字号的十位数靠近端子，端子号朝上，顺序排列整齐。

③ 终端盒 HZ24 配线效果图如图 6.26 所示。

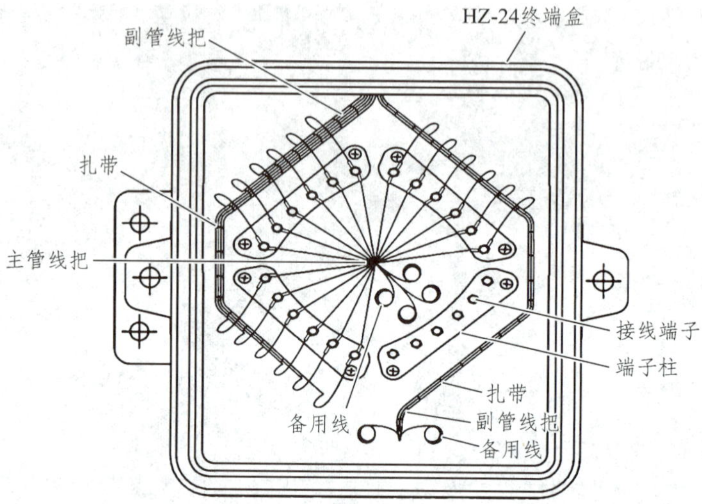

（a）俯视图

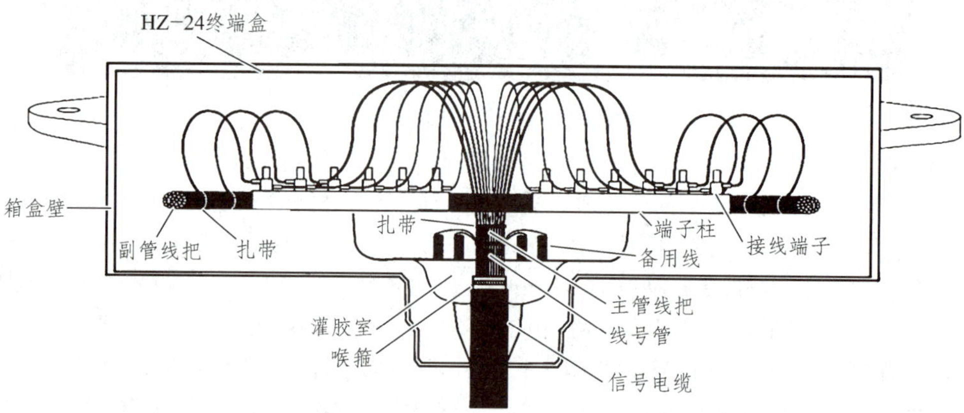

（b）正视图

图 6.26　HZ24 配线效果图

（9）芯线安装。

① 将分到位的电缆芯线预留合适的长度，做成鹅头弯，使每一根芯线的弯曲度相同。

② 鹅头弯效果图如图 6.27 所示。

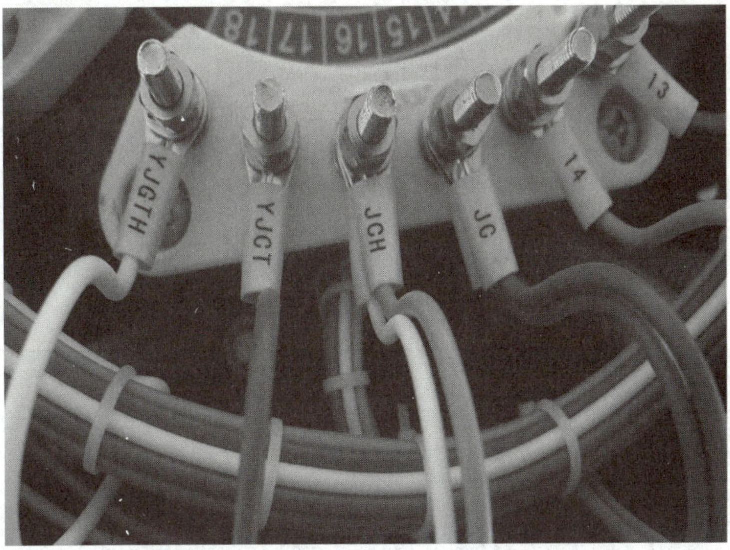

图 6.27 鹅头弯效果图

③ 箱盒均采用弯六柱或直二柱端子，则剥线长度为 35 ~ 40 mm，绕成线环，方法是：剥开的铜芯线顺时针方向绕环，留 10 mm 的余量贴紧电缆芯线，多余线头剪掉，两线不能交叉。端子上线时线环沿顺时针方向，先上主管，后上副管。有两根及以上芯线时，芯线间必须用铜垫片隔开，用铜螺母与防松螺母分别紧固。

④ 电缆芯线均采用鹅头弯与端子连接，不得盘圈并严禁折直角弯。配线端子除贯通备用、监测线、电话线使用 $\phi3$ 黄色胶管外，其余均采用 $\phi3$ 白色胶管。分组胶管使用 $\phi6$ 黄色胶管，屏蔽网防护使用 $\phi6$ 白色胶管。

⑤ 核对配线。

a. 按照配线图仔细核对配线是否正确，与对应端进行导通校对。

b. 检查芯线号码牌是否正确。

c. 检查线环是否上反。

d. 检查两根芯线间是否用铜垫片隔离。

e. 检查根母及备母是否紧固。

f. 检查接地线线环压接是否牢固。

任务实施

步骤一：领取剥线钳、扎带、套管、加强线环、套筒、压线钳、板尺等。

步骤二：测试电缆成端芯线对地及线间达标的情况，根据配线图，限时 30 min 完成箱盒配线。

作业风险提示

（1）施工作业按规定穿戴好绝缘鞋和防护服，做好劳动安全防护。

（2）作业前严格检查工具、仪表，保证齐全良好，作业过程中做到正确使用。

（3）使用工具过程中，注意人身安全。
（4）箱盒配线需按照施工流程完成。
（5）施工完成，对配线进行导通测试，工完场地清。

任务评价

任务评分表见表6.11。

表6.11　箱盒配线任务评分表

序号	项目	评价内容与要求	配分	扣分点	得分
1	仪表准备	（1）领取的器材类型准确； （2）检查仪表是否完好	10		
2	芯线分组	芯线分组正确	10		
3	线把绑扎	（1）压面线整齐； （2）扎带绑扎整齐； （3）距离箱盒壁满足要求	20		
4	配线	（1）出线均匀，与上线端子位置一致； （2）线环圆润，加强线环安装标准； （3）芯线绕环方向与螺丝固定方向一致； （4）固定螺丝紧固； （5）鹅头弯高度一致	30		
5	导通测试	万用表导通测试与图纸一致	20		
6	安全操作	（1）按规定着装及佩戴，操作熟练，用时合理； （2）清点仪器仪表，做到工完料清	10		
合计			100		

07 项目七 联锁系统操作与维护

项目描述

铁路信号联锁是保证行车安全的重要技术措施，本项目要求掌握联锁的基本概念、控制台的操作，掌握车站联锁设备的实验方法，并以 DS6-60 型计算机联锁系统为例讲解计算机联锁系统的故障处理。

学习目标

◎技能目标

（1）能够熟练使用控制台进行进路排列、操纵道岔等基本操作。

（2）能够识别联锁表，并进行联锁表填写。

（3）掌握联锁设备试验方法。

（4）能够填写正确联锁试验表。

（5）掌握 DS6-60 计算机联锁系统常见故障处理方法。

◎知识目标

（1）掌握控制台基本操作方法。

（2）掌握联锁的概念以及常见联锁关系。

（3）掌握 DS6-60 计算机联锁系统维护的日常工作内容。

（4）作业符合现场安全要求规范。

任务一 控制台基本操作

任务导入

通过对控制台结构以及界面的学习，让学生能够完成控制台的基本操作，具备排列进路、道岔转换等操作能力。

相关知识

控制车站道岔、进路和信号，并实现它们之间的联锁的设备，称为联锁设备。联锁设备可以采用机械的、机电的或电气的方法来实现，可以分散控制，也可以集中控制。

我国铁路的联锁设备主要有继电集中联锁设备、计算机集中联锁设备。随着我国铁路信号现代化进程的推进，其已大部改造成为集中联锁。集中联锁用电气的方法集中控制和监督全站的道岔、进路和信号机，并实现它们之间的联锁。集中联锁包括继电集中联锁和计算机集中联锁。集中联锁采用色灯信号机，道岔由转辙机转换和锁闭，进路上所有区段均设有轨道电路，在信号楼进行集中控制和监督、指挥，实现了站内行车指挥的自动控制，能准确及时地反映现场行车情况，不再需要分散控制时所需的联系时间，而且完全清除了因联系错误而引起的事故，因而大大提高了行车安全程度和作业效率，并且极大地改善了行车人员的劳动条件。集中联锁具有操作简便办理迅速、表示完善、安全可靠等系列优点，采用集中联锁可较大幅度地提高咽喉通过能力和到发线通过能力，即可较快收回成本。集中联锁是一种安全、高效、经济的车站联锁设备，是实现铁路现代化的重要基础设备之一。正因为如此，集中联锁已在我国普遍推广使用，并得到了迅速的发展。

计算机联锁用计算机和一些其他电子、继电器等组成具有“故障—安全”性能的实时控制系统，与继电集中联锁相比具有十分明显的技术经济优势。下面以 DS6-60 型计算机联锁系统为例介绍控制台操作。

一、系统组成

DS6-60 计算机联锁系统由 5 个部分组成，分别为：电源子系统、联锁子系统、输入输出子系统、控显子系统和电务维修子系统。系统结构如图 7.1 所示。

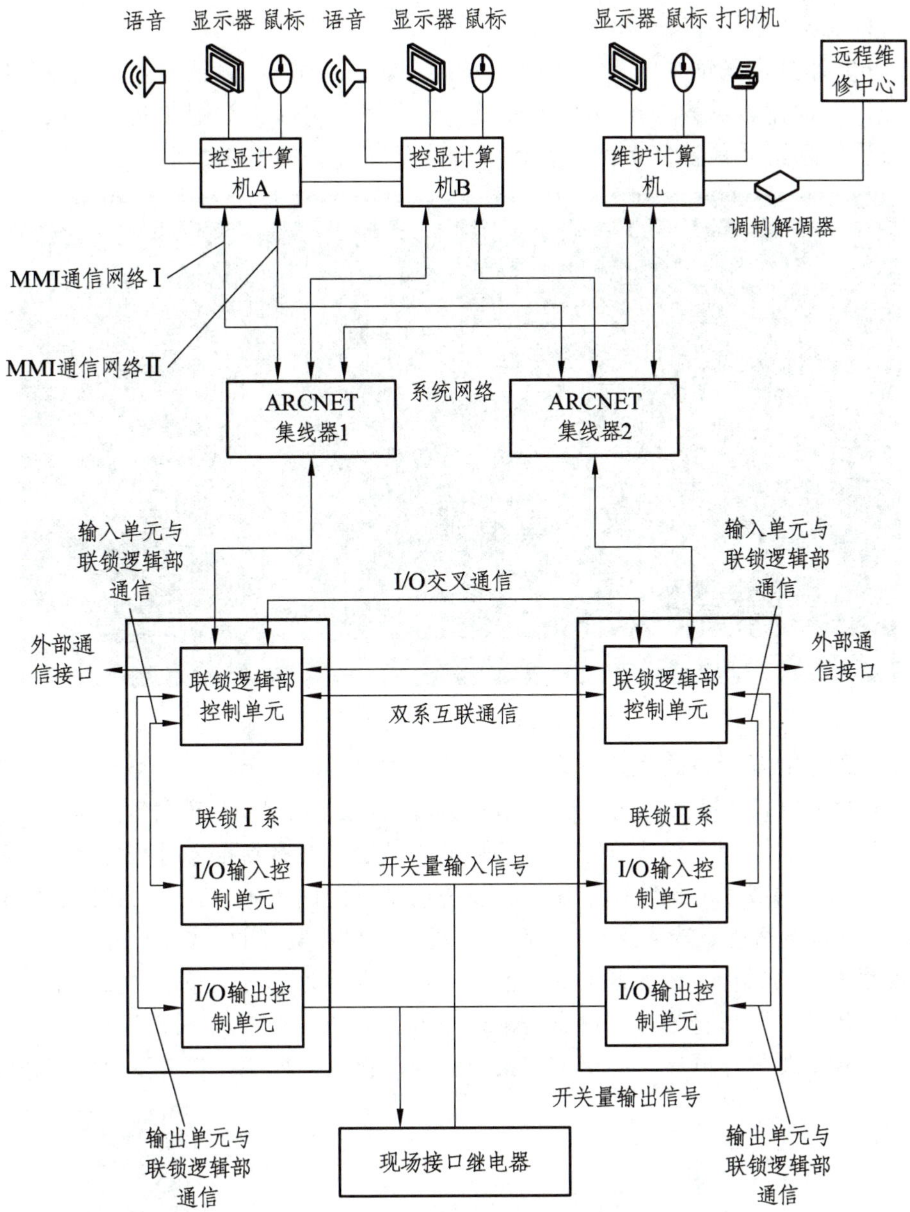

图 7.1　DS6-60 计算机锁系统结构图

二、控制台操作

控显子系统是用于站场图形实时显示和车站值班员进行操作的设备。控显子系统由控显 主机、显示器、鼠标及音箱组成。控显主机设在机械室，显示器、鼠标及音箱设在运转室。鼠标通过串行通信线与控显主机中的串行接口连接，液晶显示器通过视频电缆与控显主机中的多屏显示卡连接，音箱通过音频线与控显主机中的声卡连接。

系统设置有两台控显主机，这两台控显机采用相同的硬件设备和相同的软件，采用主备工作方式，各自连接有一套显示器和鼠标，平时同时在线运行。用户可以选择任意一台控显机使用。

DS6-60 计算机联锁系统人机界面的操作、表示（显示）、报警等方式，与国铁集团规定一致。操作显示界面按显示区域可划分为站场图区、常用功能按钮区、提示信息窗、报警信息窗、预警信息窗和设备状态信息窗等，如图 7.2 所示。

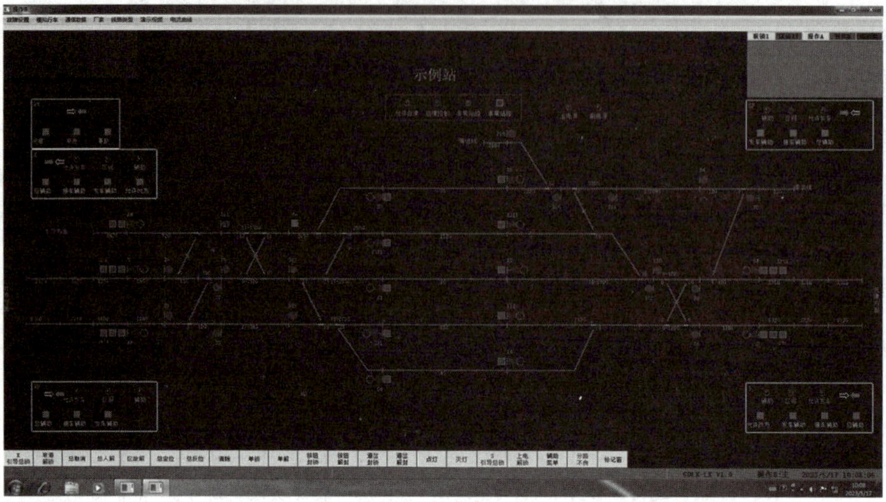

图 7.2　操作显示界面示意图

屏幕上的信息显示方式大致分为两大类：一类是自动显示的，一类是人工检索的。预警窗口、报警窗口、道岔位置，无岔区段、道岔区段、信号机、道岔等名称，可以用鼠标点击辅助菜单栏选择显示或隐藏。隐藏后的报警窗口在有新报警时会自动弹出显示在屏幕的左上角，隐藏后的预警窗口在有新预警信息时会自动弹出显示在屏幕的右上角。

无论是操作按钮还是选取菜单项，都是通过操纵鼠标实现的。当要操作某一按钮时，首先移动桌面上的鼠标，将屏幕上的“箭头”形光标移动到所要操作的按钮上，当按钮作用区内出现“手”形符号时，再点击鼠标左键，即相当于按压了该按钮。如果操作不符合本手册规定的操作顺序，屏幕上将给出相应的提示，提醒操作者及时取消错误的或无效的操作。

微课：通过信号机显示模块

（一）常用功能按钮

1. 进路按钮

（1）列车信号按钮：在每一架列车信号复示器的前方，紧靠复示器处，设置一个暗绿色列车信号按钮，也称作列车进路按钮，主要供进路排列、解除或重复开放信号使用。

（2）列车通过按钮：在每一架进站信号复示器的前方靠近信号按钮处，设一个暗绿色列车通过按钮。

（3）调车进路按钮：不单独设置调车按钮，信号机构兼作调车按钮（包括列车兼调车信号机）。信号机构既可作调车进路的始端按钮，又兼作调车进路的终端按钮或列车进路变通按钮或调车进路变通按钮，由按压按钮的顺序而定。

微课：道岔操纵模拟

2. 道岔按钮

不单独设置道岔按钮，以岔尖为圆心的道岔图形区域为道岔按钮。双动道岔的任一道岔按钮，对于道岔操作时功能是等同的。当鼠标移至道岔按钮区域时，道岔名称突出显示，鼠标变小手图形。

3. 其他功能按钮

（1）引导总锁闭（带铅封）按钮

：当道岔失去表示、无法办理进路时，需将所在咽喉中的全部道岔锁闭后才能办理引导接车。

（2）进路总取消按钮

：为取消预先锁闭的进路而设置的按钮。当防护信号机已开放其接近区段未被列车或机车车列占用时，若要解除已锁闭的进路，则须办理进路取消手续。为此，须设总取消按钮，它需与进路始端按钮配合使用。

（3）进路总人工解锁按钮

：当防护信号机开放后，其接近区段被列车或机车车辆所占用，这时要解除已锁闭的进路，须办理进路的人工解锁手续。为此对应全站（或每一咽喉区）设一个带“铅封”的总人工解锁按钮，它需与进路始端按钮配合使用。

（4）道岔总定位操纵按钮

：为了将道岔操纵到定位，对应全站（或每一咽喉区）的道岔设置一个共用的按钮。它配合道岔按钮把该道岔操至定位。

（5）道岔总反位操纵按钮

：为了将道岔操纵到反位，对应全站（或每一咽喉区）的道岔设置一个共用的按钮。它配合道岔按钮把该道岔操至反位。

（6）道岔单锁按钮

：在特殊情况下将道岔单独锁闭的按钮，需要与道岔按钮配合使用。

（7）道岔单解按钮

：解除道岔单锁的按钮，需要与道岔按钮配合使用。

（8）轨道区段故障解锁按钮

：列车通过进路后，因轨道电路故障而使部分乃至全部轨道电路区段未正常解锁时，为了解除上述轨道区段的进路锁闭，设置一个带铅封的按钮。它需要与区段按钮配合使用。

（9）清除按钮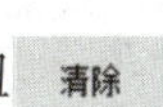

：为清除自复式操作按钮信息、“联锁提示信息框”中的显示等。对应全站设一个清除按钮。

（10）引导信号按钮：当进站信号（或接车进路信号）机因故障不能开放或开放后又因故关闭时，可按引导方式接车。为了办理引导进路和开放引导信号，在每个接车信号复示器的前方设一个深蓝色引导信号按钮。

（11）按钮封锁按钮：用于对信号按钮进行封锁。它需要与信号按钮配合使用。

（12）按钮解封按钮：解除信号按钮的封锁。它需要与信号按钮配合使用。

（13）道岔封锁按钮：同意电务人员对道岔进行维修的按钮。它需要与道岔按钮配合使用。

（14）道岔解封按钮：解除单封的按钮。它需要与道岔按钮配合使用。

（15）上电解锁按钮：用于计算机联锁实训系统上电时全站/场解锁。

（16）辅助菜单按钮：用于扩展操作显示界面上联锁操作之外的其他辅助功能，例如 “语音暂停”。

（17）点灯按钮：常态灭灯的车站设备，用于对列车信号机进行点灯操作，需要与信号按钮配合使用。

（18）灭灯按钮：常态灭灯的车站设备，用于对列车信号机进行灭灯操作，需要与信号按钮配合使用。

（二）按钮操作方法

（1）对于不带“铅封”的按钮，通过鼠标点击该按钮，该按钮的操作立即生效。对于带“铅封”的按钮，当点击该按钮后屏幕上立刻弹出“口令窗”窗口，要求操作者输入口令（相当于破铅封）并确认。口令的输入过程如下：

① 输入口令码（口令为 123）。

② 操作者认为口令码无误后，点击“确认”键。

③ 操作者按压“确认”键之前，想取消该次按钮操作时，可直接点击口令窗内的“取消”键。

（2）当顺序操作多个按钮而不符合配对规则（例如按压了“总定位”按钮，又按压了一个信号按钮）时，操作无效，需要重新操作。

（3）除引导总锁外的按钮按下后显示为已按下状态，如 15 s 内无下一步操作，按钮自动恢复为未按下状态。

（4）办理列车进路和重复开放信号。

列车进路的操纵方法是按照列车的运行方向顺序按压始端按钮和终端按钮。

① 办理基本进路。

例如：成都方面→IG 接车基本进路，顺序按压 XLA 和 S_{I}LA。

ⅡG→达州方面发车基本进路，顺序按压 S_{II}LA 和 X_{D}LA。

② 办理变通进路。

例如：X→IG 接车变通进路，顺序按压 XLA、D_{11}A 和 S_ILA。

③ 办理通过进路。

微课：调车进路

办理通过进路的方法有一次办理和分段办理两种。例如：由成都经 IG 往重庆方面通过的进路，可以顺序按压 XTA 和 S_FLA 一次办理；也可以先办理由 IG 往下行方向的发车进路，按压 X_ILA 和 S_FLA，然后办理下行至 IG 的接车进路，按压 XLA 和 S_ILA。

④ 重复开放信号。

当信号因故关闭，但开放条件仍然满足时，可通过按压进路始端信号按钮重复开放信号。

（5）办理列车进路和重复开放信号。

顺序按压进路始端信号按钮、进路终端信号按钮（注意：顺向单置信号机、并置或差置反向信号机、尽头线反向信号机或专设的调车进路终端按钮）。

① 办理基本进路。

例如：D3→D11 调车，顺序按压 D3A、D11A。

D3→D9 调车，顺序按压 D3A、D7A。

D1→D15 调车，顺序按压 D1A、D5A。

D7→IAG 调车，顺序按压 D7A、D3A。

D13→ⅡG 调车，顺序按压 D13A、S_{II}DA。

② 办理长调车进路。

办理长调车进路的方法有一次办理和分段办理两种。例如：办理 D3→D13 调车进路时，可以顺序按压 D3A、D13A 一次办理；也可以先办理 D9→D13 调车进路，按压 D9A、D13A，再办理 D3→D9 调车进路，按压 D3A、D7A。

③ 办理变通进路。

办理调车变通进路时，需要使用反向单置调车进路按钮作为变通按钮，必要时，需设置单独的 BA。例如：由 IG→IAG 调车的变通进路，顺序按压 S_IDA、D11A 和 D3A。

④ 重复开放信号。

当信号因故关闭，但开放条件仍然满足时，可通过按压进路始端信号按钮重复开放信号。

（6）进路或轨道区段的解锁。

① 取消进路。

进路处于预先锁闭状态，进路空闲，轨道电路无故障，道岔位置正确。操作方法：按压总取消按钮、按压进路始端信号按钮。

② 人工解锁。

进路处于接近锁闭状态，进路空闲，道岔表示正确。操作方法：按压总人解、输入口令、按压进路始端按钮。

③ 轨道区段故障解锁。

被解锁的区段不在列车或车列运行的前方而且该区段轨道电路无故障。操作方法：区故解按钮、输入口令、按压待解锁的区段按钮。

（7）引导进路的办理与解锁。

① 引导接车。

当进站信号机不能开放允许信号时，可以通过开放引导信号方式办理引导接车。操作方法：先单独操纵好进路上的道岔后，按压该信号机的引导按钮，从而开放引导信号。

② 引导总锁闭接车。

当道岔故障失去表示，此时可通过办理引导总锁闭方式接车。操作方法：先人工确认好进路上的道岔后，按下引导总锁闭按钮，使全咽喉道岔锁闭，从而开放引导信号。

（8）道岔的单操和封锁、单锁与其解锁。

① 道岔单操。

顺序按压总定（反）位按钮和道岔按钮。

② 道岔封锁。

顺序按压道岔封锁按钮和道岔按钮。

③ 道岔解除封锁。

顺序按压道岔解封按钮和道岔按钮。

④ 道岔单锁。

顺序按压单锁按钮和道岔按钮。

⑤ 道岔单解。

顺序按压单解按钮和道岔按钮。

（9）改变运行方向的辅助办理。

例如：本车站由 IG 往 X 进站信号机方向发车时，需要本站要求向成都站发车，两站值班员确认区间空闲后，共同进行辅助办理来改变运行方向，具体操作如下：

本站：

破封按压“总辅助”，再破封按压“发车辅助”，待“辅助”亮白灯；等乙站辅助办理完毕，甲站发车表示灯亮绿灯后，“发车辅助”自动复原，表示甲站辅助办理完毕。值班员利用发车进路办理发车作业，当车压入信号机内方时，“辅助”灭灯。列车进入区间后，再次单击“总辅助”，使“总辅助”复原，至此表明发车站一次辅助办理结束。

成都站：

破封按压“总辅助”，再破封按压“接车辅助”，待“辅助”亮白灯后，“接车辅助”自动复原；当接车表示灯亮黄灯、“辅助”灭灯时，表示本站辅助办理完毕。再次单击“总辅助”，使“总辅助”复原，至此表明接车站一次辅助办理结束。

任务实施

两人一组在控制台依次完成控制台按钮操作任务，并完成表 7.1 内容填写。

表 7.1 控制台按钮操作测试表

要求	具体任务	按压按钮	实验结果	测试人
例：接车进路	X→IG	XLA、S_ILA	√	张三

续表

要求	具体任务	按压按钮	实验结果	测试人

实验结果代号填写：√表示正确；×表示不对。

任务评价

任务评分表见表 7.2。

表 7.2　控制台按钮操作评分表

序号	项目	评价内容与要求	配分	扣分点	得分
1	进路办理	完成 5 条进路办理操作	70	办理进路操作案例，错误 1 个按钮扣 7 分	
2	台账资料填写	根据进路办理内容完成表 7.1 内容填写	30	错误 1 项内容扣 2 分	
3	其他	随机提问 3 个问题，回答功能性按钮作用	0	错误 1 个，总分内额外扣除 3 分	
合计			100		

任务二　联锁表编制

任务导入

通过联锁表编制方法的学习，让学生独立完成油溪站联锁表编制，能够理解各设备间的联锁关系。

相关知识

联锁是保证行车安全的重要技术措施，是指信号、道岔、进路之间相互制约的关系。例如：进路上的道岔位置不正确，或已经有列车占用，或敌对信号已经开放，或进路未锁闭等情况下，防护进路的信号机不能开放；若信号已经开放，则进路上的道岔不能转换，敌对信号不能开放。

联锁图表是车站联锁设备间联锁关系的说明，采用图和表的形式来表示。它由信号平面布置图和联锁表两部分组成。联锁图表说明车站信号设备之间的联锁关系，显示了进路道岔、信号机及轨道电路区段之间的基本联锁内容。电路设计是根据联锁图表的要求严密进行的，联锁试验和竣工验收时也以联锁图表作为检查工程质量的重要依据。因此，必须认真编制联锁图表，避免任何差错和遗漏。

一、信号平面布置图

信号平面布置图是编制联锁表的重要依据，为满足编制联锁表的需要，信号平面布置图上一般有以下主要内容：

（1）信号楼，联锁区域的全部线路，与联锁区结合的非联锁区域线路。

（2）道岔、信号机、信号表示器、轨道电路区段等联锁设备的位置、名称及编号。

（3）尽头线、专用线、牵出线、编组线、机车出入库线等的位置。

（4）正线和到发线的接发车方向，接发车口区间线路的运行方向。

（5）站舍、站台、信号楼等的位置，信号楼与最近线路、股道与股道之间的距离。

（6）联锁道岔、信号机、警冲标与信号楼中心的距离。

（7）进站信号机外方制动距离内有超过 6%下坡道时，应注明。

图 7.3 所示为举例站场车站信号设备平面布置图，图中标明了站场线路的布置和接发车方向、信号楼的位置及集中区的划分范围、信号机的名称、编号和设置位置轨道区段的划分情况等。

微课：车站信号平面布置图

微课：进站、出站信号机的设置

微课：出站信号机的灯光配列

微课：调车及其他信号机的灯光配列

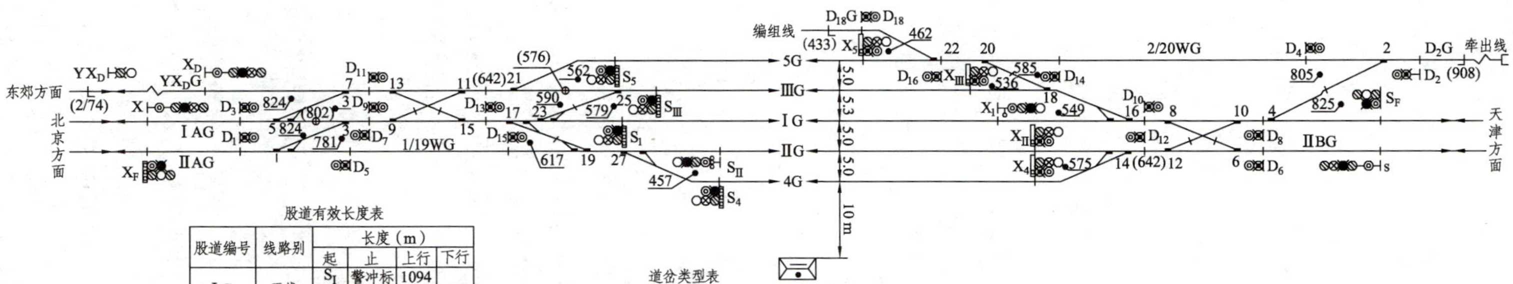

股道有效长度表

股道编号	线路别	长度(m)			
		起	止	上行	下行
I G	正线	S_I	警冲标	1094	
		X_I	警冲标		1094
IIG	正线	S_{II}	警冲标	1028	
		X_{III}	警冲标		1028
IIIG	正线	S_{III}	警冲标	1060	
		X_{III}	S_{III}		1056
4G	站线	S_4	警冲标	1028	
		X_4	警冲标		1028
5G	站线	S_5	警冲标	1020	
		X_5	警冲标		1020

道岔类型表

类型	撤叉线	号码	备注
50 kg/m	1/9	2、22	
60 kg/m	1/12	7、11、13、21、25、18、20	
60 kg/m 提速	1/12	9、15、4、6、8、10、12	固定撤叉
60 kg/m 提速	1/12	1、3、5、17、19、23、27、14、16	可动心轨

图 7.3 举例站场车站信号设备平面布置图

二、联锁关系

（一）进路与道岔之间的关系

1. 建立进路时对道岔的要求

建立进路时要求进路沿途所有道岔均处于开通进路的位置并保持锁闭状态，直至解锁。

2. 对进路之外的道岔的要求

（1）防护道岔：为了保证作业安全，建立一条进路时，有时候必须对不在进路上的其他道岔也要转换并锁闭，而且要在检查其位置正确性之后，才能开放信号，这种道岔即为防护道岔。

（2）带动道岔：为了满足平行作业的需要，属于同一道岔区段但不经过的道岔也需要转换到能开通平行进路的位置，这种道岔就是带动道岔。如果未完成带动，不会影响到信号的开放，但会影响平行进路的办理，影响车站作业效率。

（二）进路与轨道区段之间的联锁

建立进路时，必须检查有关轨道区段的空闲条件才能开放信号，并且在信号的开放过程中，要求一直监督有关轨道区段的空闲情况。如果区段不空闲，信号不能开放或者关闭。

建立列车进路时，必须检查进路范围内所有区段的空闲情况；建立调车进路时，一般只需要检查道岔区段的空闲情况，由于调车作业往往是到无岔区段或者股道里取车连挂，因此不检查无岔区段和股道的空闲情况。但一次性办理经由咽喉区中部的无岔区段的长调车进路时，需要检查该无岔区段的空闲情况。

当有超限绝缘，经超限绝缘一侧的轨道区段建立进路时，要对超限绝缘相邻的另一区段进行有条件的检查，既要保证平行作业，又要防止发生侧面冲突。

（三）进路与进路之间的联锁

建立进路时，要防止与之成敌对关系的进路也同时建立起来，否则就会发生迎面冲撞或者追尾事故。

所谓敌对进路，是指同时建立起来有可能发生危险的任意两条进路。相互敌对的进路总是会出现部分重叠的路径。敌对进路又分为本咽喉敌对和对方咽喉敌对，都需要检查。

本咽喉内相互重叠（顺向、对向）的列车进路之间、调车进路之间均构成敌对进路。两条进路虽有部分重叠，但这两条进路会经过同道岔的不同位置，由于道岔不可能同时在定位又在反位，所以这两条进路不可能同时建立起来，相互抵触。在检查联锁条件时不需要检查抵触进路。

（四）进路与信号机之间的联锁

微课：排列进路按下按钮

1. 进路与信号的关系

开放信号前，必须先锁闭进路；解锁进路前，必须先关闭信号。只有这样，才能保障行车安全。

2. 敌对信号

为了行车安全，防止迎面冲撞或追尾，建立进路时，道岔位置不能区分，又不允许开放的信号为敌对信号。如果敌对进路先建立起来，本进路就不能再建立，也就是在建立进路时，要确认所有敌对进路未建立，敌对信号未开放，并保持在不能开放状态。

3. 条件敌对信号

建立进路时，进路之外的某一信号因为道岔的位置变化，有时是敌对的，有时又变成了非敌对信号，则称该信号为条件敌对信号。

三、联锁表

联锁表是根据车站信号平面布置图所展示的线路、道岔、信号机、轨道电路区段等情况，按规定的原则和格式编制的。联锁表以进路为主体，逐条地把排列进路需要顺序按压的按钮、防护该进路的信号机名称和显示、进路要求检查并锁闭的道岔编号和位置、进路应检查的轨道电路区段名称，以及与所排进路敌对的信号填写清楚。

联锁表内容包括：

（1）进路的方向：填写进路性质和运行方向。（列车接车、列车发车、列车通过、调车或延续进路）

（2）进路栏：逐条列出列车及调车的基本进路。在较大车站，列车进路除基本进路外，还需列出一条变通进路作为第二种进路方式。填写方式如下：

① 列车进路：

接车："至 X 股道"；

发车："由 X 股道"。

② 调车进路：

由 DXX 信号机调车时记作"由 DXX"；

调车至另一顺向调车信号机时记作"至 DXX"；

调车至股道记作"至 X 股道"。

（3）进路方式栏：有两个进路方案的列车进路，在本栏中应填写 1、2，其中 1 代表基本进路，2 代表变更进路。

（4）排列进路按下的按钮：填写排列进路时顺序按下的按钮名称。

（5）确定运行方向道岔栏：当有两种以上进路方案运行时，为区别开通的进路，填写关键对向道岔的位置。

（6）信号机栏：填写排列进路时开放的信号机名称及显示。

（7）道岔栏：顺序填写进路中所包括的全部道岔及防护和带动道岔的编号和位置，填写方式如下：

① 1/3：将 1/3 道岔锁在定位；

②（5/7）：将 5/7 道岔锁在反位；

③ [9/11]：将 9/11 道岔防护在定位；

④ [（9/11）]：将 9/11 道岔防护在反位；

⑤ {23/25}：将 23/25 道岔带动到定位；

⑥ {（27）}：将 27 号道岔带动到反位。

（8）敌对信号栏：填写排列该进路的全部敌对信号。填写方式如下：

对于列车兼调车信号机 S5，列车和调车都为敌对信号时为 S5，列车为敌对信号时为 S5L，调车为敌对信号时为 S5D。

调车信号机 D1 为敌对信号时填写为 D1。

有条件敌对时填写方法为：

① 经 1 号道岔定位的 D1 信号机为所排进路的敌对信号时填写为 <1>D1；

② 经 3 号道岔反位的 S5 信号机为所排进路的敌对信号时填写为 <（3）>S5。

（9）轨道电路区段栏：顺序填写排列进路时需要检查空闲的轨道电路区段名称。填写方式举例：

① 5DG：排列进路时须检查 5DG 的空闲；

② <21>21DG：表示当 21 号道岔在定位时排列进路须检查侵限绝缘区段 21DG 的空闲；

③ <（25）>25DG：表示当 25 号道岔在定位时排列进路须检查侵限绝缘区段 25DG 的空闲。

（10）迎面进路栏：填写同一到发线上对向列车、调车进路的敌对关系，以线路区段名称表示。

表 7.3　举例站场下行咽喉联锁表

方向			进路	进路方式	排列进路按下按钮	确定运行方向道岔	信号机		表示器	道岔	敌对信号	轨道区段	迎面进路		其他联锁	进路号码
							名称	显示					列车	调车		
列车进路	东郊方向	接车	至 5 股道		X_DLA、S_5LA		X_D	UU		5/7、9/11、13/15、(21)、{(23/25)}	D_{11}、S_5	7DG、11-13DG、21DG、<23/25>25DG、5G	5G	5G		1
列车进路	东郊方向	接车	至Ⅲ股道	1	X_DLA、$S_Ⅲ$LA	13/15	X_D	U		5/7、9/11、13/15、21、23/25	D_{11}、S_{III}	7DG、11-13DG、21DG、25DG ⅢG	ⅢG	ⅢG		2
列车进路	东郊方向	接车	至Ⅲ股道	2	X_DLA、D_{13}、$S_Ⅲ$LA	(13/15)	X_D	U		5/7、(13/15)、[9/11]、17/19、(23/25)	D_{11}、D_{13}、$S_Ⅲ$	7DG、11-13DG、9-15DG、17-23DG 25DG、<21>21DG、IIIG	ⅢG	ⅢG		3
列车进路	东郊方向	接车	至Ⅰ股道		X_DLA、S_ILA		X_D	UU		5/7、(13/15)、[9/11]、17/19、23/25	D_{11}、D_{13}、S_I	7DG、11-13DG、9-15DG、17-23DG、IG	ⅠG	ⅠG		4
列车进路	东郊方向	接车	至Ⅱ股道		X_DLA、$S_Ⅱ$LA		X_D	UU		5/7、(13/15)、[9/11]、(17/19)[23/25]、27	D_{11}、D_{13}、$S_Ⅱ$	7DG、11-13DG、9-15DG、17-23DG 19-27DG、IIG	ⅡG	ⅡG		5
列车进路	东郊方向	接车	至 4 股道		X_DLA、S_4LA		X_D	UU		5/7、(13/15)、[9/11]、(17/19)[23/25]、(27)	D_{11}、D_{13}、S_4	7DG、11-13DG、9-15DG、17-23DG 19-27DG、4G	4G	4G		6
列车进路	东郊方向	发车	由 5 股道		S_5LA、X_DLA		S_5	L	B-C	(21)、13/15、9/11、5/7	X_D、D_{11}、S_5D	7DG、11-13DG、21DG、<23/25> 25DG			BS	7
列车进路	东郊方向	发车	由Ⅲ股道	1	$S_Ⅲ$LA、X_DLA	23/25	$S_Ⅲ$	L	B-C	5/7、9/11、13/15、21、23/25	X_D、D_{11}、$S_Ⅲ$D	7DG、11-13DG、21DG、25DG			BS	8
列车进路	东郊方向	发车	由Ⅲ股道	2	$S_Ⅲ$LA、D_{13}、X_DLA	(23/25)	$S_Ⅲ$	L	B-C	5/7、(13/15)、[9/11]、17/19、(23/25)	X_D、D_{11}、D_{13}、$S_Ⅲ$D	7DG、11-13DG、9-15DG、17-23DG 25DG、<21>21DG			BS	9
列车进路	东郊方向	发车	由Ⅰ股道		S_ILA、X_DLA		S_I	L	B-C	5/7、(13/15)、[9/11]、17/19、23/25	X_D、D_{11}、D_{13}、S_ID	7DG、11-13DG、9-15DG、17-23DG			BS	10

续表

方向			进路	进路方式	排列进路按下按钮	确定运行方向道岔	信号机		表示器	道岔	敌对信号	轨道区段	迎面进路		其他联锁	进路号码
							名称	显示					列车	调车		
列车进路	东郊方向	接车	由Ⅱ股道		$S_{II}LA$、X_DLA		S_{II}	L	B-C	5/7、(13/15)、[9/11]、(17/19)[23/25]、27	X_D、D_{11}、D_{13}、$S_{II}D$	7DG、11-13DG、9-15DG、17-23DG 19-27DG			BS	11
			由4股道		S_4LA、X_DLA		S_4	L	B-C	5/7、(13/15)、[9/11]、(17/19)[23/25]、(27)	X_D、D_{11}、D_{13}、S_4D	7DG、11-13DG、9-15DG、17-23DG 19-27DG			BS	12
	北京方向	正方向发	由5股道		S_5LA、X_FLA		S_5	L或LU或U	B-A	(21)、(9/11)、[13/15]、(1/3){(23/25)}、{(5/7)}	D_7、D_9、X_F、S_5D	21DG、<23/25>25DG、11-13DG 9-15 DG、3 DG、<5/7>5DG、1DG、ⅡAG			BS	13
			由Ⅲ股道	1	$S_{III}LA$、X_FLA	(23/25)	S_{III}	L或LU或U	B-A	(23/25)、17/19、13/15、9/11、(1/3)	D_7、D_9、D_{13}、X_F、$S_{III}D$	25DG、<21>21DG、17-23DG 9-15 DG、3DG、<5/7>5DG、1DG、ⅡAG			BS	14
			由Ⅲ股道	2	$S_{III}LA$、BA、X_FLA	23/25	S_{III}	L或LU或U	B-A	23/25、21、(9/11)、[13/15]、(1/3)、{(5/7)}	D_7、D_9、X_F、$S_{III}D$	25DG、21DG、11-13DG、9-15DG、3DG <5/7>5DG、1DG、ⅡAG			BS	15
			由Ⅰ股道		S_ILA、X_FLA		S_I	L或LU或U	B-A	23/25、17/19、13/15、9/11、(1/3)、{(5/7)}	D_7、D_9、D_{13}、X_F、S_ID	17-23DG、9-15DG、3DG、<5/7>5DG、1DG、ⅡAG			BS	16
			由Ⅱ股道	1	$S_{II}LA$、XFLA	17/19	S_{II}	L或LU或U	B-A	27、17/19、1/3	D_{15}、D_5、X_F、$S_{II}D$	19-27DG、1/19WG、1DG、ⅡAG			BS	17

（11）其他联锁栏：单线半自动闭塞区段只有在办理完闭塞手续取得发车权后才能开放出站信号机；自动闭塞区段的出站信号机的开放也要检查离去区段的条件，在联锁表中统一用“闭塞”来表示，因此，在发车进路的“其他联锁”栏内要填写“BS”字样。

除此之外，如果车站内有延续进路、场间联系等作业时，均应在该栏目内表明。

表 7.3 所示为举例站场下行咽喉联锁表。表中只列出部分进路。

任务实施

根据图 7.4 油溪站信号平面布置图，编制联锁表。

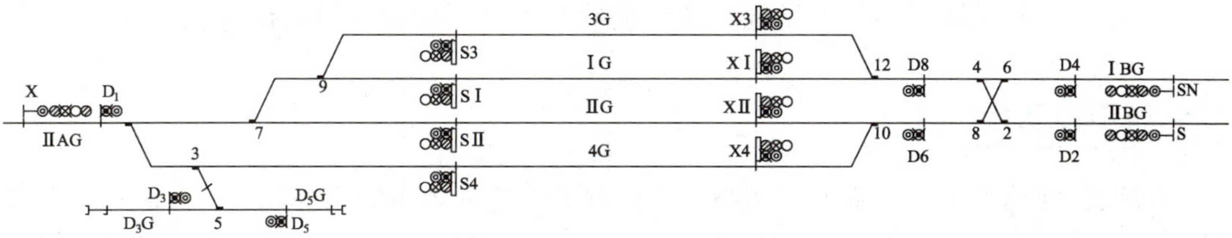

图 7.4　油溪站信号平面布置图

任务评价

任务评分表见表 7.4。

表 7.4　联锁表编制评分表

序号	项目	评价内容与要求	配分	扣分点	得分
1	进路数量	1. 完整编制联锁表涉及进路。	20	1. 缺一条进路扣 4 分，最多扣 20 分。	
2	排列进路按钮	1. 正确填写排列进路按钮栏内容。	10	1. 错误一项内容扣 1 分，最多扣 10 分。	
3	进路方向与确定运行方向道岔	1. 正确填写进路方向栏与确定运行方向道岔栏内容。	5	1. 错误一项内容扣 1 分，最多扣 5 分。	
4	信号机	1. 正确填写信号机栏内容。	10	1. 错误一项内容扣 1 分，最多扣 10 分。	
5	道岔	1. 正确填写道岔栏内容。	10	1. 错误一项内容扣 1 分，最多扣 10 分。	
6	敌对信号	1. 正确填写敌对信号栏内容（不用填写条件敌对信号）。	10	1. 错误一项内容扣 1 分，最多扣 10 分。	
7	轨道区段	1. 正确填写轨道区段栏内容。	20	1. 错误一项内容扣 1 分，最多扣 20 分。	
8	迎面进路、其他联锁与进路号码	1. 正确填写迎面进路栏、其他联锁栏与进路号码栏内容。	15	1. 错误一项内容扣 1 分，最多扣 15 分。	
合计			100		

任务三　联锁试验基本操作

任务导入

通过学习常见联锁项目的试验方法，能够开展不同联锁项目的试验。

相关知识

联锁软件仿真试验是对联锁关系（软件部分）进行全面的检查试验，对每一个联锁条件的遍历试验，按照“当满足联锁条件时输出与预期一致的结果；当不满足条件时，不输出或关闭已输出的结果”原则开展试验，一般采取实验室仿真的方法来完成。外部电路的联锁关系、计算机系统功能的试验，一般在模拟试验阶段完成。除此之外，还需对单项设备进行对位试验及电路功能试验。

一、联锁表核对

（一）试验项目：始、终端按钮核对

试验目的：核对进路办理方式及始终端按钮的正确性。

试验方法：

（1）核对联锁表操作按钮与控制台按钮是否一致，按钮属性是否正确。

（2）试验“始端按钮 +（变通按钮）+ 终端按钮"操作方式。按照进路表提供的始终端按钮、变通按钮操作，进路能选排、锁闭、信号开放。变通按钮有多个的，须试验进路表以外的按钮，看是否有效。

（3）对于试验错误操作方式（按钮属性不正确、多按按钮等），进路不应被选排。通过按钮只能与固定的反向进站列车按钮匹配。非进路匹配的按钮按下后，按下的按钮应恢复为无效状态。单个按钮按下 15 s 后应自动恢复。

（二）试验项目：信号显示

试验目的：核对系统控制台排列选排开放的信号与联锁表中列出的信号显示是否一致，且必须符合信号显示关系图。

试验方法：

（1）对照联锁表排列进路、开放信号，核对是否控制台信号显示与联锁表规定的显示一致，并符合信号显示关系图，显示含义准确；核对驱动时机、软件参数，与点灯电路设计是否相符，核对关联信号机间的灯位转移关系是否正确，不得出现乱显示。

（2）试验出站信号显示时，还需同步核对出站口离去条件和方向，应符合《技规》规定。

（3）试验进站信号显示时，若有进站复示信号，须同步核对。现场模拟试验时，需要现场核对信号显示及确认显示关系，核对显示距离是否符合《技规》标准，显示方向是否符合设计。

（4）试验 USU 信号显示时，需核对执行的是《技规（高铁）》还是《技规（普铁）》，确定是否检查次一架信号的开放条件。如无法明确区分时，应根据实际情况以最大安全侧考虑。

（三）试验项目：进路表示器试验

试验目的：核对信号显示。

试验方法：

（1）有多个方向的出站信号机，主体信号开放可不检查表示器灯丝条件。仿真试验时根据设计试验对应方向继电器驱动时机、状态，开放信号时，对应方向继电器立即吸起，其他方向继电器保持落下；关闭信号时，方向继电器应立即落下。

（2）对于双线自动闭塞区段，如仅在开通反方向设有表示器时，开放反方向的主体信号必须检查该方向表示器灯丝条件。仿真试验时，对应反方向继电器被驱动；关闭信号时，方向继电器立即落下。

（四）试验项目：道岔核对

试验目的：核对联锁表中列出的对应每条进路中需联锁检查的道岔号码、位置及防护，带动道岔的号码、位置及条件。

试验方法：

（1）排列进路开放信号后，逐组核对控制台进路中的道岔号码、位置与联锁表规定的道岔号码、位置是否一致，包括带动道岔和防护道岔。

（2）操纵试验无关道岔不受影响。

（3）将道岔人工扳至与进路相反的位置，或置为无表示的状态，排列进路时能自动选排至规定的位置。对于防护道岔、带动道岔还需事先将道岔操至相反的位置，检查是否带动。

（五）试验项目：轨道区段核对

试验目的：核对联锁表中列出的对应每条进路中需联锁检查的轨道区段名称，包括侵限区段名称和检查条件。

试验方法：

（1）排列进路开放信号后，逐区段核对控制台区段与联锁表规定的区段名称是否一致，包括侵限区段和条件。

（2）核对进路光带锁闭范围是否符合规定。需注意调车进路锁闭范围与联锁表不一致的情况，如股道、存车线等。

（3）占用联锁表以外区段，已开放的进路不受影响。

（六）试验项目：敌对信号检查

试验目的：核对联锁表中列出的对应每条进路中需联锁检查的敌对信号。

试验方法：

试验时，排列进路后需逐个试验敌对信号能不能开放，并逐架核对敌对信号是否先开放，再试验本条进路能不能排出。同时还需试验无关信号是否不受影响。

二、信号开放联锁关系检查

（一）试验项目：道岔位置不对信号不能开放

试验目的：信号开放前必须检查的联锁条件。

试验方法：

试验时，将所办进路上的所有道岔（包括防护道岔）置于不符要求的位置并单锁，试排该条进路，道岔不能选排或无表示，其信号应不能开放。

（二）试验项目：道岔无表示信号关闭

试验目的：信号开放后必须连续检查的联锁条件。

试验方法：

试验时，办理进路并开放信号后，将与进路有关的所有道岔表示逐组断开（仿真试验时，人工置道岔断表示；模拟试验时可采用断开室内道岔表示电路熔丝或断路器的方法），每次应能关闭信号。

（三）试验项目：区段占用不能开放信号

试验目的：信号开放前必须检查的联锁条件。

试验方法：

试验时，按照联锁表区段检查条件，逐个区段占用（仿真试验时，人工置采集位；模拟试验时，分路轨道），再办理进路选排操作，此时进路应不能锁闭（引导进路和调车进路的无岔区段除外）。

（四）试验项目：进路锁闭道岔

试验目的：基本联锁关系，实现道岔进路锁闭方式。

试验方法：

（1）办理进路开放信号后（或进路锁闭状态下），逐组单独操纵与该进路有关的道岔（包括进路上的所有道岔、不在进路上但与该进路上某组道岔同一个区段的其他道岔、防护道岔等），道岔不能操纵，控制台道岔表示不闪断，道岔 DCJ、FCJ 未发出驱动命令。

（2）操纵其他与进路无关的道岔，能正常操纵，不影响本进路已开放的信号。

（五）试验项目：敌对信号试验

试验目的：基本联锁关系，实现敌对信号防护检查。

试验方法：

（1）先办进路，再办理所有与其重叠的交叉的进路（包括列车和调车），进路不能选排、锁闭，信号不能开放，即敌对信号均应不能开放。

（2）先办理与本进路敌对的信号，再办理本进路操作，本进路不能选排、锁闭和开放信号。

（六）试验项目：敌对照查试验

试验目的：基本联锁关系，实现另一端的信号条件检查。

试验方法：

（1）对方咽喉办理往股道的列车进路（任意-条），本咽喉往该股道的列车进路不能锁闭。

（2）对方咽喉办理往股道的列车进路（任意一条），本咽喉往该股道的调车进路不能锁闭。

（3）对方咽喉办理往股道的调车进路（任意一条），本咽喉往该股道的列车进路不能锁闭。

（4）办理往发车口的列车进路（任意一条），该发车口的 ZCJ 或 CSJ 或 FSJ 应落下。

（七）试验项目：接近锁闭试验

试验目的：对列车接近后的安全保护措施。

试验方法：

（1）先核对接近区段设计是否符合要求。

（2）办理进路后，接近区段均未占用，试验构成接近锁闭以外的区段是否占用，采用取消进路的方式，取消进路时能立即解锁，防止多检查条件。

（3）依次逐个占用接近锁闭区段，采用取消进路的方式，信号立即关闭，进路应不能解锁。

（4）依次逐个占用接近锁闭区段，办理总人解取消进路时，信号立即关闭，但进路处在延时计数中，延时完毕进路解锁。

（八）试验项目：取消进路解锁

试验目的：联锁的基本功能，进路解锁方式的一种。

试验方法：

可结合接近锁闭试验完成。办理进路并锁闭，信号未开放，或信号已开放但接近区段未占用时，采取按压总取消按钮和进路始端按钮的方式办理取消进路手续，进路应能立即解锁。

（九）试验项目：人工延时解锁

试验目的：进路解锁方式的一种。

试验方法：

接车或正线发车进路延时 3 min（C2 以上区段按 4 min），侧线发车或调车（含未设接近区段的调车）进路延时 30 s（C2 以上区段按 1 min）。

（1）开放信号，依次分别人工置为或模拟占用接近区段，采取按压“总人工解锁”按钮和进路始端按钮的方式取消进路，核对信号应立即关闭，控制台延时计时，延时后解锁。

（2）试验接近区段记忆功能。对于计算机联锁系统，模拟区段占用，然后又出清，此时办理取消信号，进路应不能解锁，必须办理人工延时解锁，方可解锁进路。特别注意：人工解锁延时期间应不能补办开放与该进路有关的引导等其他信号，计算机联锁系统补办信号后，延时计数消失。

任务实施

根据 DS6-60 计算机联锁系统，完成表 7.5。

表 7.5　信号机联锁试验表

信号机名称	灯位排列、灯光颜色正确										主灯丝断丝			主、副		记录人
	L	LU	U	USU	H	LL	UU	B	L	HB	报警	点副丝	灭灯	报警	灭灯	

代号填写：√表示正确；×表示不对；△表示无此条件。

任务评价

任务评分表见表 7.6。

表 7.6　联锁试验评分表

序号	项目	评价内容与要求	配分	扣分点	得分
1	联锁试验操作	完成联锁试验操作	70	错误 1 处扣 10 分	
2	台账资料填写	根据联锁试验内容完成表 7.4 内容填写	30	错误 1 项内容扣 5 分	
3	其他	随机提问 3 个问题	0	错误 1 个，总分内额外扣除 3 分	
合计			100		

任务四 DS6-60 系统维护

任务导入

通过对DS6-60型计算机联锁系统工作原理的学习，掌握其设备维护及故障处理方法。

相关知识

DS6-60型计算机联锁系统是北京全路通信信号研究设计院集团有限公司在引进、消化和吸收国际先进计算机联锁技术基础上，继承和发扬自身技术优势，自主创新研发的一套符合欧洲铁路安全标准的计算机联锁系统。

该系统采用二乘二取二冗余结构设计，如图 7.5 所示。系统中所有涉及安全信息处理和传输的部件均按照“故障-安全”原则采取了双重系结构设计，任何单点故障都不会影响系统的正常使用，以满足铁路车站信号控制设备高可靠和高安全的使用要求。系统联锁逻辑部为二乘二取二结构，分为Ⅰ系和Ⅱ系，各系内部为二取二结构，任何一系都可以独立工作，双系采用主从方式运行，任一系检测到严重故障，如系统内存校验错误、双 CPU 输出比较不一致等故障时，都会主动切换，保证系统功能正常执行，使系统具有高可靠性。

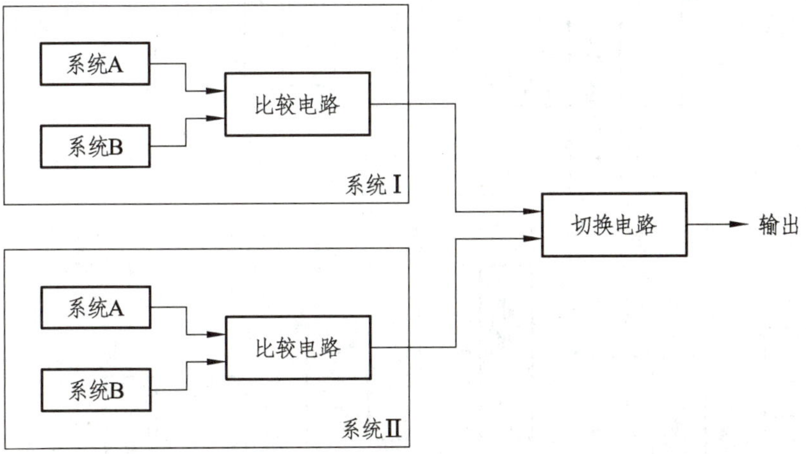

图 7.5　二乘二取二冗余结构示意图

联锁双系中每系均包括两个独立的 CPU 单元，两个 CPU 单元实现二取二比较，只有两个 CPU 的运算结果一致才能对外输出；双系中每系两个 CPU 单元的软件分别采用不同编译器编译，可以有效防止编译器产生共模错误，使系统具有高安全性。输入采集单元采用静态采集方式，由输入采集机笼内的两个独立 CPU 单元分别进行采集，由联锁逻辑部对采集结果进行比较，比较一致认为采集数据有效，否则采集数据无效，构成二取二故障-安全采集。

输出单元采用双断控制，动态和静态两路驱动串联输出，静态和动态输出分别由输出机笼内的两个独立的 CPU 单元控制，当一路输出无效时，总输出则为无效，构成硬件相异的二取二故障-安全输出。

该系统具有完善的自检测和故障诊断功能，能够与其他自动化系统，如调度集中、调度监督以及管理信息系统等联网实现信息交换，并可提供远程监视，为设备维护提供有力的技术支持。

一、系统工作原理

现以单独操纵道岔为例，说明 DS6-60 型计算机联锁系统采集、驱动过程。

按压总定（总反）按钮和道岔按钮以后，操作命令送至控显机，通过网络通信送至联锁 A、B 机。联锁机经过联锁运算，在驱动板相应灯位输出命令，送至接口架相应端子，再送至组合架侧面端子，然后到驱动盒。驱动盒输出使 YCJ、DCJ（FCJ）吸起，道岔动作。转换完毕后，DBJ（FBJ）吸起，微机输出的状态码经 DBJ（FBJ）吸起接点，送至接口架相应端子，送回联锁 A、B 机，联锁 A、B 机采集板上相应灯位给出表示，表示信息经过控显机送回控制台显示器。驱动过程、采集过程如图 7.6 和图 7.7 所示。

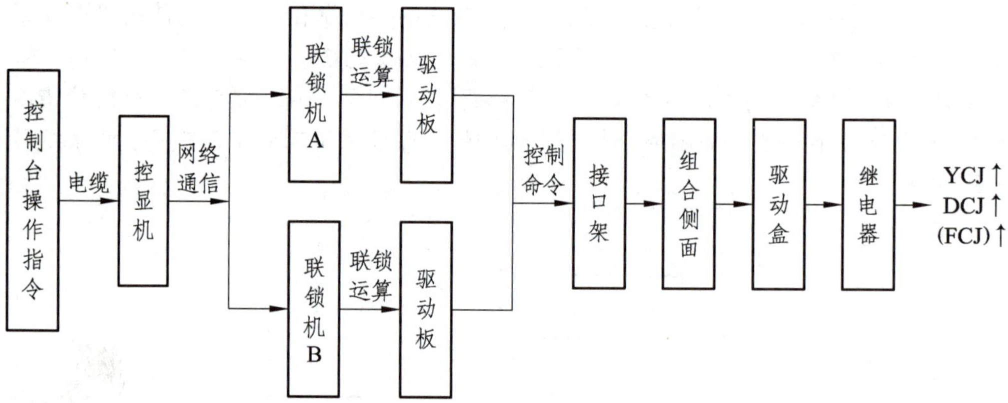

图 7.6　DS6-60 计算机联锁系统驱动过程

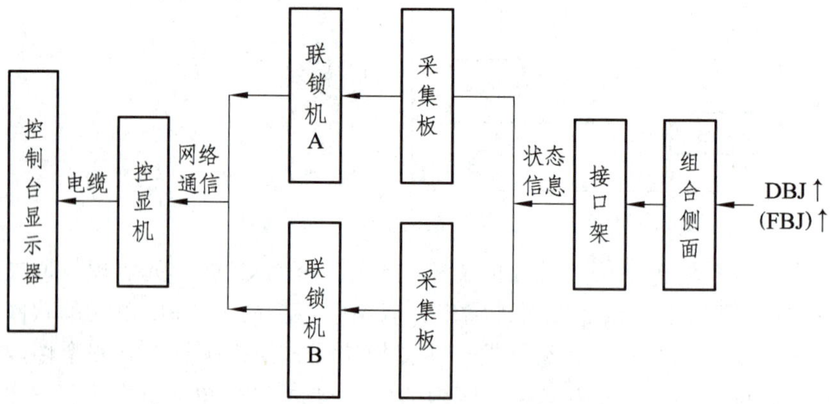

图 7.7　DS6-60 计算机联锁系统采集过程

二、设备维护及故障处理

DS6-60 型计算机联锁系统设备稳定可靠，故障率低，并且设计了完善的自诊断、故障恢复、动作记忆、查询再现功能，给维护人员查找故障提供了有力的帮助。

（一）维护人员要求

维护人员的主要责任是为系统正常运行创造良好的环境条件，掌握并运用系统提供的设备显示和记录信息，定位故障，用更换备件的方法排除硬件故障。为此，维护人员应具备电气集中的基本知识，掌握 DS6-60 型计算机联锁系统的下列知识和技能：

（1）熟悉计算机联锁系统的构成。

（2）熟悉各组成部分的功能。

（3）熟悉系统各组成部分之间的连接方法。

（4）熟悉系统各组成部分之间交换的信息内容。

（5）熟练掌握全系统复位和子系统单独复位操作。

（6）熟练掌握冗余系统的人工切换操作。

（7）熟练掌握系统可更换部件或电路板的更换操作。

（8）熟练运用监测系统的记录信息分析和查找故障。

担任计算机联锁系统维护工作的电务人员，必须有高度的责任心，努力学习计算机联锁知识，熟练掌握计算机联锁系统的维护技能。

（二）设备环境要求

（1）供电要求：计算机系统须从电源屏单独引出两路交流 220 V 电源，容量需根据站场控制规模决定，要求电压稳定，连续不间断。本系统采用了不间断电源（UPS）给计算机供电，在外部电源中断 10 min 内可保证计算机系统继续运行，超过 10 min 应人工操作停机，关闭 UPS 电源。

（2）工作温度：0 ~ 40 ℃。

（3）相对湿度：不大于 90%（室温 + 25 ℃）。

（4）大气压力：74.8 kPa ~ 106.2 kPa（相当于海拔不超过 2 500 m）。

（5）洁净度：机房内尘埃的粒径大于或等于 0.5 μm 个数应小于或等于 1.8×10^7 粒/m^3。

（6）周围无腐蚀和无引起爆炸危险的有害气体及导电尘埃。

（7）引入外电源的零地电位差不大于 1.0 V。

（8）设备工作场地应符合 GB/T 2887—2011 所规定开机时的 C 级要求。

（三）日常维护工作

1. 接口电路的维护内容

（1）定期检查接口架插头固定螺丝是否紧固。

（2）I/O 机笼内电缆插头固定螺丝是否紧固。

（3）逻辑 24 V 电源电压是否正常，电源线是否紧固。

（4）接口 24 V 电源电压是否正常，电源线是否紧固。

（5）系统接地电阻阻值是否正常。

2. 控显子系统维护内容

（1）鼠标操作是否正常。

（2）鼠标线两端连接是否紧固。

（3）显示器图形显示是否正常。

（4）视频线两端连接是否紧固。

（5）控显双机切换，须在天窗点内进行切换，至少三个月进行一次，并作好记录。

3. 联锁子系统维护内容

（1）观察维护机系统图形上联锁双系的工作状态和与各子系统的连线是否正常，故障设备会以红色或蓝色标识。

（2）观察景联锁双系机笼中各通信接口板的状态指示灯是否正常。

4. 输入输出子系统维护内容

（1）观察维护机系统图形上输入输出机笼和各控制板的工作状态是否正常，如果出现异常，故障设备会以红色标识。

（2）观察维护机系统图形上输入输出机笼与联锁系的连接是否正常。

（3）观察输入输出机笼中各控制板的状态指示灯是否正常。

5. 电源子系统维护内容

（1）观察电源柜中 2 台接口 24 V 电源和 2 台逻辑 24 V 电源的电压和电流显示是否正常，是否存在声音报警。正常电压在 24.5 ~ 25.5 V。

（2）观察维护机站场图形上逻辑电源和接口电源的报警指示灯是否正常。

（3）观察 UPS 和冗余转换器各指示灯显示是否正常。

（四）计算机联锁产品各部件寿命期

DS6-60 型计算机联锁为二乘二取二型计算机联锁系统，大修周期为 15 年，但不同的部件工作寿命存在差异，各部件在规定的储存环境和使用环境中正确存储和运行情况下的寿命如下：

（1）DS6-60 逻辑部板卡、输入输出机笼及安装在机笼内的 I/O 板和对应接口架电缆为 15 年。

（2）工控机、各类电源、交换机、视频增益器、光电转换器和相关线缆为 8 年。

（3）显示器为 5 年。

（4）UPS 电池为 3 年。

（5）鼠标、键盘等易耗品寿命为 1 年。

（五）常见故障处理

系统维护人员可根据维护机上显示的系统报警信息及设备运行状态指示灯确定故

障点，通过更换备件保证系统稳定运行。操作界面提示“通信故障”“备系故障”或“双主故障”时，应立即进行系统维护。

1. 控显机故障

控显机发生常见故障和解决方法如表 7.7 所示。

表 7.7 控显机故障类型表

序号	故障现象	解决方法
1	控显机停机，控显机面板 5 V 和 12 V 板电源指示灯灭灯	用万用表测量接入控显机 AC 220 V 电源是否正常，如果异常检查电源线是否松动； 重新开机查看控显机面板 5 V 和 12 V 板电源指示灯是否正常点亮，电源风扇是否转动，如果异常需更换控显机电源
2	电源正常，控显机无法启动，屏幕显示蓝屏	用键盘修复系统，在开机时始终按下键盘的 F11 键，选择还原系统；如无法还原，可能电子盘故障，需更换系统电子盘； 如电子盘无故障则可能是 CPU 板故障，需更换控显机 CPU 板
3	与联锁Ⅰ系或Ⅱ系通信故障	查看 ARCNET 集线器电源指示灯和各通道接收和发送指示灯是否点亮，如果在灭灯状态，重新开启 ARCNET 集线器电源，如果不能恢复需更换 ARCNET 集线器； 查看控显机内 ARCNET 网卡 5 V 和 3.3 V 电源指示灯是否正常点亮，如果异常，需更换 ARCNET 网卡； 查看联锁双系是否在工作； 查看光纤是否连接正常； 重新启动控显机
4	鼠标操作故障	如果双鼠标都不能操作则需重新启动控显机；如果单鼠标不能操作，需要检查故障鼠标连接线是否紧固连接，若连接线没有问题更换备用鼠标； 如果鼠标和连接线都正常则可能是 CPU 板串口存在故障，需要更换控显机 CPU 板
5	显示黑屏，电源指示灯灭	用万用表测量显示器接入电源（AC 220 V）是否有电； 若电源正常，检查电源连接是否松动，如果电源连接正常需更换显示器
6	显示黑屏，电源指示灯亮	检查控显机是否在工作，如果控显机在停机状态需重新启动控显机； 检查视频连接线各连接处是否松动，如果连接线松动，紧固连接后再检查； 如果是控显机视频卡故障，更换视频卡
7	显示花屏	检查视频连接线是否松动，紧固视频连接线各连接处； 调整显示器菜单中相关选项； 更换显示器

2. 联锁机故障

通过观察维护机的系统状态和报警信息可以及时发现联锁机的故障。当联锁单系发生故障，若故障系为主系，系统自动切换到从系工作，原主系转为待机或退出控制；当故障系为从系，从系转为待机或退出控制。系统将由双机工作态自动降级为单机工作态。故障板可停机更换，更换完毕后加电投入，其自动进入同步状态。

联锁机故障及解决方法如表 7.8 所示。

表 7.8 联锁机故障类型表

序号	故障现象	解决方法
1	联锁系电源故障	查看联锁系电源板 5 V 指示灯是否点亮，如果在灭灯状态需要更换电源板； 用万用表测量联锁系机笼背面的逻辑 24 V 电源是否正常，如果异常需要检查电源连接线是否松动
2	电源正常，联锁停机故障	重新加电启动看能否恢复，如果不能恢复则需更换联锁逻辑部 CPU 板
3	系间通信板故障	查看系间通信板 5 V 电源指示灯是否正常点亮，如果在灭灯状态需要更换对应通信板； 查看系间通信板的接收和发送灯是否闪烁，如果停止闪烁，则需更换系间通信板； 更换连接光纤
4	ARCNENT 板通信故障	查看 ARCNET 通信板 5 V 电源指示灯是否正常点亮，如果在灭灯状态需更换 ARCNET 通信板； 查看 ARCNET 通信板的接收发送灯状态和 ARCNET 集线器接收发送灯状态是否闪烁，如果指示灯灭灯或稳定点亮，则重新加电启动 ARCNET 光集线器； 更换连接光纤
5	I/O 部通信板故障	查看 I/O 部通信板 5 V 电源指示灯是否正常点亮，如果在灭灯状态需要更换对应通信板或后插电源板； 确认光纤连接是否正常，如果异常需要更换光纤

3. 维护机故障

维护机故障及解决方法如表 7.9 所示。

表 7.9 维护机故障类型表

序号	故障现象	解决方法
1	维护机停机，面板 5 V 和 12 V 板电源指示灯灭灯	用万用表接入测量维护机 220 V 电源是否正常，如果异常检查电源线是否松动； 重新开机查看维护机面板 5 V 和 12 V 板电源指示灯是否正常点亮，电源风扇是否转动，如果异常需更换维护机电源
2	维护机无法启动，屏幕显示蓝屏	用键盘修复系统，在开机时始终按下键盘的 F11 键，选择还原系统； 更换系统硬盘； 更换维护机 CPU 板

续表

序号	故障现象	解决方法
3	显示器无显示	检查显示器电源； 检查电源连线是否松动； 更换维护机 CPU 板
4	通信中断	检查光纤连接是否正确； 检查 ARCNET 集线器是否正常； 更换 ARCNET 网卡
5	打印机不工作	检查打印机电源和联机电缆，以及打印纸安装情况，如一切正常，则可能是主机板上的打印机接口电路故障，需更换维护机 CPU 板

4. 输入采集故障

输入采集故障与解决方法如表 7.10 所示。

表 7.10　输入采集故障类型表

序号	故障现象	解决方法
1	输入机笼故障，所有输入板指示灯灭灯，CPU 板电源指示灭灯	开启输入机笼电源板电源开关，查看输入机笼电源板的 24 V 和 5 V 指示灯是否点亮，如果在灭灯状态，用万用表测量机笼背面逻辑电源是否为 24 V，如果逻辑 24 V 电源正常，则需要更换电源板，如果逻辑 24 V 异常，则需要检查电源配线是否连接正确
2	机笼电源正常，所有输入板指示灯灭灯	检查机笼 I/O 部 CPU 板 5 V 电源指示灯是否点亮，观察 I/O 部 CPU 面板各指示灯是否正常点亮或闪烁，如果指示灯正常，需要用万用表检查接口 24 V 电源线是否连接正确，如果指示灯异常，需要更换 I/O 部 CPU 板
3	输入板单板故障，板内所有采集指示灯灭灯	检查输入板安装是否紧固，板上 5 V 电源指示灯是否点亮，如果 5V 指示灯没有点亮，更换输入板； 如果电源灯点亮，则检查对应后插输入端子板安装是否紧固，检查连接电缆插头是否紧固，检查对应接口架电缆插头是否紧固
4	输入板通道故障，继电器在吸起时，输入板通道指示灯灭灯，控显或维护机对应的采集状态为继电器落下	查看继电器的状态，用万用表测量接口架故障通道采集电压，如果继电器在吸起态，则前接点采集电压应为 18 ~ 24 V，如继电器状态和测量采集电压一致，说明输入板故障，需更换输入板，如果采集电压不正确，说明继电器端的配线存在故障

5. 输出驱动故障

输出驱动故障及解决方法如表 7.11 所示。

表 7.11　输出驱动故障类型表

序号	故障现象	解决方法
1	输出机笼故障，所有输出板指示灯灭灯，CPU 板电源指示灭灯	开启输出机笼电源板电源开关，查看输出机笼电源板的 24 V 和 5 V 指示灯是否点亮，如果在灭灯状态，用万用表测量机笼背面逻辑电源是否为 24 V，如果逻辑 24 V 电源正常，则需要更换电源板，如果逻辑 24 V 异常，则需要检查电源配线是否连接正确
2	机笼电源正常，联锁有输出信号但所有输出板指示灯灭灯	检查机笼 I/O 部 CPU 板 5 V 电源指示灯是否点亮，观察 I/O 部 CPU 面板各指示灯是否正常点亮或闪烁，如果指示灯正常，需要用万用表检查接口 24 V 电源线是否连接正确，如果指示灯异常，需要更换 I/O 部 CPU 板
3	输出板单板故障，板内所有驱动指示灯灭灯，所有驱动无输出电压	检查输出板安装是否紧固，板上 5 V 电源指示灯是否点亮，如果 5 V 指示灯没有点亮，需更换输出板，机笼重新加电； 如果电源灯点亮，则检查对应后插输出端子板安装是否紧固，检查连接电缆插头是否紧固，检查对应接口架电缆插头是否紧固
4	输出板单路没有输出	查看双系对应的输出通道指示灯是否都没有输出如果通道指示灯亮而在接口架测量该路输出没有输出电压，则需更换输出板。

任务实施

完成 DS6-60 型计算机联锁系统日常维护工作，并填写表 7.12。

表 7.12　DS6-60 型计算机联锁系统设备巡检表

项目	具体内容	检查结果
接口电路	接口架插头固定螺丝是否紧固	
	I/O 机笼内电缆插头固定螺丝是否紧固	
	电源电压是否正常，电源线是否紧固	
控显子系统	鼠标操作是否正常	
	鼠标线两端连接是否紧固	
	显示器图形显示是否正常	
	视频线两端连接是否紧固	
	控显双机切换	
联锁子系统	维护机系统图形上联锁双系的工作状态和与各子系统的连线是否正常	
	联锁双系机笼中各通信接口板的状态指示灯是否正常	
输入输出子系统	维护机系统图形上输入输出机笼和各控制板的工作状态是否正常	
	维护机系统图形上输入输出机笼与联锁系的连接是否正常	
	输入输出机笼中各控制板的状态指示灯是否正常	

续表

项目	具体内容	检查结果
电源子系统	电源柜中 2 台接口 24 V 电源和 2 台逻辑 24 V 电源的电压和电流显示是否正常，是否存在声音报警	
	观察维护机站场图形上逻辑电源和接口电源的报警指示灯是否正常	
	观察 UPS 和冗余转换器各指示灯显示是否正常	

任务评价

任务评分表见表 7.13。

表 7.13 DS6-60 型计算机联锁系统巡检评分表

序号	项目	评价内容与要求	配分	扣分点	得分
1	接口电路	完成接口电路检查	15	漏查 1 处扣 5 分	
2	控显子系统	完成控显子系统检查	25	错误 1 项内容扣 5 分	
3	联锁子系统	完成联锁子系统检查	30	错误 1 项内容扣 5 分	
4	输入输出子系统	完成输入输出子系统检查	15	错误 1 项内容扣 5 分	
5	电源子系统	完成电源子系统检查	15	错误 1 项内容扣 5 分	
合计			100		

08 项目八 区间与列控系统实训

项目描述

本项目要求掌握信号工岗位区间与列控系统设备检修作业中的基本作业内容，正确掌握各移频表的使用方法并对区间与列控设备各项参数进行测试记录，按照现场标准正确填写测试卡片，能够通过故障现象进一步分析故障原因，并对故障进行处理。

学习目标

动画：闭塞系统模拟

◎技能目标

（1）能够熟练掌握移频表的使用方法。

（2）能够完成轨道电路各项日常维护作业。

（3）能够对发送器、接收器各项参数进行测试，并正确填写《ZPW-2000 无绝缘轨道电路测试记录表》。

（4）能够通过故障现象分析轨道电路故障原因，并对故障进行处理。

（5）掌握列控地面设备故障分析的能力，并能进行故障处理。

◎知识目标

（1）掌握 ZPW-2000A 轨道电路的维护方法。

（2）掌握 ZPW-2000A 轨道电路的参数测试方法。

（3）熟悉列控地面设备故障处理流程。

（4）作业符合现场轨道电路安全要求规范。

任务一 ZPW-2000A 轨道电路维护作业

任务导入

现在的铁路交通日益繁忙，轨道电路的安全与稳定对于列车的安全运行至关重要。其中，ZPW-2000A 轨道电路凭借其高度的可靠性和先进的技术特性，在铁路信号系统中占据了重要地位。为了确保 ZPW-2000A 轨道电路能够持续、稳定地发挥作用，定期的维护作业显得尤为关键。这不仅包括对轨道电路各组成部分的细致检查，还包括对潜在故障的预防和修复，以确保列车在复杂的运行环境中依然能够安全、高效地运行。

相关知识

一、维护工作标准

（1）调谐单元及空心线圈与钢轨采用专用钢包铜引接线连接，引接线与钢轨接触电阻应小于或等于 1 MΩ。检查塞钉头上的固定螺帽是否松动，塞钉头与轨面间接触电阻是否超标（标准：小于或等于 1 MΩ），冷压铜端头根部是否有裂纹，对不良的应整治或更换，塞钉涂油应良好。双头塞钉每年测一次，塞钉涂黄油。

（2）检查钢包铜引接线的安装及固定。

铜端头平面侧朝轨腰并与塞钉紧密固定，塞钉两端为防松铜螺帽。钢轨两侧的铜端头应朝向一致且与轨面水平，在离塞钉 15 cm 左右引接线用卡具固定且向下弯曲，并与水平成 45° ~ 60°夹角。机械绝缘节处的塞钉为加长塞钉，两铜端头应背靠背安装或顺向（两铜端头离开一定角度）。

（3）防护盒开盖检查、内部清扫，端子螺丝紧固，电缆固定牢固。

① 调谐单元、匹配变压器、空心线圈固定良好。

② 各部螺丝紧固、无锈蚀，备帽齐全，防松标志漆完好。

③ 匹配变压器与调谐单元的连线采用 7.4 mm^2 的铜缆，线头两端采用 ϕ6 mm 的铜端头冷压连接，不松动。电气绝缘节处长度分别为 250 mm、500 mm；机械绝缘节处长度为 2 700 mm，设置两根，并用软管防护。

④ 防雷单元劣化指示窗正常为绿色，变红说明已失效需更换。

（4）检查补偿电容的安装和固定是否符合要求，对不良的应整治。

① 补偿电容应装在靠轨枕边的两端，牢固固定于钢轨上的支架内(或专用轨枕护板内)。

② 连接电容引接线的塞钉，应从钢轨外侧打入，与塞钉孔紧密接触，塞钉头露出轨

腰 1 ~ 4 mm 并用油漆封堵。

③ 两塞钉头引线应朝下与水平成 45° ~ 60°夹角，且方向一致。

④ 塞钉头引接线的卡具应安装牢固，在离塞钉头 15 cm 左右将引线压于钢轨底部的上斜面。

（5）调谐区设备（调谐单元、匹配变压器、防雷单元、空心线圈、空扼流变压器、双体防护盒等）应满足建筑接近限界要求。防护盒顶距轨面应小于或等于 200 mm，防护盒内侧边缘距最近钢轨外沿应大于或等于 1 500 mm。

（6）空扼流变压器、禁停标外观检查。空扼流移频阻抗应大于或等于 17 Ω，回流不平衡系数应小于或等于 10%，引线完整，螺栓不发热。

（7）发送器转换至备发送器试验，接收器单独工作试验。逐一关闭发送器，能正常转换至备发送器工作，设备正常；逐一关闭接收器，另一并联接收器能单独工作，设备正常。

（8）电缆绝缘测试：每月 1 次，雨天加测。数字电缆与普通电缆的全程绝缘均应大于 1 Ω。

（9）箱内配线良好，电缆孔和引线孔封堵良好，端子紧固，图纸清晰，图物相符。

（10）空心线圈接地良好。

（11）区间电容固定良好，编号清晰。

（12）各箱盒地线测试，地线电阻应小于或等于 1 Ω。

二、检修作业内容

（一）作业前准备

1. 预测预判

通过信号集中监测手段，对被检轨道电路进行调阅分析，针对可能存在的问题，提出检修要求。

2. 派班会

明确检修作业负责人、室内外防护员、作业人员、作业时间、地点、检修要求和安全预判及安全讲话。

3. 工具及仪表准备

联络工具（频道及通话质量核对）、照明灯（夜间作业）、手锤、扳手、克丝钳、尖嘴钳、长嘴钳、各种规格套筒扳手、各种规格螺丝刀、钢卷尺、万可端子专用工具、开箱钥匙、防护员防护用具、移频在线测试仪、地线测试仪等。

4. 材料准备

机油、棉纱、1.6 mm 铁绑线、各种规格导接线（连接线）、不同规格的螺丝、垫片及防松弹垫若干、卡钉等。

5. 集体出工

在室外防护的带领下按规定的安全路线到达设备处所，进行设备编号的核对。

（二）日常维护作业

ZPW-2000A 型轨道电路设备维护作业分为日常养护和集中检修，其工作内容及周期如表 8.1 所示。

表 8.1 ZPW-2000A 型轨道电路检修作业内容

修程	设备	作业内容	周期
日常养护	室内	移频柜、接口柜、组合柜外观检查	每日 1 次，无人站每月两次
		发送器、接收器、衰耗器、防雷模拟网络盘外观及指示灯检查	
		轨道电路参数测试	
		机房环境检查	
	室外	送、受电端及空心线圈钢包铜引接线检查	每月 1 次
		补偿电容及卡具完好	
		防护盒外观及加锁完好	
		钢轨接续线检查	
		轨道电路外界干扰检查	
集中检修	室内	日常养护全部作业内容	每年 1 次
		检查贯通地线	
		主、备发送器转换试验	
		接收器单独工作试验	
		防雷模拟网络盘参数测试	半年 1 次
		轨道电路功出及发送、接收电源测试	每月 1 次
		电缆绝缘测试，每月 1 次，雨天加测	
	室外	日常养护全部作业内容	站内每半年 1 次，区间每年 1 次
		钢包铜引接线的安装及固定检查、整治	
		检查塞钉头上的固定螺帽是否松脱，头与轨面接触电阻是否超标，冷头铜端头根部是否有裂纹，进行整治或更换	
		防护盒开盖检查、内部清扫、端子螺丝紧固、不良设备整修、电缆固定牢固	
		补偿电容安装和固定检查、整治	
		钢轨接续线符合要求，不良整治或整修	
		轨道电路送、受电端调谐区设备电气特性在线测试	每年 1 次
		补偿电容电路特性在线测试	
		轨道电路分路残压测试	半年 1 次
		防护盒防水整修，设备基础桩油漆、扶正，硬化面修补	每年 1 次
		重刷防护盒上、电容防护罩上字迹不清的名称、编号	

续表

修程	设备	作业内容	周期
集中检修	室外	各箱盒接地测试，不良整治	每年1次
		横向连接线、吸上线及贯通地线检查	
		AC75 V、AC 385 V 防雷元件检查	
		防护盒限界测量	
		线路道床检查	半年1次
		空扼流变压器、禁停标外观检查	
		轨入电压分析	
		两钢轨对地电位平衡	
		雨天对道砟电阻的记录分析	
		检查电缆防护	

三、作业方法

（一）外部测试

1. 硬化面、基础检查

设备周围的硬化面清洁、无杂草；电缆无外露；检查防护盒、空扼流变压器基础完好，不倾斜。

2. 防护盒外观检查

防护盒无裂纹、不破损，加锁固定良好，设备编号清晰。

3. 等阻线和电容检查

（1）等阻线无破皮，固定良好

钢包铜线、空额流变压器等阻线良好；塞钉头无锈蚀、松动；各类引接线无破损、膨胀变形，固定良好，不得埋于土或道砟中；过轨卡子固定良好、无破损，引接线距轨底距离大于 30 mm，防混措施良好；对缺油的引接线及信号锁注油。

（2）电容外观良好、编号清楚。

补偿电容安装和固定良好，电容引接线外皮无破损，补偿电容防护罩完整无破损，电容卡具良好、编号清晰。

4. 结合部状态检查

（1）检查机械绝缘节外观良好，公务紧扣件不碰夹板。

（2）检查轨距杆绝缘外观良好。

5. 标志牌检查

调谐区标志、级间转换标、预告标、四显示机车信号接通标、四显示机车信号断开标外观良好，标志杆不倾斜、无裂纹，标志牌外观整洁，字迹清晰。

（二）调谐区防护盒内部检查

1. 内部器材固定

调谐单元、匹配变压器、空心线圈固定良好，配线整齐，不破皮、老化，无断股，螺母垫片齐全紧固。检查箱盒、电缆引入口密封状态良好，双体盒内部防火泥封堵良好。

2. 匹配变压器与调谐单元连接线连接良好

各器材固定良好，配线整齐，母垫齐全，防雷单元良好。匹配变压器与调谐单元的连线采用 7.4 mm^2钢缆，线头两端采用 $\phi 6$ mm 铜端头冷压连接，不松动。

3. 配线表、原理图清晰正确

箱盒内电缆去向铭牌齐全清楚，配线表、原理图清晰正确。

4. 地点齐全，作用良好

地线齐全，与贯通地线接触良好，测试接地电阻不大于 1 Ω。

5. 匹配变压器 E1-E2 和 V1-V2 电压、阻抗测试

用移频表选择与该区段相同频率挡，再选电压挡，在相应端子测得电压值。

用移频表选择匹配变压器输入输出阻抗，用电压挡表笔放在端子上，电流卡钳卡在电缆上，测得输入输出阻抗。

6. 调谐单元阻抗测试，本区段频率测极阻抗，邻区段频率测零阻抗

用移频表选择调谐单元阻抗，BA（调谐单元）中同时存在 A、B 两种频率信号。电流 I_A、I_B 应在 B_A 铜接线板与 TAD（匹配变压器）连接线内方点进行测试，即仅测得 B_A 电流，不包括 TAD 电流。铜引线板电阻极小，U_A、U_B 可直接在引线板上测试。

7. 电气绝缘节空心线圈测试

用移频表选择空心线圈阻抗，SVA（空心线圈）中同时存在 A、B 两种频率信号。电流 I_A、I_B，电压 U_A、U_B 应在 SVA 铜引线板上进行测试。在仪表指示稳定时，测量记数。当两钢轨牵引电流不平衡并流经中心线时，带内谐波将影响测试结果。

（三）轨条部分设备检修

（1）引接线与钢轨接触良好，钢轨两侧的铜端头应朝向一致且与轨面水平，在离塞钉 15 cm 左右引接线用卡具固定且向下弯曲，并与水平成 45° ~ 60°夹角。机械绝缘节处的塞钉为加长塞钉，两铜端头应背靠背安装或顺向（两铜端头离开一定角度），对缺

油的钢轨引接线涂油。

（2）钢包铜线不平衡电流测试。

（3）轨条部分绝缘检查测试。

机械绝缘节及规矩杆绝缘外观良好，测试绝缘电阻符合标准要求。

（4）发送端、接收端轨面电压测试。

用移频表选择与该区段相同频率，再选电压挡，在轨面上测试电压。

（5）入口电压测试。轨道电路分路状态在最不利条件下，在轨道电路任意一点用 0.15 Ω 标准分路线分路时，短路电流应符合：1 700 Hz、2 000 Hz、2 300 Hz 不小于 0.5 A，2 600 Hz 不小于 0.45 A。

（6）分路残压测试。轨道电路分路状态在最不利条件下，主轨道任意一点采用定压测试仪 0.15 Ω 进行分路，“轨出 1”电压应不大于 140 mV。

（四）室内 ZPW-2000A 型轨道电路设备检修与测试

（1）检查各种器材运用状态，无异常现象，器材安装牢固，插接良好；防雷元件无劣化变色；各种标牌齐全，防松措施良好；更换不良器材。图 8.1 所示为移频柜外观。

（2）发送、接收电源电压测试。

移频表选择与该区段相同频率，再选电压挡，在衰耗盒“功出”测试孔测试。标准：电压为 AC 75 ~ 170 V；载频偏差为 ± 0.15 Hz；低频偏差为 ± 0.03 Hz；频偏为 11 Hz。图 8.2 所示为功出参数测试方式。

（3）发送功出电压及载频测试。

移频表选择直流电压挡，在衰耗盒“发送电源”“接受电源”测试孔测试电压值。标准：DC 24 ± 0.5 V。

图 8.1　移频柜

图 8.2　功出参数测试

（4）发送和接收电缆模拟网络设备、防雷、电缆电压测试。

电缆模拟网络参数测试孔及状态灯分布如图 8.3 所示。

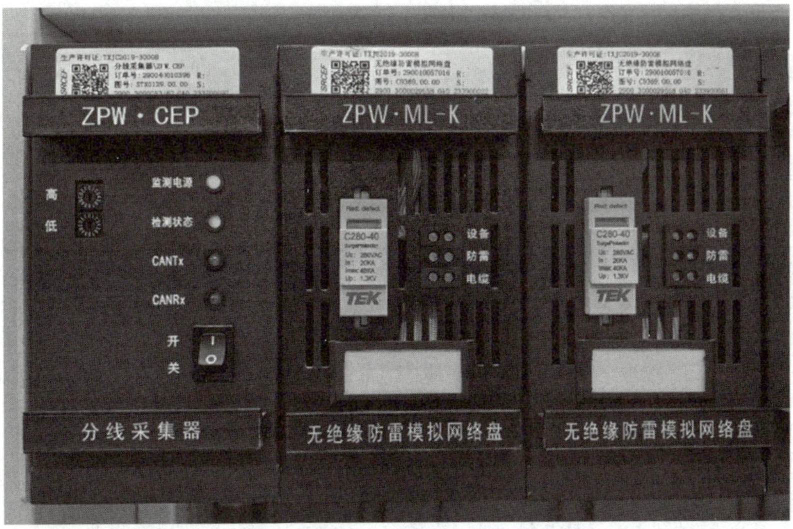

图 8.3　电缆模拟网络参数测试

（5）轨入电压测试。

用移频表选择与区段相同频率，再选电压挡，轨道电路处于调整状态下（衰耗器上“轨道”指示灯点亮绿灯），在衰耗盒“轨入”测试孔测得轨入电压。主轨电压符合调整表范围，小轨电压大于 42 mV。

（6）轨出 1 电压测试。

轨道电路处于调整状态下，在衰耗盒“轨出 1”测试孔测得主轨电压。轨道电路在调整状态时，“轨出 1”电压应不小于 240 mV。

（7）轨出 2 电压测试。

轨道电路处于调整状态下，在衰耗盒“轨出 2”测试孔测得主轨电压。“轨出 2”电压应为 135 ± 10 mV，小轨道断轨时，“轨出 2”电压不超过 63 mV。

（8）GJ（Z）、GJ（B）、GJ、XGJ（Z）、XGJ（B）、XGJ 电压测试。

用移频表直流挡在衰耗盒 GJ（Z）、GJ（B）、GJ、XGJ（Z）、XGJ（B）、XGJ 相应测试孔上测得电压，电压值应大于 DC 20 V。

（五）室内设备检查

（1）衰耗盘等器材固定良好，表示灯指示正常，如图 8.4 所示。

图 8.4　衰耗器

（2）器材无过热现象。

（3）浏览信号集中监测月曲线，分析电压、电流曲线变化情况。

（4）检查模拟网络防雷元件劣化指示情况，首先观察劣化指示窗，判断是否正常，正常为绿色，雷电击坏后变成粉红色，需要更换备用。

四、轨道电路测试

（一）轨道电路的测试项目及技术标准

轨道电路测试项目、内容、标准参照表 8.2 执行。

表 8.2　衰耗器测试孔说明

序号	测试孔名称	测试项目	技术标准
1	发送电源	发送器用 +24 V 电源电压测试	DC 24 ± 0.5 V
2	接收电源	接收器用 +24 V 电源电压测试	DC 24 ± 0.5 V
3	轨入	自轨道 UV1、V2 来的接收输入电压测试	主轨调整：≥AC 240 mV 小轨调整：≥AC 42 mV
4	轨出 1	主轨道经过电平级调整后的输出电平测试	调整电压：≥AC 240 mV 分路残压≤140 mV（普速）; ≤153 mV（高速）
5	轨出 2	小轨道经过衰耗电阻分压后的输出电平测试	135 ± 10 mV, 155 ± 10 mV
6	GJ（Z）	主机主轨道继电器电压测试	≥DC 20 V
7	GJ（B）	备机主轨道继电器电压测试	≥DC 20 V
8	GJ	并机主轨道继电器电压测试	≥DC 20 V
9	XG（Z）	主机小轨道继电器电压测试	≥DC 20 V
10	XG（B）	备机小轨道继电器电压测试	≥DC 20 V
11	XG	并机小轨道继电器（或知行条件）电压测试	≥DC 20 V（空载≥50 V）
12	XGJ	邻区段小轨道继电器检查条件电压测试	≥DC 20 V（空载≥50 V）
13	发送功出	发送器功出电压的测试	AC75 ~ 170 V（参考）

（二）测试方法和步骤

（1）发送、接收电源，GJ（Z）、GJ（B）、CJ、XGJ（Z）、XGJ（B）、XGJ 电压测试：用移频表直流电压挡，在衰耗器各“发送电源”“接收电源”“GJ（Z）”“GJ（B）”“GJ”“XGJ（Z）”“XCJ（B）”“XGJ”对应塞孔上测得。

（2）功出、轨入（主轨、小轨）、轨出 1、轨出 2 电压测试：用移频表选择与该区段相同频率挡，再选电压挡，在衰耗器功出塞孔上，可分别测出相应的载频、频偏、低频和功出电压，在调整状态下，在轨入、轨出 1、轨出 2 测试孔上可测得相应电压。

（3）电缆模拟网络“设备”“防雷”“电缆”电压测试。

（4）分路残压测试：轨道电路分路状态在最不利条件下，主轨道任意一点采用定压测试仪用 0.150（或 0.252）标准分路线进行分路，用移频仪选择与该区段主轨相同频率挡，在对应该区段衰耗器轨出 1 塞孔测得，或使用信号集中监测设备进行测试。

（5）机车信号入口电流测试：顺（迎）着列车运行方向，在列车最先进入该区段的一端（建议距引接线 2 m 处），用 0.152 标准分路线短路轨面，测试分路线中的电流即为入口电流。

（6）补偿电容容量在线测试：

① 用移频表的电容挡，直接在每个在线电容两端引线上测得。

② 在无电容挡移频测试表条件下，测电容两端轨面电压 U 及电容电流 I，按 $C=I/(2\pi f_0 U)$ 换算，其中，f_0 为中心频率（1 700 Hz，2 000 Hz、2 300 Hz、2 600Hz）。

（7）送、受端轨面电压测试：用移频仪选择与该区段主轨相同频率挡，再选电压在发送、接收端轨面上测得发送、接收端轨面电压，该电压即送、受端轨面电压。

（8）送、受端匹配变压器电压测试：移频表选择挡位同上，分别在发送、接收端匹配变压器箱内端子上测试 E_1、E_2，V_1、V_2 间电压。

（9）匹配单元输入、输出阻抗测试。

（10）调谐单元阻抗测试。

（11）发送、接收端空心线圈阻抗测试。

（三）ZPW-2000 系列轨道电路发送、接收主、并机冗余测试

1. ZPW-2000A 型

（1）发送器 $N+1$ 冗余。任选一个区段（要求每次不同区段），主发送器断路器开，$N+1$ 发送器断路器开，测试所选区段衰耗器功出电压；再将所选区段主发送器断路器关闭，测试 $N+1$ 发送器衰耗器功出电压，确认“+1”发送器能够正常倒入，发送电压应在《维规》中规定的发送电平级的指标范围内。

（2）接收器 0.5+0.5 冗余。

第一步：分别关闭移频柜内 1、3、5、7、9 位置接收器的断路器，测试 2、4、6、8、10 位置衰耗器上的 GJ（Z）和 1、3、5、7、9 位置衰耗器 GJ（B）上的直流电压。

第二步：分别关闭移频柜内 2、4、6、8、10 位置接收器的断路器，测试 1、3、5、7、9 位置 GJ（Z）和 2、4、6、8、10 位置衰耗器 GJ（B）上的直流电压。

2. ZPW-2000 系列站内电码化

ZPW-2000 系列站内电码化 $N+1$ 冗余。任选一个区段（要求每次不同区段），主发送器断路器开，$N+1$ 发送器断路器开，测试所选区段衰耗器功出电压；再将所选区段主发送器断路器关闭，测试 $N+1$ 发送器衰耗器功出电压，确认“+1”发送器能够正常倒入，发送电压应在《维规》中规定的发送电平级的指标范围内。

3. 注意事项

（1）冗余测试要求在区间上下行重合点（施工点）内进行，防止测试上行（下行）线时影响下行（上行）线。

（2）发送器主备切换测试过程中，测试主备发送器功出电压偏差不应过大；接收器冗余测试 GJ（Z）、GJ（B）电压偏差不超过 ±0.3 V，如测试偏差过大应更换备用器材。

任务实施

用移频表对轨道电路区段发送器、接收器各参数进行测试。根据测试数据，正确填写 ZPW-2000 无绝缘轨道电路测试记录表 8.3。

表 8.3　ZPW-2000 记录表

<table>
<tr><th colspan="2" rowspan="3">区段名称</th><th colspan="9">发送</th><th colspan="13">接收</th></tr>
<tr><th colspan="6">室内</th><th colspan="3">室外</th><th colspan="5">室外</th><th colspan="8">室内</th></tr>
<tr><th>载载频</th><th>电源</th><th>发送电平</th><th>功出电压</th><th>模模拟网络输入电压</th><th>模模拟网络输出电压</th><th>PT输入电压</th><th>PT输出电压</th><th>轨面电压</th><th>轨面电压</th><th>空闲时入口电流</th><th>占用时入口电流</th><th>PT输入电压</th><th>PT输出电压</th><th>模模拟网络输入电压</th><th>模模拟网络输出电压</th><th>轨入电压</th><th>轨出电压</th><th>GJ电压</th><th>接收电平级</th><th>接收电源</th><th>载频</th></tr>
<tr><td rowspan="2">S1LQG</td><td>Z正向</td><td></td><td></td><td></td><td></td><td></td><td></td><td></td><td></td><td></td><td></td><td></td><td></td><td></td><td></td><td></td><td></td><td></td><td></td><td></td><td></td><td></td><td></td></tr>
<tr><td>F反向</td><td></td><td></td><td></td><td></td><td></td><td></td><td></td><td></td><td></td><td></td><td></td><td></td><td></td><td></td><td></td><td></td><td></td><td></td><td></td><td></td><td></td><td></td></tr>
<tr><td rowspan="2">9473G</td><td>正向正</td><td></td><td></td><td></td><td></td><td></td><td></td><td></td><td></td><td></td><td></td><td></td><td></td><td></td><td></td><td></td><td></td><td></td><td></td><td></td><td></td><td></td><td></td></tr>
<tr><td>反向反</td><td></td><td></td><td></td><td></td><td></td><td></td><td></td><td></td><td></td><td></td><td></td><td></td><td></td><td></td><td></td><td></td><td></td><td></td><td></td><td></td><td></td><td></td></tr>
</table>

注：表内应填写测试数据，“△”表示无此项。

检查人：　　　　记录人：　　　　　　　检查日期：　　　年　　月　　日

任务评价

任务评分表见表 8.4。

表 8.4　ZPW-2000 评分表

序号	项目	评价内容与要求	配分	扣分点	得分
1	数据测试	1. 正确使用移频表完成对应数据测量。	70	1. 数据测量一处扣 5 分，最多扣 60 分； 2. 移频表使用不合规，扣 10 分。	

续表

序号	项目	评价内容与要求	配分	扣分点	得分
2	台账资料填写	1. 根据测试结果完成表 8.3 内容填写。	30	1. 错误一项内容扣 2 分。	
合计			100		

注：考核中损坏仪表或设备，该次考核计 0 分。

任务二 ZPW-2000A 轨道电路故障处理

任务导入

在铁路信号系统中，ZPW-2000A 轨道电路发挥着至关重要的作用，以确保列车运行的安全与顺畅。然而，由于各种原因，轨道电路偶尔会出现故障，这可能对列车的正常运行构成威胁。因此，及时、准确地处理 ZPW-2000A 轨道电路故障显得尤为重要。故障处理涉及对故障源的快速定位、故障原因的深入分析以及相应的修复措施，旨在迅速恢复轨道电路的正常功能，确保铁路交通的安全与稳定。

相关知识

一、故障分析依据

（一）区间轨道继电器的吸起条件

区间轨道继电器（GJ）吸起，说明在该区段的衰耗器上、GJ 测试孔上有大于 20 V 的电压输出，要使 GJ 有电压输出，必须具备以下条件：

（1）主轨道的输出电压≥240 mV（即轨出 1）。

（2）在接收器 XGJ、XGJH 上有大于 20 V 的直流电压输入。

（二）衰耗器各指示灯的含义

衰耗器测试孔及指示灯如图 8.5 所示。

图 8.5 衰耗器测试孔及指示灯

1. 发送工作灯

灯亮表示该发送器工作正常，有极性正确的 24 V 电源，有一路低频编码条件，有一路载频条件，有一个“-1”或“-2”选择条件，且供出负载无短路，此时发送器具备所有工作的条件。

2. 接收工作灯

灯亮表示该接收器工作正常，主、并机接收器有极性正确的 24 V 电源，有一路载频条件，有一个“-1”或“-2”选择条件，有一个“X（1）”或“X（2）”选择条件，此时接收器具备所有工作的条件。

3. 轨道占用灯

亮绿灯表示 GJ 有电压输出，GJ 吸起；亮红灯表示 GJ 无电压输出，GJ 落下，区间红光带。

4. 正向灯

点亮表示接收器具备正方向条件电源，即零层 03-5 有正向电压。

5. 反向灯

点亮表示接收器具备反方向条件电源，即零层 03-6 有反向电压。

二、故障分析

（一）室内故障分析

ZPW-2000A 型轨道电路移频柜设置的发送器、接收器、衰耗器、防雷模拟网络盘，在故障或不满足工作条件时会发出移频报警，通过指示灯并配合参数测试可找到故障点。

1. 发送器

当发送电平调整跳线虚接时，会造成 S1、S2 无功出电压或电压降低，发送器指示灯正常，FBJ 不落下，不导向 +1，本区段红光带。

2. 衰耗器

从衰耗器各测试孔可测量各种电压值，且可通过状态表示灯状态得知工作状态信息。

衰耗器本身故障多发生在 B1、B2 变压器，电阻氧化阻值偏高等影响轨出电压，同时还担负主、小轨道输出电平的调整，外围勾线较多，若勾线接错、虚接都会影响接收器的正常工作。勾线可能会造成的故障主要有：

（1）主轨道电平调整勾线虚接或端线会导致轨出 1 电压降压或为 0。

（2）小轨道电平调整勾线虚接或端线会导致轨出 2 电压降压或为 0。

3. 接收器

满足接收器正常工作所需条件：接收器正常工作时向衰耗器发出 JB +、JB-（24 V 直流电压）；衰耗器上点亮接收灯并沟通 YBJ 的励磁。若上述条件缺一则衰耗器上接收灯灭灯，同时控制台移频报警。

接收器自身故障也会使接收灯灭灯、移频报警，不过主、并机备用不会造成无输出而出现红光带。

注意：接收器主机如果缺少小轨选型条件还会造成正（反）方向灯熄灭，若衰耗器接收灯和正（反）方向灯同时熄灭可首先检查主机小轨选型条件。

4. 模拟网络盘

模拟网络盘故障会使信息通道受阻，影响相应区段的信息接收，造成红光带。送端模拟网络盘故障会使本区段红光带，受端模拟网络盘故障可能会使本区段及相邻区段同时红光带。

（二）室外设备故障分析

1. 调谐区短小轨道电路

（1）调谐单元断线故障的检查：送端 BA 断线，接收端电压降低约 50%；受端 BA 断线，接收端电压升高 500% ~ 700%。

（2）当构成“零阻抗”（10 MΩ）的元件故障时，均会造成“零阻抗”值的升高，降低两相邻轨道电路信号间的隔离性能，构成信号的越界传输。

（3）当构成“极阻抗”回路元件故障时，一般均会造成并联谐振电路工作的破坏，使“极阻抗”值降低，会在发送端造成送端轨面电压降低，同时也在接收端造成轨面电压降低及室内接收电压的降低，使故障导向安全。

2. 补偿电容断线故障

补偿电容主要是对钢轨的感性进行补偿，使电路呈阻性。

（1）当电容断线（开路）故障时，由于补偿电容特性的消失，钢轨又回到原来的感性作用，使信号在钢轨上产生较大的衰减，从而降低了接收端电压，使系统导向安全。

（2）补偿电容短路故障较为少见，补偿电容短路时就像一个短路线，把两钢轨之间短路，造成红光带。

处理时，可用钳形电流表测试其电流，正常时为 400 mA，若电流过大超标（800 mA），即判定电容短路，更换即可。

如想尽快判断哪一个短路，一般是在轨面测量，只要稍有电压，说明短路点在前方（和轨道电路短路故障一样）。

（3）补偿电容的测试方法。

电压法：用选频表（或数字万用表）测量电容坐标处的轨面电压 Vc，再测量电容前后各 1 m 处的轨面电压，即 Uc 前、Uc 后。

若 Uc 比 Uc 前、Uc 后高 0.1 ~ 0.2 V，说明补偿电容良好。

若 Uc、Uc 前、Uc 后三处电压相等或逐渐变化，说明补偿电容开路或接触不良。

3. 空心线圈开路

当系统中单个组件故障或局部设备故障时，通常接收电压会有一定幅度下降，特殊情况下当主轨接收电压大幅上升时（升约 50%），可迅速断定为该区段发送端空心线圈开路。

4. 匹配变压器的开路

（1）在 1LQ 区段，当匹配变压器开路时，主轨入电压通常下降 95%以上，一般情况下主轨电压仅为 8 mV 左右，此时进一步测试本区段小轨入电压，若小轨入电压不变则为接收端匹配变压器开路，若小轨入无电压则为发送端匹配变压器开路。

（2）对其他一般区段，除上述异常现象外，主轨入电压还可能下降到 50 mV 左右，此时为调谐单元三组件中的电容开路故障，需要更换调谐单元备品进行处理。

（3）调谐单元电感短路现象。

当调谐单元电感短路时，主轨入电压通常下降 75%，此时进一步测试本区段小轨入电压，若小轨入电压不变，为接收端调谐单元电感短路，若小轨入电压下降 75% 左右，为发送端调谐单元电感短路。

（4）调谐单元开路现象。

当主轨入电压下降 50%左右时，为调谐单元 L、C 开路。此时进一步测试本区段小轨入电压，若小轨入电压不变则为接收端调谐单元开路，若小轨入电压下降 50%左右则为发送端调谐单元开路。

（5）调谐单元电容故障。

该种情况下本区段主轨入电压将下降 25%，进一步测试本区段小轨入电压，若小轨入电压下降则为发送端调谐单元电容短路，若小轨入电压不变则为接收端调谐单元电容短路故障。

（6）当发生补偿电容故障时，一般单个补偿电容对主轨影响不大，主轨轨入电压下降约 10%，小轨入电压有降和不降的情况，不能一概而论，其原因主要是电容所处的位置不同，对接收电压的影响作用也不同，但不会对邻区段主轨和小轨产生影响，这有别于调谐单元和匹配变压器的故障情况。

（三）故障处理注意事项

（1）必须用选频表进行测试，以确保读数准确，测 XG、XGJ 条件时应使用直流挡。

（2）要熟知衰耗盘测试孔在电路图中的位置，否则即使测试出不正常值也无从下手。在看图查故障时应看清图纸位置是区间移频组合还是继电器组合。

（3）当主轨正常时应检查是否有本区段小轨检查条件，即轨出 1 是否正常，要测试 XGJ、XGJH 是否正常。本区段衰耗盘测试的 XGJ 是从运行前方相邻区段送来的小轨检查条件 XG。

（4）处理故障时要尽快判断故障范围，区分室内、室外故障，测量模拟网络盘时要测量精准、读数准确，将所测得的电压电流与原有的电特性数据比较，如有问题一定要准确地找到分线盘位置，快速区分室内、室外故障。

（5）如表现为相邻 2 个区段均为故障状态，必须首先判断处理列车运行前方区段的故障（因为小轨检查条件由前方区段接收处理），在本衰耗盘测试轨出 2 时应看运行后方相邻区段的载频，本区段衰耗盘测试的轨出 2 是向运行后方区段送的小轨载频信号，经本区段接收盒译为直流 24 V 小轨条件后送到后方相邻区段。

（6）室内值班人员必须保持清醒的头脑，不能怕、不能急、不能慌、不能乱，一定要看准、测准、读准、判准。

（7）室外处理人员必须根据室内的判断，带好备品，按规定要点，到现场后首先测试轨面电压，再在设备端用钳形电流表测试电源引入线（等阻线）电流，以做出准确判断。

三、故障处理程序

控显终端发生移频报警时，首先观察是否出现区段红光带。若无红光带，考虑冗余设计，故障点应在发送器、接收器处。如只有一台接收器故障，由于双机并联，另一台接收器仍可保证轨道电路正常工作（能转为“+IFS”工作），所以不影响行车。

如有红光带，一般多属于非冗余环节故障，这类故障多由控制台红光带指示或司机行车受阻报告得知。

（一）ZPW-2000A 型轨道电路故障处理

以某区段轨道电路 GJ 落下、轨道指示灯红灯为例：

第一步：观察衰耗盒发送、接收指示灯。若灭灯，发送电源无，不构成编码条件，功出至分线盘有短路，载频或 1、2 选型端线，发送断线。若未灭灯，进行下一步。

第二步：测试衰耗盒 GJ 电压。若电压大于 20 V，则衰耗器 GJ 有断线或故障。若电压不大于 20 V，进行下一步。

第三步：分别测本区段轨出 1 和下一区段衰耗盒输入小轨道电压是否正常。若小轨入和轨出 1 正常，进行第四步；若轨出 1 正常，小轨入小于 34 mV，进行第五步；若轨出 1 小于 240 mV，小轨入小于 34 mV，进行第六步；若轨出 1 和小轨入均无或明显下降，进行第七步。

第四步：测下一区段衰耗盒轨出 2 小轨电压是否正常。若正常，故障为本区段至下一区段衰耗盒至接收断线；若不正常，则小轨衰耗盒正向调整电阻有断线或短路。

第五步：测下一区段轨入主轨电压。主轨入比历史值低，室外下一区段接收端钢包铜引接线有松动；若无明显变化，小轨道区段接线有断线或接触不良。

第六步：测轨入电压并与历史正常值比较。若低于历史值，接收盒内有短路或衰耗盒调整封线有脱焊。若正常，接收盒内有短路或衰耗盒调整封线有脱焊。

第七步：测发送电压是否正常。若正常，则室外电缆端线或发送端钢包铜引接线松动，或电缆盒端子接触不良；若不正常，室内发送功出径电缆模拟网络至分线盘有断线。

（二）ZPW-2000A 型轨道电路室内设备故障处理流程

第一步：测发送器功出电压。若无电压，查看发送盒工作灯。灯亮表明发送盒工作正常，检查发送电平级封线至功 1/功 2 再至 S1/S2 功出电压输出通道；若灯灭，检查发送盒 5 个工作条件：载频、低频、-1/-2、工作电源（24 V）、功出不短路。若发送器有功出电压，且载频、-1/-2 条件正确，进行第二步。

第二步：查看 FBJ 状态。若 FBJ 落下，检查 FBJ 励磁电路；若 FBJ 吸起，则进行第三步。

第三步：测试轨入电压。当轨入无电压时，进行第四步；若轨入有电压，进行第六步。

第四步：测试电缆模拟网络送端设备侧。若无电，发送通道 S1/S2 至送端模拟网络设备侧配线故障；若有电，进行第四步。

第五步：测电缆模拟网络接收端设备侧。若有电，接收电缆模拟网络设备侧至轨入配线故障；若无电，进行测试：

（1）测试发送、接收模拟网络电缆侧至零层电缆端子电压，确认模拟网络至零层配线故障。判断故障在室内还是室外，测试零层电缆端子送端有电压、接收端无电压则故障在室外，短路除外。具体方法：可用电压、电流确认或者用电缆测试确认。

（2）若电缆模拟网络发送端设备侧有电压，发送端电缆侧无电压，则发送端电缆模拟网络故障；若电缆模拟网络接收端电缆侧有电压，接收端设备侧无电压，则接收端电缆模拟网络故障。区分模拟网络短路、开路故障，可以用电压法确认，电压成对变化说明短路故障，电压不变直至无电压为开路故障。

第六步：测试轨出 1 电压。若无电，检查主轨调整封线、衰耗盒是否工作正常；若有电，进行第七步。

第七步：测试小轨条件 XGJ（直流）。若有电且极性正确，测试 GJ（Z）、GJ（B）有无电压，按以下流程查找：

（1）检查衰耗盒和对应接收盒之间的连线：主机检查 C5/C6-ZIN（Z）/GND，03-11/12-XGJ（Z）/XGJH（Z）；并机检查 b5/b6-ZIN（B），03-11/12-XGJ（B）/XGJH（B）。

（2）接收盒工作条件：载频、-1/-2 是否正确。

注：GJ（Z）、GJ（B）两者电压缺一个则不显示红光带。GJ（Z）、GJ（B）均有电压检查接收盒 G/GH 至衰耗盒配线及衰耗盒 a30/c30-QGJ-GJ-GJF 配线（QGJ、GJ、GJF 故障控制台红光带、衰耗盒无红光带）。

若小轨条件无电，检查小轨条件，测试前方区段衰耗盒 XG 电压（直流）。有电压，检查前方 XG 至本区段 XGJ 之间配线；若无电压，检查轨入至小轨出配线、小轨封线、衰耗盒至接收盒配线（或接收盒 X1/X2 条件是否正确）。

任务实施

某站 193G 做接收器主备机冗余切换试验时，关闭 193G 接收器时测得 GJ（Z）电压为 10.66 V，GJ（B）电压为 21.77 V。关闭接收器后，GJ（Z）电压仍为 10.66 V。试分析 GJ（Z）不趋于 0 V 的原因，并对轨道电路进行故障处理。

任务评价

ZPW-2000 故障处理任务评分表见表 8.5。

表 8.5　ZPW-2000 故障处理评分表

顺序	操作步骤	得分	考核标准	扣分分值
1	办理请点手续。 号工请点：“您好，我是故障处理的负责人，申请在 X X 对 X X 设备进行检修作业，要点 10 分钟，现办理施工请点。” 考评人员回复：“同意请点，可以作业。”	15	未请点或用语错误，扣 15 分	

续表

顺序	操作步骤	得分	考核标准	扣分分值
2	正确使用仪器仪表	10	仪器仪表量程、挡位操作错误 1 次扣 2 分	
3	故障处理	45	正确排查 3 个故障点得 45 分，错查或放弃 1 个故障点扣 15 分	
4	故障处理完毕，做好三清工作	15	人员、工器具已出清，设备复原，出现一处扣 5 分	
5	办理销点手续。 信号工销点：“您好，我是故障处理的负责人，检修作业已结束，人员、工器具已出清，设备已恢复正常，现办理施工销点。”	15	缺该步骤，扣 15 分	
合计		100		

注：考试过程中出现损坏仪表、设备等情况，该次考试计 0 分。

任务三 列控地面设备故障处理

任务导入

在现代化的铁路交通中，列车运行控制系统地面设备是确保列车安全、高效运行的关键。然而，由于设备老化、外部环境影响或人为操作不当等因素，地面设备偶尔会出现故障，这可能直接影响列车的正常运行和乘客的安全。因此，快速、准确地处理列车运行控制系统地面设备故障至关重要。故障处理过程包括故障识别、定位、分析以及修复，旨在迅速恢复设备的正常功能，确保铁路交通的安全与顺畅。

相关知识

一、列控主机故障

（一）Ⅰ系或Ⅱ系异常停机，F486-4I 板上异常红灯点亮

（1）记录停机状态下 F486-4I、FSIO、CAINIF、VHSC6 面板指示灯状态并反馈给一级维护中心。

（2）在 F486-4I 板插入 IC 卡的情况下，将故障机的电源开关扳下，再重新扳起加电，即可恢复正常。

（3）如不能启动，则需要更换该系板卡（通常是 F486-4I 板）。

（二）从系与主系不同步

从系 F486-4I 板上 D2 灯点亮的处理办法：

（1）在站场上无任何作业的情况下，重新启动从系。

（2）若仍不同步，要点将列控双系重新启动。

（三）输入输出板故障

（1）组匣内各板均不能开启，检查该组匣逻辑 24 V 电源接线端子或插头。

（2）ET-LINE 板 Normal 灯不亮，RXD 灯不闪烁，检查 ET-LINE 板后面光缆接插是否牢固。

（3）ET-PIO 板 Normal 指示灯灭灯，重新开启该 PIO 板电源开关，应可以正常启动，若不能启动则需用备用板更换该板。

（4）若某一对 PIO 对应的所有采集信息无表示或对应的所有驱动位均不能驱动继电器，检查该对 PIO 背面的接口 24 V 电源的接线端子，插头或熔断器。

（四）监测维护终端故障

（1）无法开机，机器内置电源风扇不转，前面电源指示灯不亮，该机电源故障，需更换电源。

（2）开机后，机器内发出“嘀、嘀……”间断的报警声，内存条或显卡接触不良，需打开机箱盖，重新拔插内存条及显卡即可恢复。

（3）电源正常的情况下无法开机，也无报警声，可能是主板与机箱底板接触不良或主板故障，重新拔插主板，若不能恢复则需更换主板。

（五）轨道电路通信接口板故障

（1）只有工作灯红灯亮。通信板对应的 CPU_1 或 CPU_2 的 CAN 地址配置错误或地址开关没拨到位。

（2）工作灯红灯亮，主备灯不亮，CANA、CANB、CAND、CANE 表示灯闪烁。列控主机与通信板的 $CANAB_1$、$CANAB_2$ 连线没连接。

（3）工作灯红灯亮，主备灯不亮，CANA、CANB、CANC、CAND、CANE 表示灯闪烁。通信板与移频柜的 CAND、CANE 连线没有连接。

（4）在单总线工作状态下（即列控主机与通信组匣只有一条 CAN 总线连接），主通信板工作正常，备通信板工作灯亮红灯。

二、列控系统常见硬件故障处理

判断处理故障时应尽量利用列控中心维修诊断软件的诊断信息，如网络状态连接图、故障报警信息等。通过网络状态连接图可以直接看出列控设备各级通道连接的通断情况、板卡故障情况，利用报文解析浏览图可直接查看有源应答器的当前报文和历史报文记录及相关故障信息。主要常见故障有：

（一）列控备机失步

列控备机失步报警如图 8.6 所示。此时可对列控中心备机进行重启，重启后一般可同步。

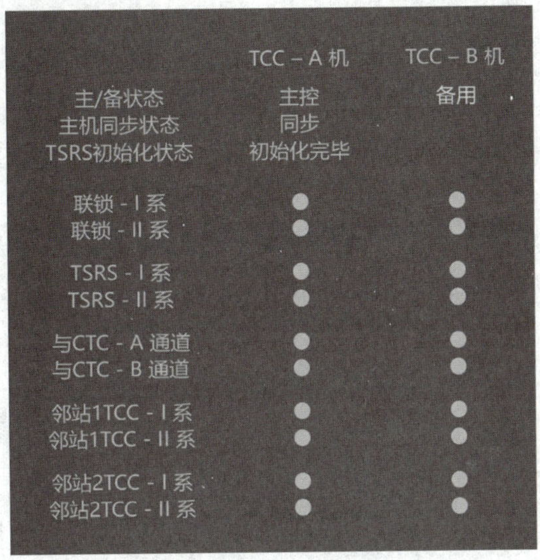

图 8.6　列控备机失步报警

（二）列控主机通道异常

列控主机通道异常报警如图 8.7 所示。

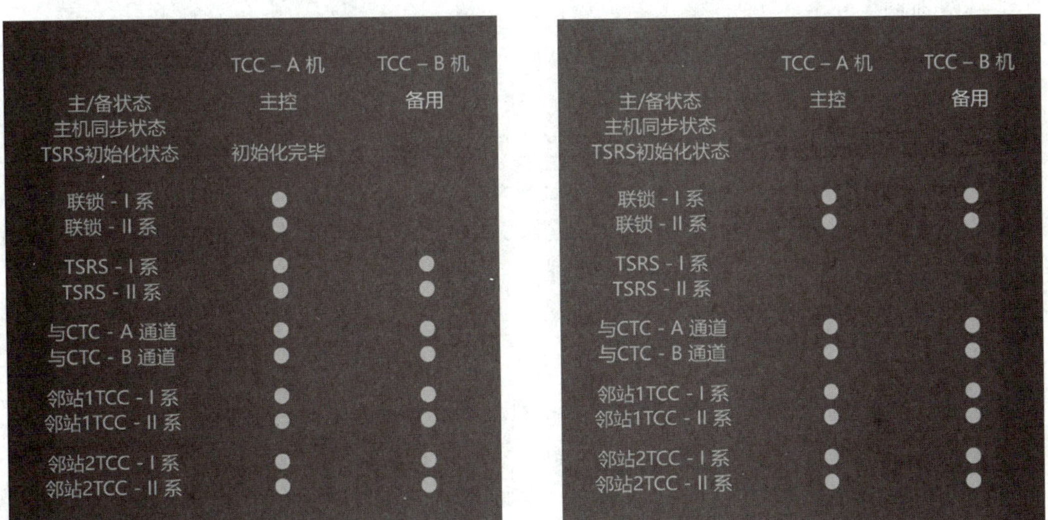

（a）　　　　（b）

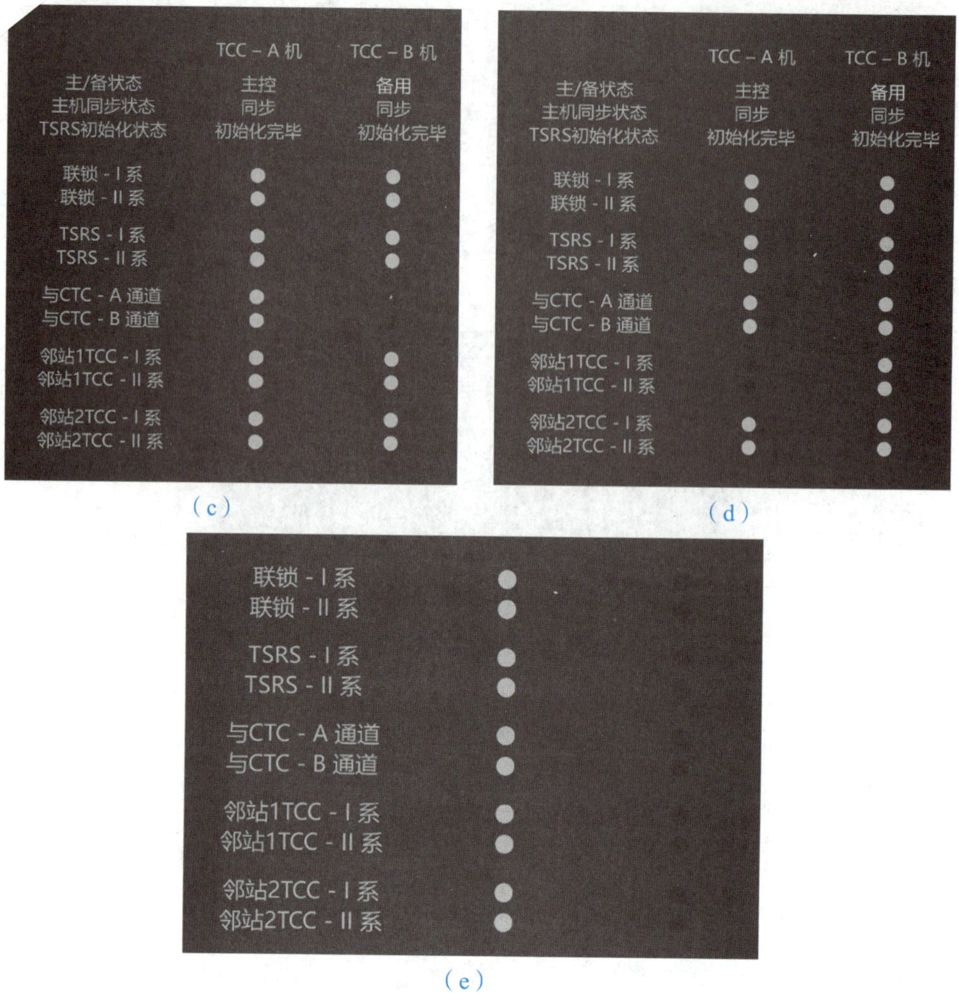

图 8.7　列控通道报警

（1）列控主机与联锁通道状态：绿色为通信正常，红色为通信故障。

（2）列控主机与 TSRS 通道状态：绿色通信正常，红色为通信故障。

（3）列控主机与 CTC 系统通道状态：绿色为通信正常，红色为通信故障。

（4）列控主机与邻站通道状态；绿色为通信正常，红色为通信故障。

图 8.7 所示列出了 TCC 主机与联锁、TSRS、CTC 系统、邻站 TCC 的一些通道异常情况。首先利用 Ping 命令确认通道是否良好，结合故障报警信息再检查交换机、光纤或网线通道是否异常，进行故障的处理。

（三）ET 机笼内 ET-PIO 板故障

LINE 板卡状态：绿色为工作状态正常，红色表示状态异常，灰色表示板卡未上电启动。

PIO 板卡状态：绿色为工作状态正常，红色表示状态异常，灰色表示笼内未配备该板卡。

当 ET 机笼上的 ET-PIO 板空置未装，或者被断电时，机笼相应位置显示该板状态为红色。

处理时应记录板卡表示灯报警状态，根据表示灯的提示初步判断故障范围，然后采取如下措施：

（1）检查供电插头是否松动或供电是否正常，目视检查外围配线是否连接良好。

（2）对板卡进行重启。

（3）更换 ET-PIO 板，如故障恢复则将故障板卡返设备供应商进行检测。

（4）请求设备供应商提供技术支持。

（四）ET-PIO 驱采通道故障

ET-PIO 驱采通道窗口打开方式：点击“ET 机笼”图标；打开工况图界面顶端菜单→实时信息→列控驱采 PIO 视图。

按名称查找继电器位置的方法：输入查找继电器名称；点击查找按钮；查看红色名称继电器，即可观察继电器对应点位。各点表示的继电器名称可于鼠标指向时显示，各点点灯绿色表示状态为“1”，白色为“0”，灰色表示实际工程中无配置。

鼠标停驻在 PIO 视图相应位置时，界面会提示该驱采点位对象的名称。

驱采通道报警如图 8.8 所示。当发生驱采通道故障时可先查看红色继电器对应点位，检查组合内继电器位置是否与驱动、采集一致，然后按照借电源逐步查找的方式排除驱采通道故障。

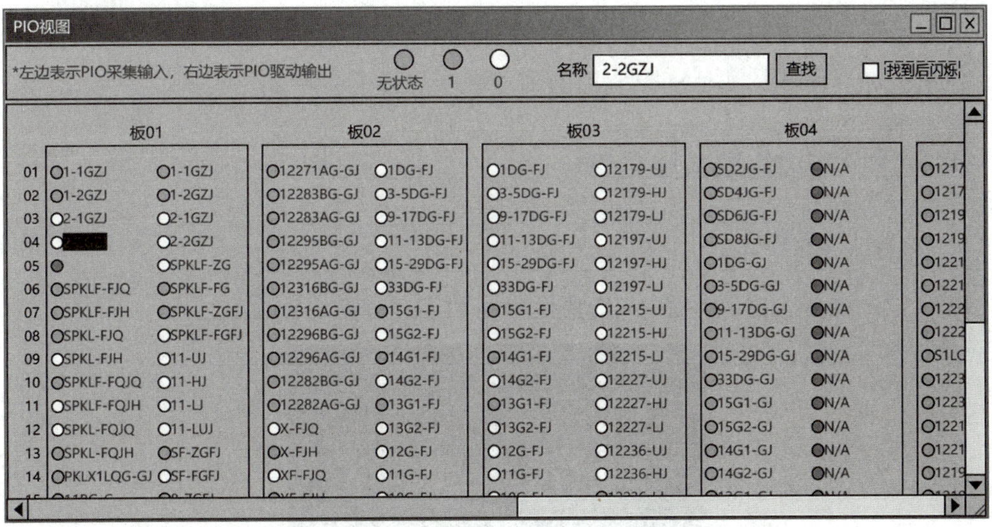

图 8.8　ET-PTO 驱采通道报警

三、分析判断网络通道简单故障

（一）通信通道处理方法

通信通道故障包括了列控中心和其他设备的通信，主要检查物理通道连接是否完好，交换机工作灯状态是否正常，通信单元工作是否正常。当出现网络通道故障报警时，首先查看网管中心网络拓扑图状态，检测到列控中心主机有一侧离线，应及时记录主机的故障代码，并重启列控中心主机，同时把故障代码传给厂家分析，根据分析结果做后续处理。

例如：列控中心Ⅰ系工作正常，Ⅰ系第二块 CHSC26 板 ST 红灯报警，经现场查找确认该系下行侧接收光纤衰耗过大，对方列控中心发送 1 310 nm、−5 dB 光源，本列控中心接收测试值为 35 dB，光纤衰耗过大。更换备用光纤芯线后报警恢复。

（二）应答器通道故障判断

由于列控中心的监测维护软件只能检测到列控中心发送的报文，报文的室内室外传输通道的完整性检测需要通过从室外读取应答器报文来判断，测试时可通过从室外读取应答器报文来判断，报文帧中变量 M_MCOUNT = 0 则说明该报文是 LEU 默认报文；M_MCOUNT = 253 则说明该报文是列控中心默认报文；M_MCOUNT = 252 则说明该报文是应答器默认报文 M_MCOUNT = 255 说明列控中心发送报文正常。

对于出现通道问题的应答器电缆，可以通过电压测量的方法来判断处理故障。LEU 至应答器之间的 C 接口传送的是 564.48 kb/s 的基带差分两相调制信号 DBPL（方波）和 8.8 kHz 的正弦波叠加在一起的信号，其频率超出了普通万用表的正常测量范围，除非使用宽频的真有效值变换的万用表，否则测量出的数值不能正确表示信号的有效值，但普通万用表测试值在处理故障有一定的参考意义。通过实测，列控中心正常工作的参考电压是：

（1）室内分线盘或 LEU 输出：普通数字万用表为 4.8 V。

（2）室外分线盒：普通数字万用表为 3 V。

四、LEU 与应答器故障处理

（一）LEU 故障

LEU 故障或未上电，导致 LEU 切换单元动作，如图 8.9 所示。

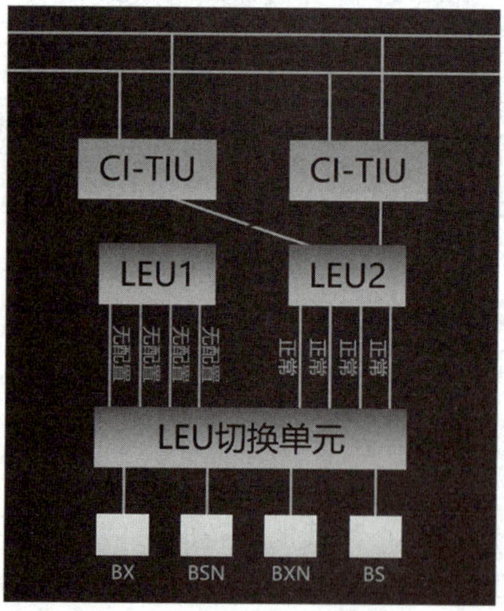

图 8.9　LEU 故障报警图

CI-TIU 与 LEU1 连接的 RS-422 通道侧显示为故障态，LEU1 的 4 路端口显示为全灰，而 LEU 切换单元状态显示为倒向 B。

从现象上来看，TCC 与 LEU1 的通信，在 CI-TIU 与 LEU1 的 RS-422 通道侧就中断了。现场应检查接口通信单元与 LEU1 的连接电缆，排除 L.BU1 本身空开被断开或设备本身故障。

（二）LEU 端口状态异常

如图 8.10 所示，LEU1 的端口 2 状态显示为红色，文字提示为故障状态。由图可见，LEU1 与 LEU2 是互冗余关系的 LEU。一般来讲，LEU1 的 1、2 路端口通过作为 LEU 切换单元的 TB 端子条接到室外应答器，3、4 路端口通过切换单元接了 120 Ω 的负载；而 LEU1 的 3、4 路端口通过作 LEU 切换单元的 TB 端子条接到室外应答器，1、2 路端口通过切换单元接了 120 Ω 的负载。如果 LEU1 检测到自身端口 2 为开路状态，处理时应检查 TB 端子条上相关配线。

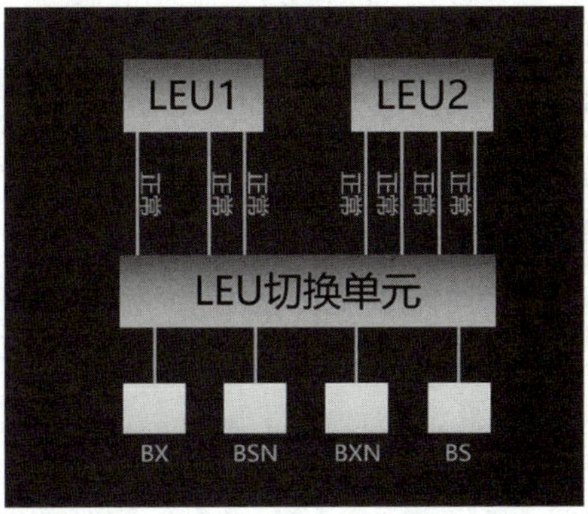

图 8.10　LEU 端口异常故障报警图

（三）无源应答器报文传输通道故障

列控维护终端对无源应答器报文没有监测记录。

无源应答器发送静态报文，在机车收到错误的应答器报文或应答器丢失时，应先确认应答器位置、发生时间的信息；可以通过 DMS 对当时的场景进行历史回放，提取无源应答器数据进行分析。

无源应答器 M_MCOUNT = 252，则说明该报文是应答器默认报文，需重新更换新应答器当无源应答器读取数据与写人数据不一致时，更换新应答器并对数据不一致应答器与供应商共同分析。当读取应答器报文显示信号低时说明内部发射模块故障，需要重新更换新应答器。

（四）有源应答器报文传输通道故障

对车上报告有源应答器报文接收异常，建议按照图 8.11 所示的流程分析数据。

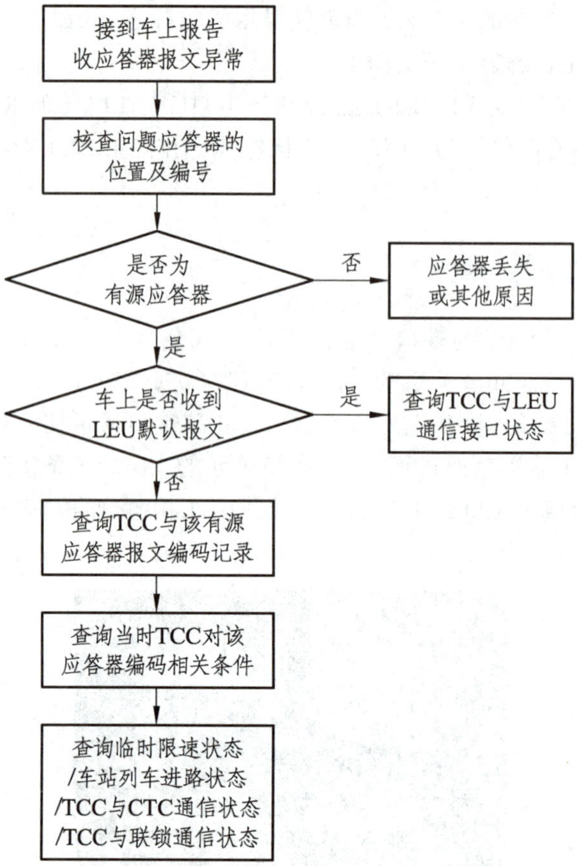

图 8.11　应答器故障处理流程

任务实施

根据列控地面设备表示灯的工作状态，分析故障原因，并对故障进行修复。

任务评价

列控系统地面设备故障处理任务评分表见表 8.6。

表 8.6　列控系统地面设备故障处理评分表

序号	项目	评价内容与要求	配分	扣分点	得分
	故障处理	正确完成地面设备故障处理。	100	（1）未掌握故障处理流程，扣 50 分； （2）未能确认故障模块，扣 30 分； （3）未能正确修复故障，扣 20 分	

注：无法依据故障现象确认故障范围，该次考试计 0 分。

参考文献

[1] 中国国家铁路集团有限公司工电部. 铁路信号安全管理[M]. 北京：中国铁道出版社有限公司，2022.

[2] 中国国家铁路集团有限公司工电部. 普速铁路信号设备[M]. 北京：中国铁道出版社有限公司，2022.

[3] 中国国家铁路集团有限公司运输部. 铁道概论[M]. 北京：中国铁道出版社有限公司，2022.

[4] 中国铁路总公司. 普速铁路信号维护规则技术标准[M]. 北京：中国铁道出版社有限公司，2015.

[5] 陈建译，方少锋. 铁路信号联锁试验实用手册[M]. 北京：中国铁道出版社有限公司，2021.

[6] 中国铁路总公司. 铁路电务安全规则[M]. 北京：中国铁道出版社有限公司，2015.

距信号楼中心距离(m)									
信号机	X XN 575	SI SII S3 S4 195	XHL 0	XI XII X3 X4 395	SN S 775				
道岔	1 523	3 381	5 7 327	125	325	8 6 527	4 581	2 723	

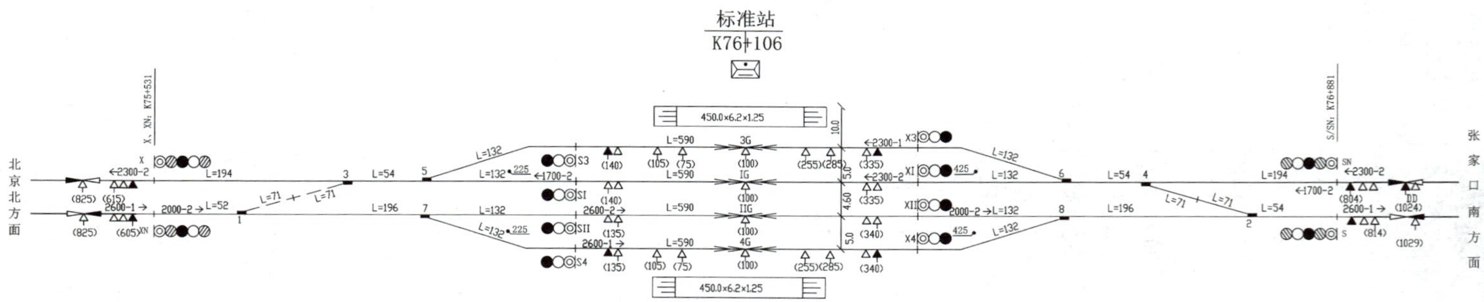

说明：1、本图根据站场专业2016年3月提供的《京张XX站平面布置图》进行设计。

2、应答器布置暂参照《列控系统应答器应用原则》（TB/T 3484-2017）设计；应答器组内，有源应答器和无源应答器之间相距5M(正方向偏差最大0.5M，负方向0M)。

3、图中L所标注长度为相邻近的绝缘节到绝缘节、绝缘节到道岔岔尖及道岔岔尖之间的距离；各股道长度为出站信号机对应绝缘节之间的距离。

4、图中所示的长度及坐标，除注明外，单位均为m。

5、列车信号机常态灭灯。

6、站内采用与区间同制式的ZPW-2000A型轨道电路。

7、出站信号机按距警冲标距离30m设置。

道岔类型表

钢轨类型 Kg/m	辙叉号	数量(组)	编号	附注	转辙机类型
60	18	8	1, 3, 5, 7 2, 4, 6, 8	客专线(07)009	尖:ZYJ7+SH6+SH6 心:ZYJ7+SH6

车站信号设备平面布置图	图号	XXXX-X-I-01
	比例	------
	日期	
	第1张 共3张	

附图 1-01　车站信号设备平面布置图

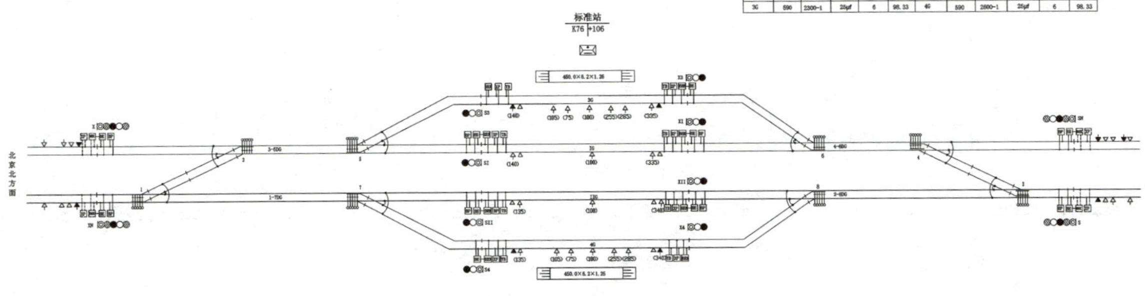

轨道区段长度及载频设置											
区段名称	长度(m)	载频(hz)	补偿电容容值	补偿电容个数	步长(m)	区段名称	长度(m)	载频(hz)	补偿电容容值	补偿电容个数	步长(m)
1-7DG	380	2000-2	25μf	4	95	2-8DG	380	2000-2	25μf	4	95
3-6DG	380	1700-2	25μf	4	95	4-6DG	380	1700-2	25μf	4	95
IG	590	2300-2	25μf	6	98.33	IIG	590	2600-2	25μf	6	98.33
3G	590	2300-1	25μf	6	98.33	4G	590	2600-1	25μf	6	98.33

说明：1、图例：

- 带适配器的扼流变压器
- 空扼流变压器
- 匹配单元
- 调谐匹配单元和机械绝缘节空心线圈
- 补偿调谐单元

2、轨道区段引接线材料：（调谐）匹配单元、空心线圈的引接线均为有绝缘护套的95mm²的铜包钢引接线，与钢轨采用塞钉安装；扼流变压器钢轨引接线为扼流等阻线。

3、本站载频按照车站全进路有码配置。

4、站内各道岔区段或无岔区段长度≥300m时均需按等间隔装设补偿电容，设置方式如图1所示；补偿电容实际安装数量以及安装间距，应根据现场实际轨道区段长度及道碴电阻进行调整。道岔轨道区段≥300m时，需要根据道岔位置情况综合考虑。

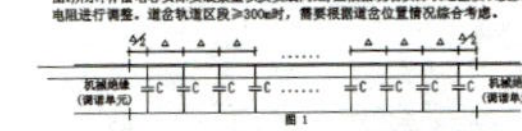

图 1

5、站内股道轨道区段长度≥300m时均需按等间隔装设补偿电容，补偿电容实际安装数量以及安装间距，应根据现场实际轨道区段长度及道床漏泄电阻值进行调整。

根据“中国铁路总公司关于开展ZPW-2000A站内一体化轨道电路绝缘破损防护安全专项整治工作的通知”（铁总工电函[2018]346号）要求，股道采取绝缘破损防护措施，具体做法如下：

（1）股道区段配置的站内匹配单元更换为相应载频频率的机械节空芯线圈和调谐匹配单元。

（2）取消各股道两端的第一个补偿电容，改为补偿调谐单元，其他补偿电容保持不变，如图2所示。

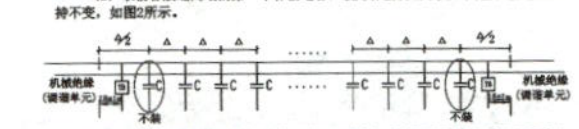

6、扼流变压器设置根据“运电高信电[2013]1534号”文《关于开展高铁信号工程重点整治工作的通知》优化设计。

7、图中“ ）”为ZPW-2000轨道电路道岔跳线示意，具体应按“铁总建设[2013]96号”文《高速铁路信号工程施工技术指南等2项局部修订》的通知及“通设技术[2013]269号”文《客专轨道电路站内道岔区段跳线及分支并连线安装要求》执行。跳线设置方式如图所示：

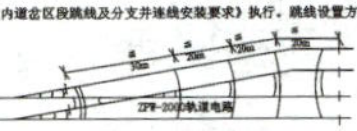

8、信号设备施工按照《高速铁路信号工程细部设计和工艺质量标准》（Q-CR 9521-2018）要求执行。

车站双线轨道图

附图 1-02　车站双线轨道图

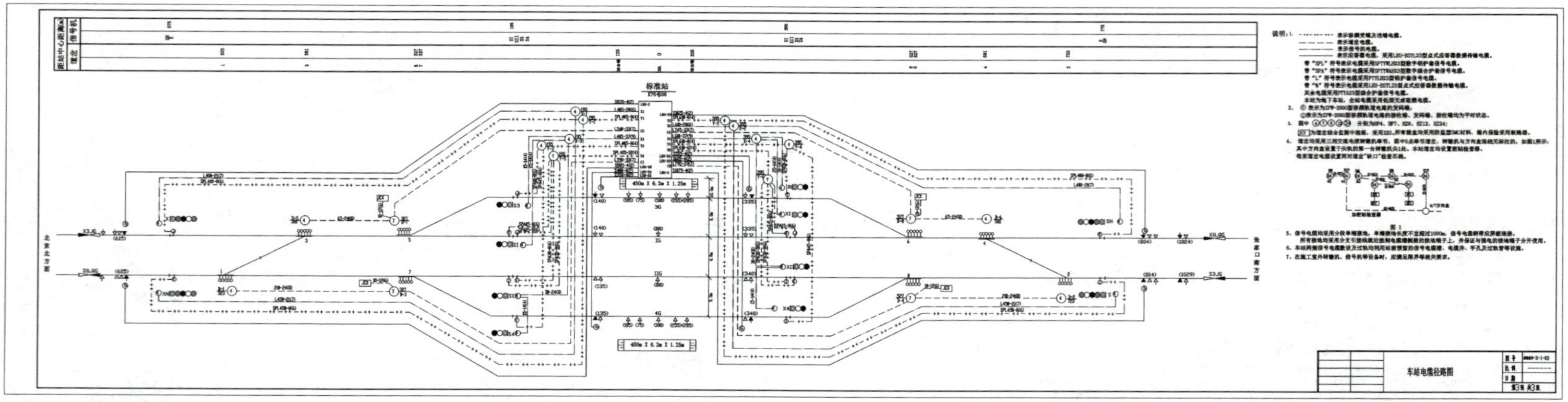

附图 1-03　车站电缆径路图

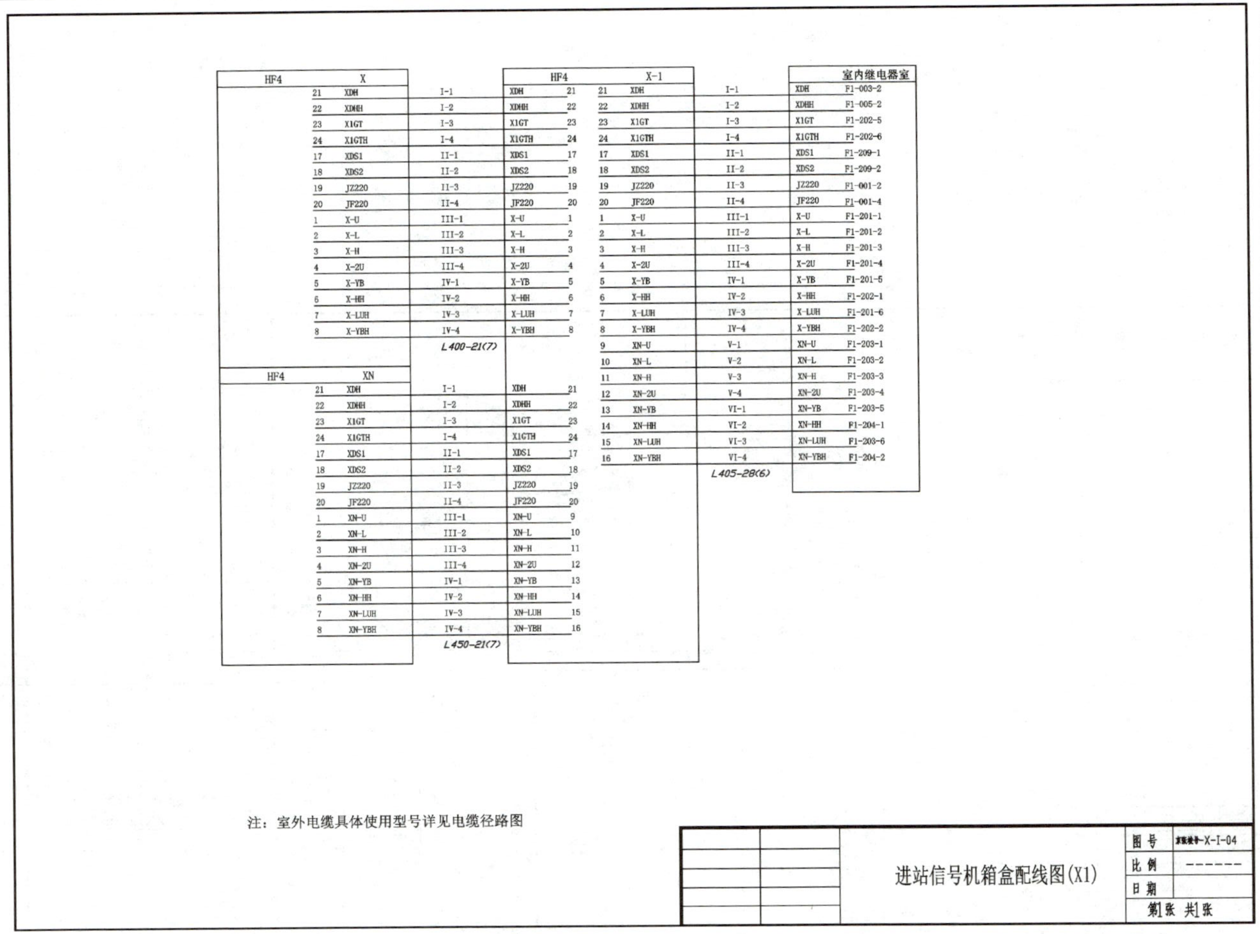

附图 1-04　进站信号机箱盒配线图

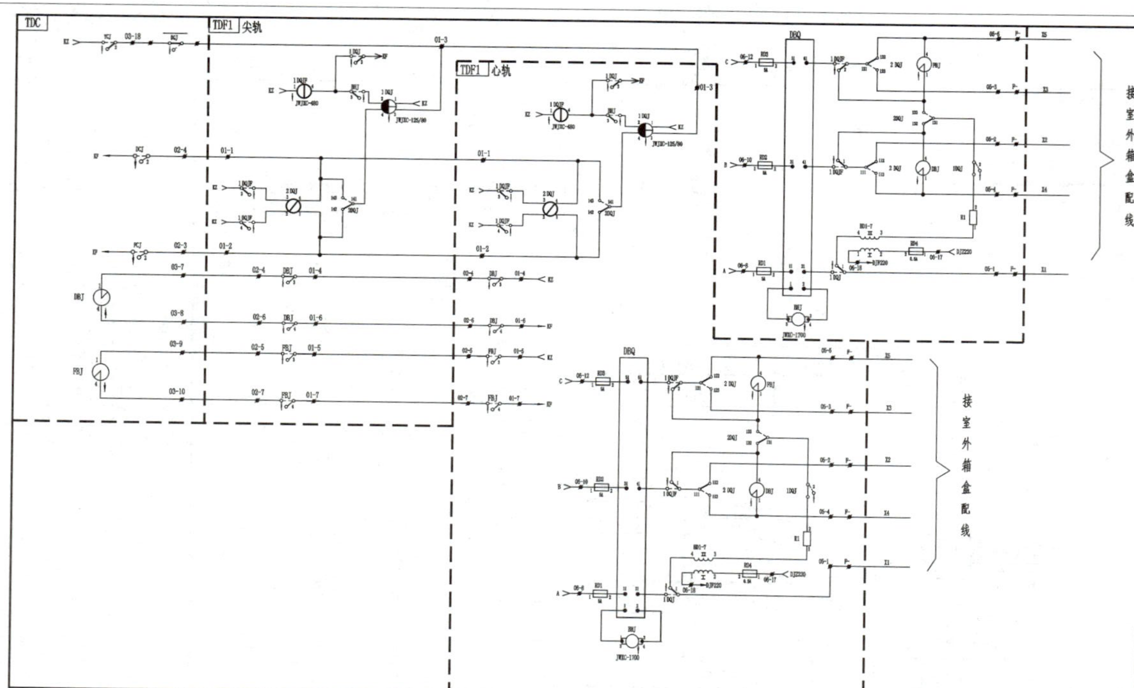

道岔名称	TDC组合位置	TDF1组合位置		至分线盘端子				
				X1	X2	X3	X4	X5
				05-1	05-2	05-3	05-4	05-5
5	12-7	5-J	12-5	F1-305-1	F1-306-2	F1-306-3	F1-306-4	F1-305-5
		5-X	12-6	F1-306-1	F1-306-2	F1-306-3	F1-306-4	F1-306-5
7	12-4	7-J	12-2	F1-307-1	F1-307-2	F1-307-3	F1-307-4	F1-307-5
		7-X	12-3	F1-308-1	F1-308-2	F1-308-3	F1-308-4	F1-308-5
6	14-7	6-J	14-5	F1-405-1	F1-406-2	F1-405-3	F1-405-4	F1-405-5
		6-X	14-6	F1-406-1	F1-406-2	F1-406-3	F1-406-4	F1-406-5
8	14-4	8-J	14-2	F1-407-1	F1-407-2	F1-407-3	F1-407-4	F1-407-5
		8-X	14-3	F1-408-1	F1-408-2	F1-408-3	F1-408-4	F1-408-5

道岔控制原理图

图号	[illegible]-X-II-01
比例	-------
日期	2019.12
第1张	共1张

附图Ⅱ-01　道岔控制原理图

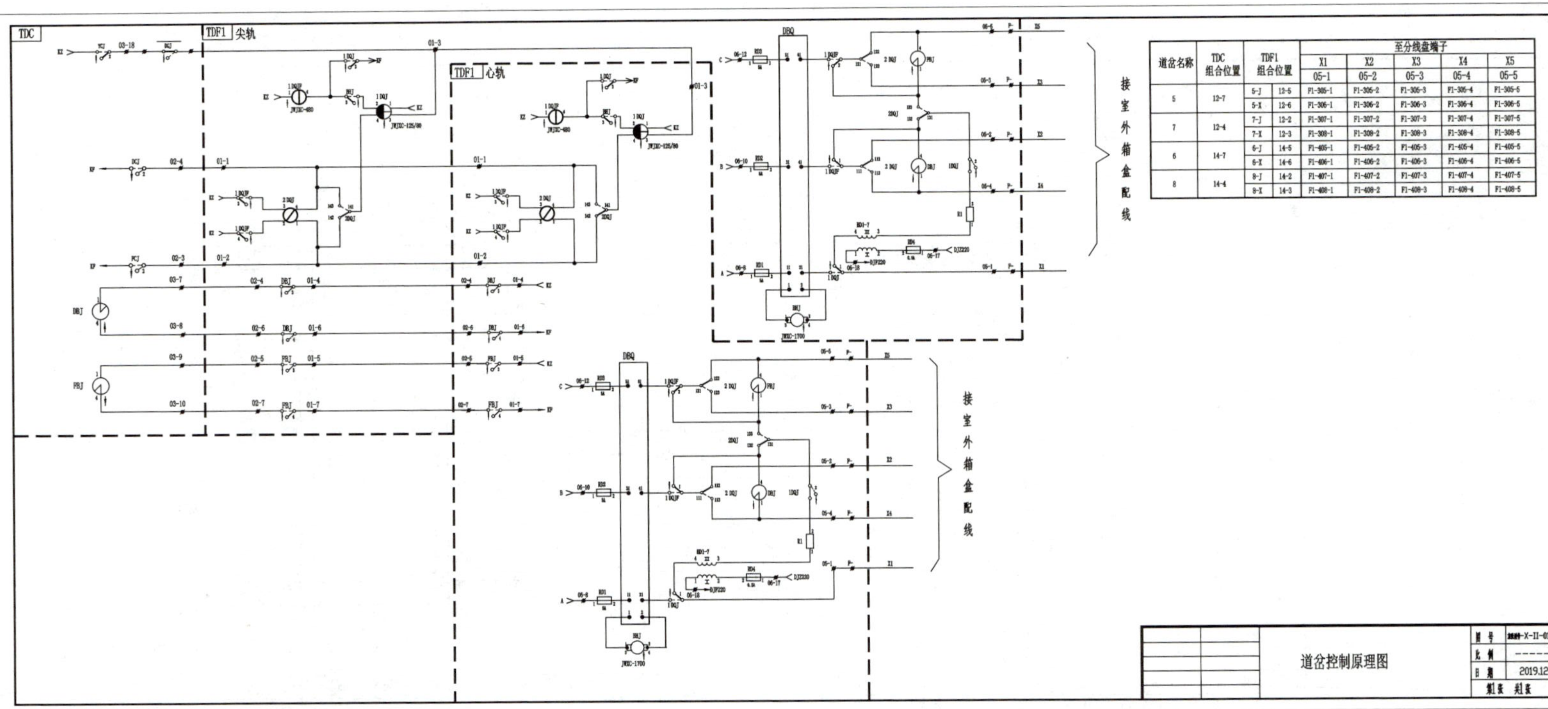

道岔名称	TDC 组合位置	TDF1 组合位置		至分线盘端子 X1 05-1	X2 05-2	X3 05-3	X4 05-4	X5 05-5
5	12-7	5-J	12-5	F1-305-1	F1-305-2	F1-305-3	F1-305-4	F1-305-5
		5-X	12-6	F1-306-1	F1-306-2	F1-306-3	F1-306-4	F1-306-5
7	12-4	7-J	12-2	F1-307-1	F1-307-2	F1-307-3	F1-307-4	F1-307-5
		7-X	12-3	F1-308-1	F1-308-2	F1-308-3	F1-308-4	F1-308-5
6	14-7	6-J	14-5	F1-405-1	F1-405-2	F1-405-3	F1-405-4	F1-405-5
		6-X	14-6	F1-406-1	F1-406-2	F1-406-3	F1-406-4	F1-406-5
8	14-4	8-J	14-2	F1-407-1	F1-407-2	F1-407-3	F1-407-4	F1-407-5
		8-X	14-3	F1-408-1	F1-408-2	F1-408-3	F1-408-4	F1-408-5

附图 II -02　道岔驱动、采集原理图

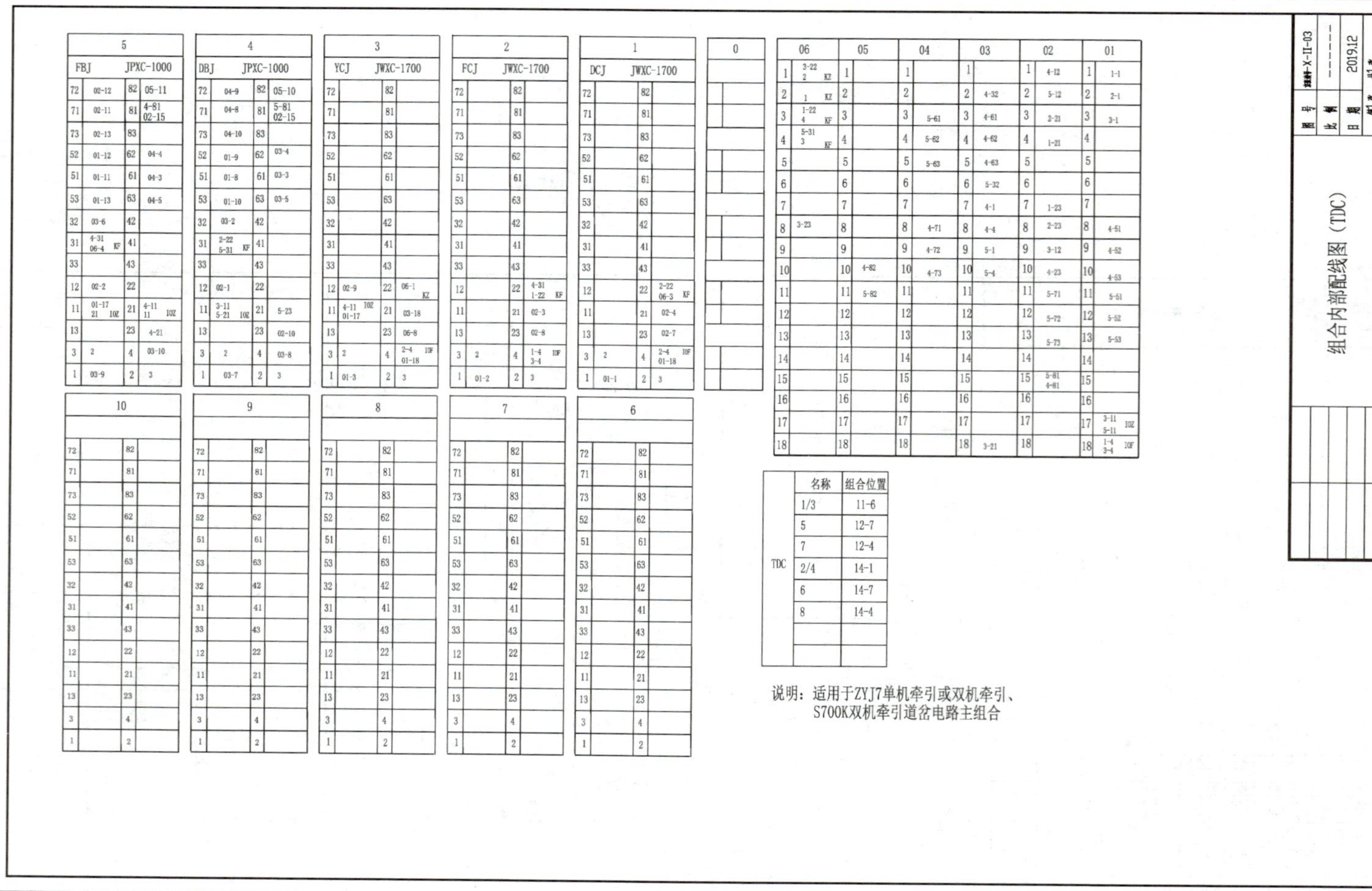

附图Ⅱ-03　组合内部配线图（TDC）

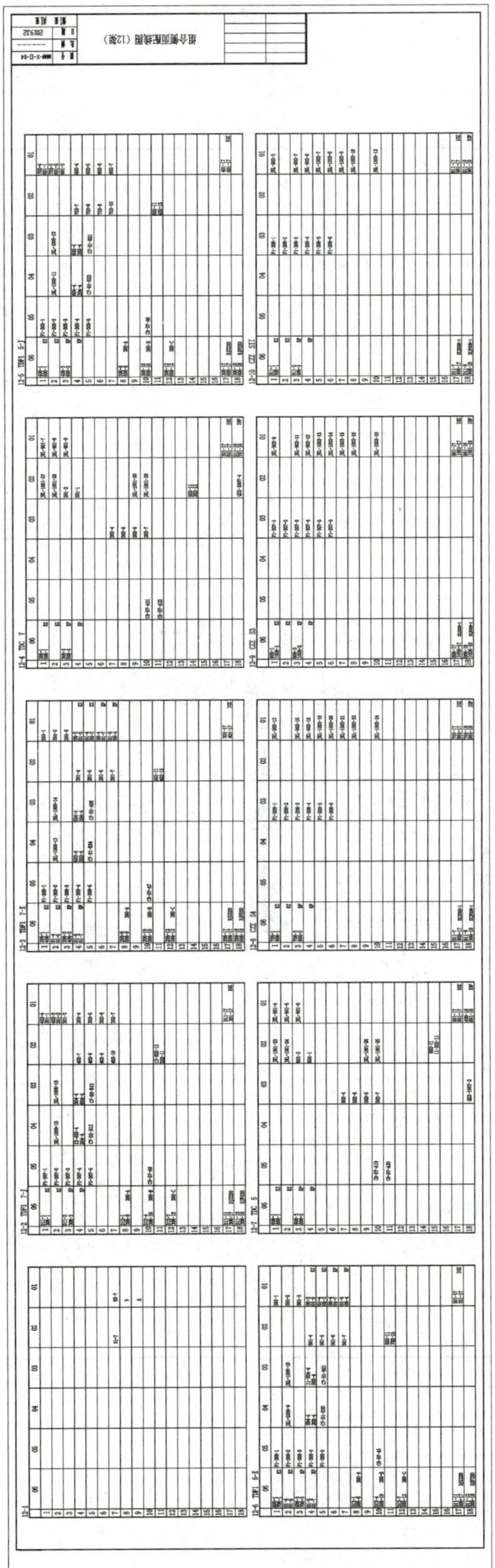

附图 II-04　组合侧面配线图（12 架）

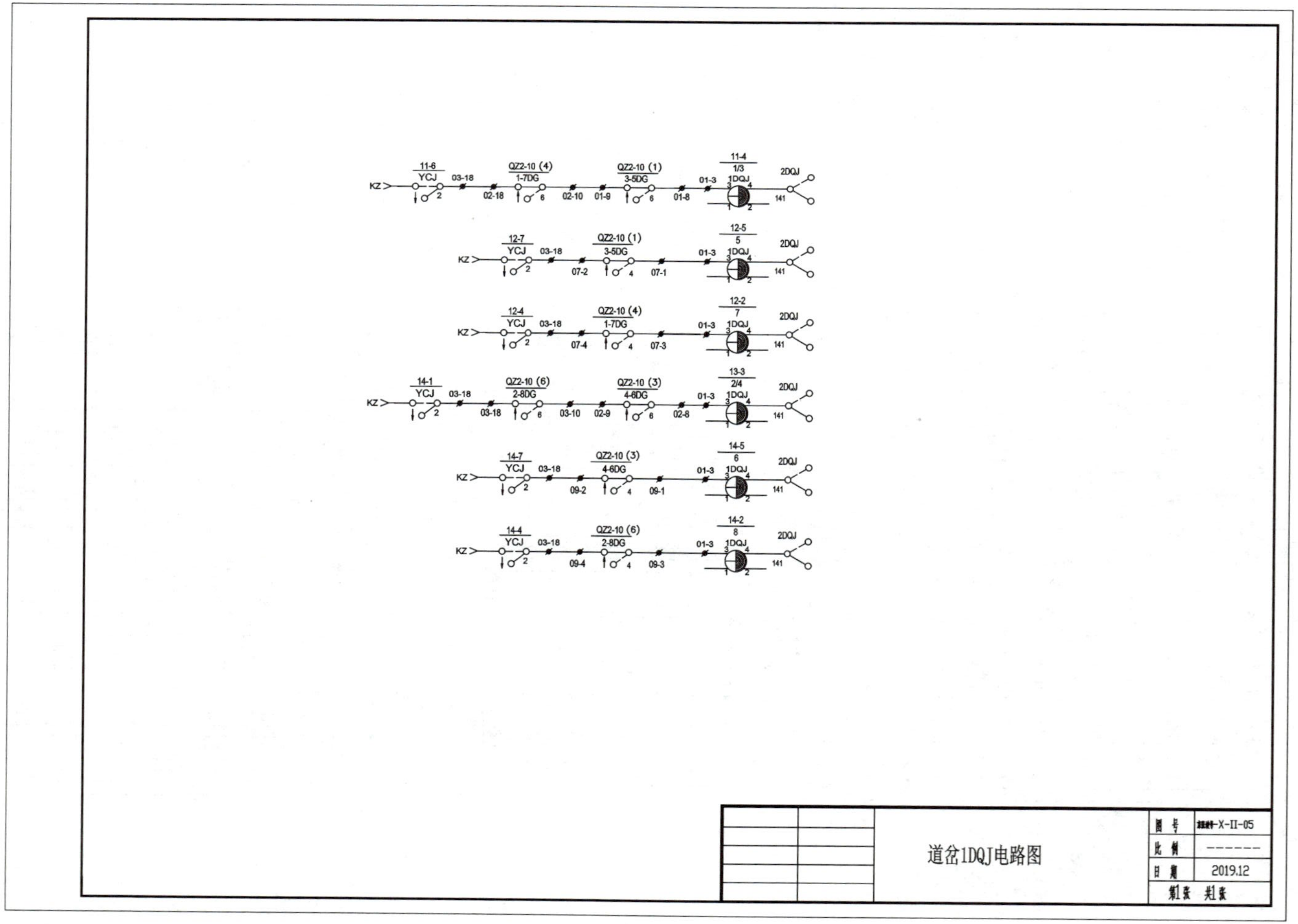

附图Ⅱ-05 道岔 1DQ 电路图

名称	JKL-1001			名称	JKL-1002			名称	JKL-1003			名称	JKL-1004			名称	JKL-1005			名称	JKL-1006		
1-7DGJ			1/3DBJ	2/4DBFB_H			XZXJ	SI1DJ			S41DJ	STXJ			XII1DJ	X4LXJ			ZJ1RBJ	1-X-TDF1-DBJ			2-J-TDF1-DBJ
PIO-I01-1	1	19	PIO-I01-19	PIO-I02-1	1	19	PIO-I02-19	PIO-I03-1	1	19	PIO-I03-19	PIO-I04-1	1	19	PIO-I04-19	PIO-I05-1	1	19	PIO-I05-19	PIO-I06-1	1	19	PIO-I06-19
QZ2-1002-14			11-602-1	14-102-10			11-1001-11	11-701-5			12-801-5	13-1001-13			14-1001-5	14-801-7			QZ2-705-4	11-504-2			13-304-2
1-7DGJ_H			1/3FBJ	2/4YCJ			XZXJ_13	SI2DJ			S42DJ	SKDJ			XII2DJ	X4LXJ_13				1-X-TDF1-FBJ			2-J-TDF1-FBJ
PIO-I01-2	2	20	PIO-I01-20	PIO-I02-2	2	20	PIO-I02-20	PIO-I03-2	2	20	PIO-I03-20	PIO-I04-2	2	20	PIO-I04-20	PIO-I05-2	2	20		PIO-I06-2	2	20	PIO-I06-20
QZ2-1002-17			11-602-2	14-102-9			11-1001-12	11-701-6			12-801-6	13-1001-15			14-1001-6	14-801-8				11-503-2			13-303-2
3-5DGJ			1/3DBFB_H	6DBJ			XTXJ	SILXJ			S4LXJ	SNSNKJ			XIILXJ					1-J-TDF1-DBJ			4-X-TDF1-DBJ
PIO-I01-3	3	21	PIO-I01-21	PIO-I02-3	3	21	PIO-I02-21	PIO-I03-3	3	21	PIO-I03-21	PIO-I04-3	3	21	PIO-I04-21	PIO-I05-3	3	21		PIO-I06-3	3	21	PIO-I06-21
QZ2-1001-4			11-602-10	14-702-1			11-1001-13	11-701-7			12-801-7	13-803-2			14-1001-7					11-404-2			13-204-2
3-5DGJ_H			1/3YCJ	6FBJ			XKDJ	SILXJ_13			S4LXJ_13	SNSNJJ			XIILXJ_13	X4KDJ				1-J-TDF1-FBJ			4-X-TDF1-FBJ
PIO-I01-4	4	22	PIO-I01-22	PIO-I02-4	4	22	PIO-I02-22	PIO-I03-4	4	22	PIO-I03-22	PIO-I04-4	4	22	PIO-I04-22	PIO-I05-4	4	22		PIO-I06-4	4	22	PIO-I06-22
QZ2-1001-7			11-602-9	14-702-2			11-1001-15	11-701-8			12-801-8	13-803-3			14-1001-8	14-801-10				11-403-2			13-203-2
IGJ			5DBJ	6DBFB_H			XNSNKJ					SN1DJ								3-X-TDF1-DBJ			4-J-TDF1-DBJ
PIO-I01-5	5	23	PIO-I01-23	PIO-I02-5	5	23	PIO-I02-23	PIO-I03-5	5	23	PIO-I03-23	PIO-I04-5	5	23	PIO-I04-23		5	23		PIO-I06-5	5	23	PIO-I06-23
QZ2-1001-14			12-702-1	14-702-10			11-803-2					13-901-7								11-304-2			13-104-2
IGJ_H			5FBJ	6YCJ			XNSNJJ	SIKDJ			S4KDJ	SN2DJ			XIIKDJ	DSBJ				3-X-TDF1-FBJ			4-J-TDF1-FBJ
PIO-I01-6	6	24	PIO-I01-24	PIO-I02-6	6	24	PIO-I02-24	PIO-I03-6	6	24	PIO-I03-24	PIO-I04-6	6	24	PIO-I04-24	PIO-I05-6	6	24		PIO-I06-6	6	24	PIO-I06-24
QZ2-1001-17			12-702-2	14-702-9			11-803-3	11-701-10			12-801-10	13-901-8			14-1001-10	13-504-6				11-303-2			13-103-2
IIGJ			5DBFB_H	8DBJ			XN1DJ	SII1DJ			SSNKJ	SNLXJ			X31DJ	ZDYJ				3-J-TDF1-DBJ			6-X-TDF1-DBJ
PIO-I01-7	7	25	PIO-I01-25	PIO-I02-7	7	25	PIO-I02-25	PIO-I03-7	7	25	PIO-I03-25	PIO-I04-7	7	25	PIO-I04-25	PIO-I05-7	7	25		PIO-I06-7	7	25	PIO-I06-25
QZ2-1003-4			12-702-10	14-402-1			11-901-7	12-1001-5			13-801-2	13-901-9			14-901-5	13-504-1				11-204-2			14-604-2
IIGJ_H			5YCJ	8FBJ			XN2DJ	SII2DJ			SSNJJ	SNLXJ_13			X32DJ	FDYJ				3-J-TDF1-FBJ			6-X-TDF1-FBJ
PIO-I01-8	8	26	PIO-I01-26	PIO-I02-8	8	26	PIO-I02-26	PIO-I03-8	8	26	PIO-I03-26	PIO-I04-8	8	26	PIO-I04-26	PIO-I05-8	8	26		PIO-I06-8	8	26	PIO-I06-26
QZ2-1003-7			12-702-9	14-402-2			11-901-8	12-1001-6			13-801-3	13-901-10			14-901-6	13-504-2				11-203-2			14-603-2
3GJ			7DBJ	8DBFB_H			XNLXJ	SIILXJ			S1DJ	SNZXJ			X3LXJ	XGDJ				5-X-TDF1-DBJ			6-J-TDF1-DBJ
PIO-I01-9	9	27	PIO-I01-27	PIO-I02-9	9	27	PIO-I02-27	PIO-I03-9	9	27	PIO-I03-27	PIO-I04-9	9	27	PIO-I04-27	PIO-I05-9	9	27		PIO-I06-9	9	27	PIO-I06-27
QZ2-1004-4			12-402-1	14-402-10			11-901-9	12-1001-7			13-1001-7	13-901-11			14-901-7	13-504-3				12-604-2			14-504-2
3GJ_H			7FBJ	8YCJ			XNLXJ_13	SIILXJ_13			S2DJ	SNZXJ_13			X3LXJ_13	XGDJ_H				5-X-TDF1-FBJ			6-J-TDF1-FBJ
PIO-I01-10	10	28	PIO-I01-28	PIO-I02-10	10	28	PIO-I02-28	PIO-I03-10	10	28	PIO-I03-28	PIO-I04-10	10	28	PIO-I04-28	PIO-I05-10	10	28		PIO-I06-10	10	28	PIO-I06-28
QZ2-1004-7			12-402-2	14-402-9			11-901-10	12-1001-8			13-1001-8	13-901-12			14-901-8	13-504-13				12-603-2			14-503-2
4GJ			7DBFB_H				XNZXJ				SLXJ	SNTXJ				SGDJ				5-J-TDF1-DBJ			8-X-TDF1-DBJ
PIO-I01-11	11	29	PIO-I01-29		11	29	PIO-I02-29	PIO-I03-11	11	29	PIO-I03-29	PIO-I04-11	11	29	PIO-I04-29	PIO-I05-11	11	29		PIO-I06-11	11	29	PIO-I06-29
QZ2-1004-14			12-402-10				11-901-11				13-1001-9	13-901-13				13-504-4				12-504-2			14-304-2
4GJ_H			7YCJ				XNZXJ_13	SIIKDJ			SLXJ_13	SNKDJ			X3KDJ	SGDJ_H				5-J-TDF1-FBJ			8-X-TDF1-FBJ
PIO-I01-12	12	30	PIO-I01-30		12	30	PIO-I02-30	PIO-I03-12	12	30	PIO-I03-30	PIO-I04-12	12	30	PIO-I04-30	PIO-I05-12	12	30		PIO-I06-12	12	30	PIO-I06-30
QZ2-1004-17			12-402-9				11-901-12	12-1001-10			13-1001-10	13-901-15			14-901-10	13-504-14				12-503-2			14-303-2
2-8DGJ			2/4DBJ	XSNKJ			XNTXJ	S31DJ			SZXJ	XI1DJ			X41DJ	XDSBJ				7-X-TDF1-DBJ			8-J-TDF1-DBJ
PIO-I01-13	13	31	PIO-I01-31	PIO-I02-13	13	31	PIO-I02-31	PIO-I03-13	13	31	PIO-I03-31	PIO-I04-13	13	31	PIO-I04-31	PIO-I05-13	13	31		PIO-I06-13	13	31	PIO-I06-31
QZ2-1003-14			14-102-1	11-801-2			11-901-13	12-901-5			13-1001-11	13-701-5			14-801-5	13-604-5				12-304-2			14-204-2
2-8DGJ_H			2/4FBJ	XSNJJ			XNKDJ	S32DJ			SZXJ_13	XI2DJ			X42DJ	SDSBJ				7-X-TDF1-FBJ			8-J-TDF1-FBJ
PIO-I01-14	14	32	PIO-I01-32	PIO-I02-14	14	32	PIO-I02-32	PIO-I03-14	14	32	PIO-I03-32	PIO-I04-14	14	32	PIO-I04-32	PIO-I05-14	14	32		PIO-I06-14	14	32	PIO-I06-32
QZ2-1003-17			14-102-2	11-801-3			11-901-15	12-901-6			13-1001-12	13-701-6			14-801-6	13-604-6				12-303-2			14-203-2
4-6DGJ				X1DJ				S3LXJ				XILXJ				RSBJ				7-J-TDF1-DBJ			
PIO-I01-15	15	33		PIO-I02-15	15	33		PIO-I03-15	15	33		PIO-I04-15	15	33		PIO-I05-15	15	33		PIO-I06-15	15	33	
QZ2-1002-4				11-1001-7				12-901-7				13-701-7				13-604-7				12-204-2			
4-6DGJ_H				X2DJ				S3LXJ_13				XILXJ_13				ZJ1ZDYJ				7-J-TDF1-FBJ			
PIO-I01-16	16	34		PIO-I02-16	16	34		PIO-I03-16	16	34		PIO-I04-16	16	34		PIO-I05-16	16	34		PIO-I06-16	16	34	
QZ2-1002-7				11-1001-8				12-901-8				13-701-8				QZ2-705-1				12-203-2			
				XLXJ												ZJ1FDYJ				2-X-TDF1-DBJ			
	17	35		PIO-I02-17	17	35		PIO-I03-17	17	35		PIO-I04-17	17	35		PIO-I05-17	17	35		PIO-I06-17	17	35	
				11-1001-9												QZ2-705-2				13-404-2			
				XLXJ_13				S3KDJ				XIKDJ				ZJ1DYPJ				2-X-TDF1-FBJ			
	18	36		PIO-I02-18	18	36		PIO-I03-18	18	36		PIO-I04-18	18	36		PIO-I05-18	18	36		PIO-I06-18	18	36	
				11-1001-10				12-901-10				13-701-10				QZ2-705-3				13-403-2			

名称	JKL-901			名称	JKL-902			名称	JKL-903		
1/3DCJ				SILXJ			SZXJ	XIILXJ			
PIO-001-1	1	19		PIO-002-1	1	19	PIO-002-19	PIO-003-1	1	19	
11-601-1				11-701-1			13-1001-2	14-1001-1			
1/3FCJ							STXJ				
PIO-001-2	2	20		PIO-002-2	2	20	PIO-002-20	PIO-003-2	2	20	
11-601-2							13-1001-3				
1/3YCJ			XSNKJ	SIYXJ			SYXJ	XIIYXJ			
PIO-001-3	3	21	PIO-001-21	PIO-002-3	3	21	PIO-002-21	PIO-003-3	3	21	
11-601-3			11-801-1	11-701-3			13-1001-4	14-1001-3			
5DCJ			XLXJ	SIKDJ			SKDJ	XIIKDJ			
PIO-001-4	4	22	PIO-001-22	PIO-002-4	4	22	PIO-002-22	PIO-003-4	4	22	
12-701-1			11-1001-1	11-701-4			13-1001-6	14-1001-4			
5FCJ			XZXJ	SIILXJ			SNSNKJ	X3LXJ			
PIO-001-5	5	23	PIO-001-23	PIO-002-5	5	23	PIO-002-23	PIO-003-5	5	23	
12-701-2			11-1001-2	12-1001-1			13-803-1	14-901-1			
5YCJ			XTXJ				SNLXJ				
PIO-001-6	6	24	PIO-001-24	PIO-002-6	6	24	PIO-002-24	PIO-003-6	6	24	
12-701-3			11-1001-3	12-1001-2			13-901-1				
7DCJ			XYXJ	SIIYXJ			SNZXJ	X3YXJ			
PIO-001-7	7	25	PIO-001-25	PIO-002-7	7	25	PIO-002-25	PIO-003-7	7	25	
12-401-1			11-1001-4	12-1001-3			13-901-2	14-901-3			
7FCJ			XKDJ	SIIKDJ			SNTXJ	X3KDJ			
PIO-001-8	8	26	PIO-001-26	PIO-002-8	8	26	PIO-002-26	PIO-003-8	8	26	
12-401-2			11-1001-6	12-1001-4			13-901-3	14-901-4			
7YCJ			XNSNKJ	S3LXJ			SNYXJ	X4LXJ			
PIO-001-9	9	27	PIO-001-27	PIO-002-9	9	27	PIO-002-27	PIO-003-9	9	27	
12-401-3			11-803-1	12-901-1			13-901-4	14-801-1			
2/4DCJ			XNLXJ				SNKDJ				
PIO-001-10	10	28	PIO-001-28	PIO-002-10	10	28	PIO-002-28	PIO-003-10	10	28	
14-101-1			11-901-1				13-901-6				
2/4FCJ			XNZXJ	S3YXJ			XILXJ	X4YXJ			
PIO-001-11	11	29	PIO-001-29	PIO-002-11	11	29	PIO-002-29	PIO-003-11	11	29	
14-101-2			11-901-2	12-901-3			13-701-1	14-801-3			
2/4YCJ			XNTXJ	S3KDJ				X4KDJ			
PIO-001-12	12	30	PIO-001-30	PIO-002-12	12	30	PIO-002-30	PIO-003-12	12	30	
14-101-3			11-901-3	12-901-4				14-801-4			
6DCJ			XNYXJ	S4LXJ			XIYXJ				
PIO-001-13	13	31	PIO-001-31	PIO-002-13	13	31	PIO-002-31		13	31	
14-701-1			11-901-4	12-801-1			13-701-3				
6FCJ			XNKDJ				XIKDJ				
PIO-001-14	14	32	PIO-001-32	PIO-002-14	14	32	PIO-002-32		14	32	
14-701-2			11-901-6				13-701-4				
6YCJ			IOF	S4YXJ			IOF				IOF
PIO-001-15	15	33		PIO-002-15	15	33			15	33	
14-701-3			34	12-801-3			34				34
8DCJ			IOF	S4KDJ			IOF				IOF
PIO-001-16	16	34	33	PIO-002-16	16	34	33		16	34	33
14-401-1			35	12-801-4			35				35
8FCJ			IOF	SSNKJ			IOF				IOF
PIO-001-17	17	35	34	PIO-002-17	17	35	34		17	35	34
14-401-2			36	13-801-1			36				36
8YCJ			IOF	SLXJ			IOF				IOF
PIO-001-18	18	36	35	PIO-002-18	18	36	35		18	36	35
14-401-3				13-1001-1							

接口柜端子配线图	图号	[illegible]-X-II-06
	比例	------
	日期	2019.12

附图Ⅱ-06　接口柜端子配线图

F1-2

端子	01	02	03	04	05	06	07	08	09	10	11	12	13
	室外电缆 组合端子	室外电缆 组合端子	室外电缆 组合端子	室外电缆 组合端子	室外电缆 组合端子	室外电缆 组合端子	室外电缆 组合端子	室外电缆 组合端子	室外电缆 组合端子	室外电缆 组合端子	室外电缆 组合端子	室外电缆 组合端子	室外电缆 组合端子
1	X-1U 11-802-2	X-HH 11-1003-7	XN-1U 11-804-2	XN-HH 11-903-7	SI-H 11-703-1	SII-H 12-1003-1	S3-H 12-903-1	S4-H 12-803-1	XDS1 13-602-1	X-1 DH			
2	X-L 11-1003-2	X-YBH 11-1003-8	XN-L 11-903-2	XN-YBH 11-903-8	SI-L 11-703-2	SII-L 12-1003-2	S3-L 12-903-2	S4-L 12-803-2	XDS2 13-606-14	X-1 DHH			
3	X-H 11-1003-3		XN-H 11-903-3		SI-B 11-703-3	SII-B 12-1003-3	S3-B 12-903-3	S4-B 12-803-3	SDS1 13-602-2	X-3 DH			
4	X-2U 11-1003-4		XN-2U 11-903-4		SI-LH 11-703-4	SII-LH 12-1003-4	S3-LH 12-903-4	S4-LH 12-803-4	SDS2 13-606-15	X-3 DHH			
5	X-YB 11-1003-5	X1GT	XN-YB 11-903-5	X3GT	SI-HH 11-703-5	SII-HH 12-1003-5	S3-HH 12-903-5	S4-HH 12-803-5					
6	X-LUH 11-1003-6	X1GTH	XN-LUH 11-903-6	X3GTH	SI-BH 11-703-6	SII-BH 12-1003-6	S3-BH 12-903-6	S4-BH 12-803-6					

F1-3

端子	01	02	03	04	05	06	07	08	09	10	11	12	13
	室外电缆 组合端子	室外电缆 组合端子	室外电缆 组合端子	室外电缆 组合端子	室外电缆 组合端子	室外电缆 组合端子	室外电缆 组合端子	室外电缆 组合端子	室外电缆 组合端子	室外电缆 组合端子	室外电缆 组合端子	室外电缆 组合端子	室外电缆 组合端子
1	1/3-1-J-X1 11-405-1	1/3-1-X-X1 11-505-1	1/3-3-J-X1 11-205-1	1/3-3-X-X1 11-305-1	5-J-X1 12-505-1	5-X-X1 12-605-1	7-J-X1 12-205-1	7-X-X1 12-305-1	C1-XQK1	C3-XQK1	1/7DC DH		
2	1/3-1-J-X2 11-405-2	1/3-1-X-X2 11-505-2	1/3-3-J-X2 11-205-2	1/3-3-X-X2 11-305-2	5-J-X2 12-505-2	5-X-X2 12-605-2	7-J-X2 12-205-2	7-X-X2 12-305-2	C1-XQK1H	C3-XQK1H	1/7DC DHH		
3	1/3-1-J-X3 11-405-3	1/3-1-X-X3 11-505-3	1/3-3-J-X3 11-205-3	1/3-3-X-X3 11-305-3	5-J-X3 12-505-3	5-X-X3 12-605-3	7-J-X3 12-205-3	7-X-X3 12-305-3	C1-ds1数据上传	C3-ds1数据上传	X-4 DH		
4	1/3-1-J-X4 11-405-4	1/3-1-X-X4 11-505-4	1/3-3-J-X4 11-205-4	1/3-3-X-X4 11-305-4	5-J-X4 12-505-4	5-X-X4 12-605-4	7-J-X4 12-205-4	7-X-X4 12-305-4	C1-ds1数据上传	C3-ds1数据上传	X-4 DHH		
5	1/3-1-J-X5 11-405-5	1/3-1-X-X5 11-505-5	1/3-3-J-X5 11-205-5	1/3-3-X-X5 11-305-5	5-J-X5 12-505-5	5-X-X5 12-605-5	7-J-X5 12-205-5	7-X-X5 12-305-5	1/7DG C1-GT	3/5DG C3-GT	6DC DH		
6									1/7DG C1-GTH	3/5DG C3-GTH	6DC DHH		

注：提速道岔侧面配线至分线盘配线采用截面积1.5mm2绝缘线

分线柜端子配线图	图号	[illegible]-X-II-07
	比例	------
	日期	2019.12

附图 II -07　分线柜端子配线图

扫码获取附图